普通高等教育经管类专业"十三五"规划教材·用友 ERP 系列立体化教材

场景式
企业供应链应用高级教程

(用友 ERP-U8 V10.1)

李吉梅　李康　主　编

清华大学出版社

北　京

内 容 简 介

本书是一本以工业企业的日常供应链活动(包括相应的财务活动)为原型设计的、适用于移动学习的互动图书,其教辅网站支持微学习和无缝学习。它突出"利用碎片时间学习、在场景中理解业务、利用虚拟机掌握操作"的理念,基于用友 ERP-U8 V10.1 软件,以"强化实践、培养技能"为目标,将企业的购销存业务活动及相应的财务活动案例贯穿始终,力争使读者在虚拟现实中可视化地学会使用信息化手段处理企业供应链典型业务的技能,更好地理解在信息化环境下企业购销存业务的管理变革,以及企业的业务流、资金流和信息流的集成性、实时性和共享性的内涵。

本书可作为高等院校(含高职)会计、管理、物流、电子商务、信息管理与信息系统等相关专业的供应链应用类课程的教学用书,也可作为用友 ERP 认证系列和相关技能竞赛的实验用书,还可作为企业财务人员、业务人员、管理人员了解企业信息系统实务的参考读本和多终端个性化自适应学习的在线资料。

图书在版编目(CIP)数据

场景式企业供应链应用高级教程:用友 ERP-U8 V10.1 / 李吉梅,李康　主编. —北京:清华大学出版社,2016

(普通高等教育经管类专业"十三五"规划教材·用友 ERP 实训互动系列)

ISBN 978-7-302-44711-5

Ⅰ. ①场…　Ⅱ. ①李… ②李…　Ⅲ. ①企业管理—供应链管理—计算机管理系统—高等学校—教材　Ⅳ. ①F274-39

中国版本图书馆 CIP 数据核字(2016)第 185410 号

责任编辑:刘金喜
封面设计:周晓亮
版式设计:思创景点
责任校对:曹　阳
责任印制:杨　艳

出版发行:清华大学出版社
　　　　　网　　　址:http://www.tup.com.cn,http://www.wqbook.com
　　　　　地　　　址:北京清华大学学研大厦 A 座　　　邮　　编:100084
　　　　　社 总 机:010-62770175　　　　　　　　　邮　　购:010-62786544
　　　　　投稿与读者服务:010-62776969,c-service@tup.tsinghua.edu.cn
　　　　　质 量 反 馈:010-62772015,zhiliang@tup.tsinghua.edu.cn
　　　　　课 件 下 载:http://www.tup.com.cn,010-62781730
印 刷 者:北京富博印刷有限公司
装 订 者:北京市密云县京文制本装订厂
经　　销:全国新华书店
开　　本:185mm×260mm　　**印　张**:23.25　　**字　数**:514 千字
版　　次:2016 年 9 月第 1 版　　　　　　**印　次**:2016 年 9 月第 1 次印刷
印　　数:1~3000
定　　价:43.00 元

产品编号:070378-01

本教材出版得到以下项目资助和支持：

- 教育部 2014 年与百度公司校企合作专业综合改革重点项目 ERP 软件应用的教学实验设计，项目号【2014-B306】
- 北京语言大学院级科研项目(中央高校基本科研业务专项资金资助) 不确定性问题的智能决策理论与方法研究，项目号【16YJ030001】
- 北京语言大学"教学名师支持计划"项目，项目编号【OTP201607】

编写委员会

序　言

ERP(Enterprise Resources Planning，企业资源规划)是一种企业信息系统(Enterprise Information Systems，EIS)，它将企业的物流、资金流和信息流统一起来进行管理，对企业所拥有的人力、资金、材料、设备、方法(生产技术)、信息和时间等各项资源进行综合平衡和充分考虑，最大限度地利用企业现有的资源以取得更大的经济效益，科学有效地管理企业人、财、物、产、供、销等各项具体工作。目前绝大多数跨国企业、国内大中型企业都在使用或实施 ERP。

本系列图书是根据教育部高等教育司组织、由高等学校文科计算机基础教学指导委员会编写的《高等学校文科类专业大学计算机基本要求(第 6 版，2011 年版)》有关企业信息系统(EIS)的基本要求，以及教育部高等学校管理科学与工程类学科专业教学指导委员会与国际信息系统协会中国分会课题组编制的《中国信息系统学科课程体系 2011》(2011 年版)中有关 EIS 原理及应用的教学要求编写而成的。

在高等教育中，实践教学是巩固理论知识和加深对理论认知的有效途径，是培养具有创新意识的高素质工程技术人员的重要环节；是理论联系实际、培养学生掌握科学方法和提高动手能力的重要平台。我国在《国家中长期人才发展规划纲要(2010—2020 年)》、《国家中长期教育改革和发展规划纲要(2010—2020 年)》以及《关于实施高等学校本科教学质量与教学改革工程的意见(教高[2011]6 号)》中，明确指出要"大力加强实验、实践教学改革""以强化实践教学为重点，整合各类实验实践教学资源"，所以本系列图书强调实践性，基于用友 ERP 产品进行企业业务的信息化处理。

同时，为帮助学生理解企业业务，以及业务与软件操作之间的关系，本系列图书模拟现代商业社会环境中企业的经营与管理，对典型业务进行了虚拟场景设计。

另外，随着移动互联网的发展和泛在学习的普及，碎片化、可视化学习越来越受到大家的关注，所以本系列图书实现了互动性，将企业业务在用友 ERP 产品中的应用操作，按知识点和业务场景录制了微视频。

总之，本系列图书突出"利用碎片时间学习、在场景中理解业务、利用虚拟机掌握操作"的理念，以"强化实践实训、突出技能培养"为目标，将企业经营活动的业务，先以情景剧的形式体现，然后在业务分析和知识点讲解的基础上，以用友 ERP-U8 V10.1 软件为工具，进行处理方法和操作流程的讲解，并给出了相应的操作录屏(10 分钟以内的微视频)，使读者可以在虚拟现实中可视化地学会使用信息化手段处理企业业务的技能，更深入地理解企业的业务流、资金流和信息流的集成性、实时性和共享性的内涵。

　　本系列图书的教辅网站，支持学员的微学习、无缝学习和自适应学习等，支持教师的在线开课和学习管理等。

系列图书编委会

2016 年 4 月于北京

前　言

　　本书是以工业企业的日常供应链活动及相应的财务活动为原型设计的，将企业的购销存业务活动案例贯穿始终，重点讲解在信息化管理环境下，工业企业供应链典型业务在用友 ERP-U8 V10.1 中的处理方法和处理流程，涉及采购、销售、库存、存货核算、应收、应付和总账等 7 个功能模块。

　　由于用友 ERP 软件体现了业务流程的思想，在进行各项任务的信息化处理时，会涉及多个模块和多项功能命令的使用，所以本书模拟现代商业社会环境中企业的经营与管理，对供应链典型业务进行了虚拟场景设计，并将企业业务在用友 ERP 产品中的应用操作，按知识点和业务场景录制了微视频，以分解业务处理流程和降低学习难度。

　　本书的微视频，全部按业务流程和虚拟场景的顺序，存放在本书的教辅网站上。教辅网站支持无缝学习和微学习，学员可在网站上自主地选择学习、通过搜索知识点进行精准学习，以及参加教师的课程进行系统学习等；教师可基于本书的在线资料和微视频，进行在线开课、课程管理和学员的学习管理等。

　　为了更好地支持教与学活动和移动学习，本书还提供了配套的可在笔记本电脑上运行的实验环境和按章存放的账套备份文件，以提高读者的实验环境搭建效率和业务操作的效率与效果。

　　本书由 10 章组成，前 3 章主要讲解实验环境的搭建、案例企业的管理体系与制度、案例企业的基础档案和案例企业对用友 ERP 软件中各个业务模块的初始设置；第 4~5 章是日常采购业务和特殊业务；第 6 章是库存和存货核算业务；第 7~8 章是销售普通业务和特殊业务；第 9 章是月末处理，讲解案例企业各个模块的月末处理方法；第 10 章是综合实验，用于检验学员对相关业务的理解程度和操作熟练程度。

　　本书在每章开头给出本章概要、授课时间建议，以及实验目的与要求，并在理论知识较多的章节中，增加“预备知识”部分。例如，在第 4 章中增加“4.1 预备知识”，讲解完整采购业务管理系统的业务类型、应用模型，采购管理过程中涉及的单据类型、单据状态和单据操作等。

　　本书中的供应链业务和虚拟场景设计按岗位分工进行，但在操作时以账套主管的身份进行，以降低学习难度。本书共设计了 10 个岗位(即场景中的人物)，包括账套主管、财务主管、会计、采购主管、采购业务员、销售主管、销售批发员、销售零售员、仓库主管和仓库管理员，以仿真企业实际。

　　本书的主体写作模式为：业务描述与分析、虚拟业务场景和操作指导。以第 4.2 节(请购与采购订货)为例，其业务描述为“4 月 1 日，生产部向采购部请购镜片树脂 1.5 千克，要求本月 5 号到货。采购员张新海请购，获得批准后与北京塑料二厂签订采购合同(合同编号 CG001),订购镜片树脂 1.5 千克,无税单价 6 000 元,增值税税率为 17%,约定本月 5 号到货"。其业务分析为"本笔业务是采购管理中的请购与采购订货业务,需要填制并审核采购请购单、填制并审核采购订单"。

虚拟业务场景中包括人物设计(如刘正——生产部主管,刘静——采购部主管,张新海——采购部职员,席子君——北京塑料二厂销售部)、场景事件(如"场景一 生产部向采购部提出采购申请,要求订购镜片树脂 1.5 千克,5 日到货"),以及对话设计(如下)。

> 刘正:喂,您好。这里是生产部。
>
> 张新海:您好,这里是采购部。
>
> 刘正:我们本月 5 号需要 1.5 千克镜片树脂。
>
> 张新海:好的,我马上请购(开始填写请购单)。
>
> (张新海请采购主管刘静审核采购请购单)
>
> 张新海:主管,生产部要求请购的镜片树脂的请购单已经填好了。您给审核一下?
>
> 刘静:好的。(开始审核)

操作指导中,首先给出本笔业务的操作流程图,然后按场景给出微视频所在的网页地址及其二维码、操作任务说明,以及相应的操作步骤。以第 4.2 节的场景一为例,其相关内容如下图。

> 请确认系统日期和业务日期为 2016 年 4 月 1 号。
>
> **2. 场景一的操作步骤**
>
> **视频网址**:http://www.mdmuke.com/mdmk/mod/page/view.php?id=976
>
> **任务说明**:填制与审核请购单。
>
> (1) 打开"采购请购单"窗口。在"企业应用平台"的"业务工作"页签中,依次点击"供应链/采购管理/请购/请购单"菜单项,系统打开"采购请购单"窗口。
>
> (2) 填制请购单。单击工具栏中的"增加"按钮,新增一个请购单,然后做如下编辑。
>
> ① 表头编辑 参照生成"请购部门"为"生产部",其他项不变。
>
> ② 表体编辑 参照生成表体的"存货编码"为"12220"(镜片树脂),并在"数量"栏中填入"1.5",修改"需求日期"为"4 月 5 号",其他项不变。
>
> ③ 保存 单击工具栏中的"保存"按钮,保存该请购单,结果如图 4-16 所示。
>
> (3) 审核。单击工具栏中的"审核"按钮,审核通过该请购单。
>
> (4) 退出。单击"采购请购单"窗口右上角的"关闭"按钮,退出该窗口。

由上图可知,针对每个操作步骤,本书不仅给出了详细的描述,还都提炼了主要功能或目标(如打开"……"窗口、保存、审核、退出),以利于读者快速了解本步骤的目标。

另外,为便于初学者了解各种单据的操作,本书在每种单据首次被使用时,都会给出提示,以说明该种单据的可操作类型和操作限制。

总之,本书突出"利用碎片时间学习、在场景中理解业务、利用虚拟机掌握操作"的理念,以"强化实践实训、突出技能培养"为目标,注重提高读者的使用效率与效果。

本书的授课时间建议为48~72课时，业余时间与课堂的学时比例至少为2:1，建议进行混合模式教学，即学生业余时间通过微视频学习操作，课堂进行理论讲解、实操经验交流和完成实验报告。

本书由李吉梅、李康主编，参与本书编写的还有杜美杰、张忠伟、马骋宇、宋彤、于海宝、吴金昊、陈麒麟、陶艺雯、刘兆平、白雪玉、柏梦涵、董熙、靳晰浙、李昕和王涵等(排名不分前后)。本书的微视频后期制作与相关网页编辑，由北京神州明灯教育科技有限公司完成。全书最后由李吉梅统稿和审定。

本书在编写过程中，得到了新道科技股份有限公司李林坤客户经理的技术支持与帮助，北京神州明灯教育科技有限公司的微视频播放与在线学习支持，合一集团(优酷土豆股份有限公司)的微视频存放与播放支持，并获北京语言大学院级科研项目(中央高校基本科研业务专项资金资助,项目编号16YJ030001)和教学名师支持计划(项目编号 OTP201607)的资助，在此一并表示感谢！

书中难免会有不妥和错误之处，敬请同行与读者不吝指正。联系方式：

E-mail：ljm@blcu.edu.cn 或 290105757@qq.com

QQ 群：190665520(用友 ERP 微学习之 U8)

群名称：用友ERP 微学习之U8

群　号：190665520

李吉梅

2016 年 4 月于北京

教辅资料与网站说明

欢迎使用《场景式企业供应链应用高级教程(用友 ERP-U8 V10.1)》(以下简称"本教程")！

本教程的作者在 360 云盘空间中，存放并共享了实验环境用友 ERP-U8 V10.1 教学版的虚拟机软件和数据文件(云盘地址：https://yunpan.cn/crKgdfwA85Kjc，访问密码：92d2)，教学课件、案例企业的数据账套，以及业务操作的微视频访问说明等(云盘地址：https://yunpan.cn/crWIB4qYxNeUr，访问密码：7d82)。

另外，本教程的教辅网站(网站地址：http://www.mdmuke.com/mdmk/course/view.php?id=40)支持微学习和无缝学习，支持教师在线开课和教师间的资料共享，以及学员多终端的在线个性化学习与交流。

1. 用友 ERP-U8 V10.1 实验环境

本教程是在用友 ERP-U8 V10.1 软件中操作的，您必须要有实验环境才能进行实验操作。该实验环境可以用以下 2 种方式搭建：

- 安装用友 ERP-U8 V10.1 教学版软件。
- 安装虚拟机软件，然后在虚拟机中导入用友 ERP-U8 V10.1 教学版的数据文件。

一般学校的用友 ERP 实验室中的教学用机上都安装有此软件，安装方法在此不再赘述。若需要在个人计算机上使用，因用友 ERP-U8 V10.1 的安装步骤和所需要的组件较多，而且对计算机上的其他软件限制较多，所以本教程给出了利用虚拟机软件搭建实验环境的方法(详见第 1 章)，360 云盘空间中的"U8V101 虚拟机"文件夹中包括有以下 3 个文件：

- VirtualBox.exe 虚拟机软件，V4.3.28 绿色版；
- VirtualBoxHelp.pdf 虚拟机软件的安装说明和帮助手册；
- U8V101.ova 用友 ERP-U8 V10.1 教学版的虚拟机数据文件。

2. 数据账套使用方法

360 云盘空间中的"实验账套数据"文件夹中，账套备份文件均为"压缩"文件。使用前，需要首先将相应的压缩文件从云盘中下载到本地硬盘上，再用解压缩工具进行解压(建议用 WinRAR 3.42 或以上版本)，得到相应可以引用的账套数据文件。

您可以在做实验前引入相应的账套，然后在引入的账套上进行业务操作；或者将您实验的结果与备份账套核对，以验证实验的正确性。

3. 微视频观看方法

本教程配套的微视频，均存放在北京神州明灯教育科技有限公司和合一集团(优酷土豆股份有限公司)网站上，相应的访问说明请参见 360 云盘中的"微视频访问说明.doc"和"如何获取与管理账号.doc"。

目　　录

第 **1** 章

实验准备

本教程是在用友 ERP-U8 V10.1 软件中操作的，所以必须要有实验环境才能完成本教程中的实验任务。该实验环境可以用 2 种方式搭建，一是安装用友 ERP-U8 V10.1 教学版软件；二是安装虚拟机软件，然后在虚拟机软件中导入用友 ERP-U8 V10.1 教学版的数据文件，以虚拟电脑的方式运行。

由于一般学校的用友 ERP 实验室中的教学用机上，都安装有用友 ERP-U8 V10.1 软件，其安装步骤不再赘述。若需要在个人计算机上使用，因用友 ERP-U8 V10.1 的安装步骤和所需要的组件较多，而且对计算机上的其他软件限制较多，所以本章第 1.1 节将给出利用虚拟机软件 VirtualBox 搭建实验环境的方法，相应的软件和数据文件存放在 360 云盘空间中(云盘地址：https://yunpan.cn/crKgdfwA85Kjc，访问密码：92d2)，您可随时下载使用。

用友 ERP-U8 软件产品由多个产品组成，各个产品之间相互联系、数据共享，共同实现财务业务一体化的管理。对企业资金流、物流、信息流的统一管理提供了有效的方法和工具。由于用友 ERP-U8 软件所含的各个产品，是为同一个主体(如企业、事业单位或独立核算部门)的不同层面服务的，因此就要求这些产品具备如下特点：①具备公用的基础信息；②操作员和操作权限集中管理，并且进行角色的集中管理；③业务数据共用一个数据库。

本章的第 1.2 节将简介本教程案例公司(北京亮康眼镜有限公司)的基本情况、公司所采用的内部会计制度，以及企业员工的岗位分工情况。

第 1.3 节的主要任务，是建立企业账套的公用基本信息以及对账套信息进行管理，并在"系统管理"功能模块中进行相关操作。系统管理的主要功能包括新建账套、新建年度账、账套修改和删除、账套备份，根据企业经营管理中的不同岗位职能建立不同角色、新建操作员，以及权限的控制与分配等功能。第 1.3 节的主要内容如下。

(1) 账套建立。账套指的是一组相互关联的数据，每个企业或每个独立核算部门的数据，在 ERP-U8 中都表现为一个账套。一个账套的基本信息包括账套信息、单位信息、核算类型、基础信息、编码方案、数据精度等 6 个方面。可以根据企业的基本情况、内部会计制度及企业员工信息，建立账套。

(2) 用户及权限设置。为了保证系统数据的安全与保密，系统管理提供了用户及其功能权限的集中管理功能。但在进行权限设置之前，首先要添加系统用户信息，然后企业管理者可以根据用户的不同岗位分工来设置其操作权限。这样一方面可以避免与业务无关的人员进入系统进行非法操作；另一方面可以按照企业需求对各个用户进行管理授权，以保证各负其责，使得工作流程清晰顺畅。

(3) 账套管理。账套建立后，可以根据实际情况进行修改完善，灵活地对账套进行引入、输出等备份操作。

本章授课时间建议 2~4 学时(主要讲解企业概况，账套、权限等基本概念，系统管理的功能，等等，内容可参见第 1.2 节、1.3 节的相关讲解和本教程配套的课件)，实验 2~4 学时(若课时不足，可跳过本章实验)，其实验目的与要求如下：

- 搭建用友 ERP 实验环境。
- 学会"系统管理"的启动与退出。
- 学会创建企业账套。
- 掌握编辑操作员功能权限与数据权限。
- 了解账套的自动备份。
- 掌握账套的输出与引入。
- 学会查阅操作结果。

本章实验操作完成的账套备份压缩文件(01 新建账套.rar)，存放在 360 云盘空间的"实验账套数据"文件夹中(云盘地址：https://yunpan.cn/crWIB4qYxNeUr，访问密码：7d82)，您可随时下载使用。

1.1 实验环境搭建

1.1.1 VirtualBox 虚拟机软件

VirtualBox 是一款开源的虚拟机软件，是由德国 Innotek 公司开发、由 Sun Microsystems 公司出品的软件，在 Sun 被 Oracle 收购后正式更名为 Oracle VM VirtualBox。使用者可以在 VirtualBox 上安装并且执行 Solaris、Windows、DOS、Linux、OS/2 Warp、BSD 等系统作为客户端操作系统。

1. VirtualBox 的特点

VirtualBox 简单易用，可虚拟的系统包括 Windows(从 Windows 3.1 到 Windows 10、Windows Server 2012，所有的 Windows 系统都支持)、Mac OS X、Linux、OpenBSD、Solaris、IBM OS2，甚至 Android 等操作系统，使用者可以在 VirtualBox 上安装并且运行上述的这些操作系统。

与同类的 VMware 及 Virtual PC 相比，VirtualBox 还包括对远端桌面协定(RDP)、iSCSI 及 USB 的支持，其主要特点如下：

- 在主机端与客户端间建立分享文件夹(须安装客户端驱动)；
- 能够在主机端与客户端共享剪贴簿(须安装客户端驱动)；
- 无缝视窗模式(须安装客户端驱动)；
- 支持 64 位客户端操作系统，即使主机使用 32 位 CPU；
- 支持 SATA 硬盘 NCQ 技术；
- 虚拟硬盘快照；
- 内建远端桌面服务器，实现单机多用户；
- 支持 VMware VMDK 磁盘文档及 Virtual PC VHD 磁盘文档格式；
- 3D 虚拟化技术支持 OpenGL(2.1 版后支持)、Direct3D(3.0 版后支持)、WDDM(4.1 版后支持)；
- 最多虚拟 32 颗 CPU(3.0 版后支持)；
- 支持 VT-x 与 AMD-V 硬件虚拟化技术；
- iSCSI 支持；
- USB 与 USB 2.0 支持。

目前 VirtualBox 软件已更新到 5.0.6 正式版，本次更新后支持配置 HTTP 代理、支持快捷键重新分配，增强了对各种 Linux 发行版的支持，支持 Linux kernel 4.3 内核。

2. VirtualBox 的安装

VirtualBox 的安装文件，可以从其官方网站(https://www.virtualbox.org/)下载与您的计算机(以下简称"主机")的操作系统对应的安装文件。本教程配套资料存放于云盘空间中(云盘地址：https://yunpan.cn/crKgdfwA85Kjc，访问密码：92d2)，也存放有 VirtualBox 的安装文件，可以将其下载到主机运行。

运行 VirtualBox 的安装文件，将开启一个简单的安装向导，允许用户定制 VirtualBox 特性，选择任意快捷方式并指定安装目录。

安装成功之后，桌面上会增加"Oracle VM VirtualBox"桌面图标，双击该图标，系统将打开"Oracle VM VirtualBox 管理器"窗口(参见图 1-1)。

1.1.2　导入虚拟电脑

在 VirtualBox 中创建虚拟电脑，可以按照用户个人的应用情况选择配置。由于篇幅的限制，虚拟电脑的创建步骤，请您参阅本教程配套资料中的帮助文件，在此仅讲解虚拟电脑的导入和设置。

在导入 ERP10.1 虚拟电脑前，请首先将 360 云盘空间(云盘地址：https://yunpan.cn/crKgdfwA85Kjc，访问密码：92d2)中"U8V101 虚拟机"文件夹下的"U8V101.ova"下载到您的计算机。"U8V101.ova"数据文件是编者通过 Oracle VM VirtualBox 管理器的"导

出虚拟电脑"功能导出的、已安装了用友 ERP-U8 V10.1 教学版的虚拟电脑数据文件，它本身不可直接运行，但将其导入 VirtualBox 软件成功之后，便可直接使用用友 ERP-U8 V10.1 软件了。

导入虚拟电脑的操作步骤：

(1) 打开"Oracle VM VirtualBox 管理器"窗口。双击桌面上的"Oracle VM VirtualBox"图标，系统打开"Oracle VM VirtualBox 管理器"窗口(如图 1-1 所示)。

图 1-1　"Oracle VM VirtualBox 管理器"窗口

(2) 单击"管理/导入虚拟电脑"菜单项，系统弹出"要导入的虚拟电脑"对话框，请浏览找到您计算机上的"U8V101.ova"数据文件。

(3) 单击"下一步"按钮，系统弹出"虚拟电脑导入设置"对话框，结果如图 1-2 所示，其中默认虚拟电脑的"名称"为"ERP10.1"，"内存"为"2048MB"，"虚拟硬盘"的路径为"C:\Users\lijimeiBlcu\VirtualBox VMs\ERP10.1\ERP10.1-disk1.vmdk"。

(4) 设置虚拟电脑的内存。在"虚拟电脑导入设置"对话框中，双击"内存"所在行，可录入拟建的虚拟电脑的内存大小。因为 VirtualBox 不支持内存过量使用，所以不能给一个虚拟电脑分配超过主机内存大小的内存值，建议分配给虚拟电脑的内存不超过您的计算机内存的一半，但至少是 1024MB，否则用友 ERP-U8 V10.1 软件无法运行。

(5) 设置虚拟硬盘的位置。在"虚拟电脑导入设置"对话框中，双击"虚拟硬盘"所在行，可修改系统默认的虚拟电脑文件存放的位置，可以根据您的计算机存储空间分布情况，设置该路径。

(6) 开始导入。单击"虚拟电脑导入设置"对话框中的"导入"按钮，系统弹出如图 1-3 所示的导入进度条，开始导入 ERP10.1 虚拟电脑。

图 1-2 "虚拟电脑导入设置"对话框

图 1-3 虚拟机导入进度条

(7) 完成。导入成功后，系统将返回"Oracle VM VirtualBox 管理器"窗口，结果可参见图 1-4。

1.1.3 设置虚拟电脑

虚拟电脑关闭时，可以编辑虚拟电脑的设置并更改硬件。虚拟电脑与主机的数据交换，最便捷的方式便是通过"共享文件夹"。

设置共享文件夹的操作步骤：

(1) 在"Oracle VM VirtualBox 管理器"窗口中，在 ERP10.1 虚拟电脑关闭的情况下，先单击左侧的"ERP10.1"虚拟机，再单击工具栏中的"设置"按钮，系统弹出"ERP10.1设置"对话框，结果可参见图 1-4。

(2) 在"ERP10.1-设置"对话框中，单击其左侧的"共享文件夹"选项，右侧显示已有的共享文件夹，在此可单击已有的进行修改，也可单击右上角的"+"按钮，以增加一个共享文件夹，结果如图 1-4 所示。

(3) 单击"确定"按钮，退出该对话框，系统返回"Oracle VM VirtualBox 管理器"窗口，设置完成。

图 1-4 "ERP10.1-设置"对话框

VirtualBox 虚拟机的参数有以下 5 类，您可以根据需要自主设置。

- 虚拟电脑名称：虚拟电脑名(如 ERP10.1)是虚拟电脑的唯一标识，用来区分虚拟电脑的硬件配置、操作系统、软件等数据。
- 内存：指定虚拟电脑可用内存大小，系统会自动分配，也可自行设置。
- 虚拟硬盘：选择一个虚拟硬盘作为主硬盘，也可以新建一个。
- 硬盘存储类型：分为动态扩展和固定大小两种，其中动态扩展类型最初只需占用非常小的物理硬盘空间，然后根据虚拟电脑的实际需求动态分配；固定大小类型是指建立时就分配指定的大小给虚拟电脑使用。后者在性能上有一定优势，但建立时间较长。

● 摘要：显示虚拟电脑的各项数据情况。

小贴士：

在 Windows 10 系统中，若在 VirtualBox 管理器中运行虚拟电脑时，出现如图 1-5 所示的错误提示，可直接单击"确定"按钮返回，再次打开就能正常开机了。若一直出现问题，则可以按对话框中"明细"的提示，修改电脑或虚拟电脑软件设置，或者"删除"后再次"导入虚拟电脑"。

图 1-5　虚拟电脑启动时可能出现的错误提示

1.2　案例企业情况简介

本节的内容包括案例企业的基本情况、公司所采用的内部会计制度，以及企业员工的岗位分工情况。

1.2.1　基本情况

1. 公司简介

北京亮康眼镜有限公司(简称亮康公司)，是专门从事眼镜生产、批发和零售的制造企业，位于北京市昌平区。该公司开户银行为中国工商银行北京市昌平支行，账号为 200106653251，该公司为一般纳税人，纳税登记号为 210019995461202，电话为 010-60228226，邮箱为 liangkang@163.com。

2. 组织结构

公司的注册类型为有限责任公司，股东由 3 个自然人组成。其中，李吉贡出资额占 70%，由其出任公司董事长兼总经理，是公司的法人代表；赵飞和刘静各占 15%，均为董事会成员。总经理下设 4 位副总经理，其中赵飞担任销售副总，刘静担任采购副总，曾志伟担任财务副总，陈虹担任行政副总，组织结构如图 1-6 所示。

图 1-6　案例企业组织结构

1.2.2　企业会计制度

1.　会计科目设置规定

(1) 会计科目编码。会计科目编码采用 4-2-2 方式，即一级科目 4 位字长，二级科目 2 位字长，三级科目 2 位字长。

(2) 会计科目设置要求。"库存现金"科目是现金日记账科目；"应付账款"科目下设"暂估应付账款"和"一般应付账款"两个二级科目，其中"一般应付账款"设置为受控于应付款系统，"暂估应付账款"科目设置为不受控于应付款系统。类似的，其他一级科目的辅助账类型设置要求、二级科目的增加和辅助账类型设置要求，以及三级科目的增加和辅助账类型设置要求，请参见 2.10 节的表 2-22。

(3) 项目核算。设置在途物资、库存商品、主营业务收入和主营业务成本这 4 个科目为项目核算科目。项目的大类名称为"商品项目管理"，项目分类定义为太阳镜和老花镜，项目目录分为男士高端、女士高端、男士普通、女士普通和亮康眼镜，详见第 2.9 节的表 2-21。

2.　内部会计政策

(1) 会计核算的基本规定。企业采用科目汇总表账务处理程序，每月月末编制科目汇总表并登记一次总账；公司采用复式记账，按收款凭证、付款凭证和转账凭证的格式填制凭证。会计凭证按月连续编号；公司开设总分类账、明细分类账、现金和银行存款日记账及银行结算票据备查簿；公司按规定编制资产负债表、利润表、现金流量表和所有者权益变动表。

(2) 货币资金的核算方法。每日终了，对库存现金进行实地盘点，确保现金账面余额与实际库存相符。银行存款每月根据银行对账单进行核对清查，若发现不符，及时查明原因，做出处理。公司采用的结算方式包括现金、现金支票、转账支票、银行承兑汇票、商业承兑汇票、电汇、同城特约委托收款等。

(3) 存货的核算方法。企业存货包括各种眼镜(包括太阳镜和老花镜)、包装物，以及办公用品类的低值易耗品；各类存货采用永续盘存制，按照实际成本核算；在核算过程中，存货采用移动平均法计算成本。

(4) 固定资产的核算方法。公司的固定资产包括房屋及建筑物、机器设备、交通运输设备和电子设备，均为正在使用状态；按照企业会计准则规定，按月计提折旧，当月增加的，自下月开始计提折旧，当月减少的，当月照提折旧；公司采用平均年限法计提折旧，净残值率按不同类别设置为2%、3%和5%，使用年限依据税法规定设置。

(5) 职工薪酬的核算方法。公司按照有关规定，由单位承担并缴纳的养老保险、医疗保险、失业保险、工伤保险、生育保险、住房公积金，分别按照本人本月职工应发工资的20%、10%、1%、1%、0.8%、12%计算；职工个人承担的养老保险、医疗保险、失业保险、住房公积金分别按照本人本月应发工资的8%、2%、0.2%、12%计算；按照国家有关规定，单位代扣个人所得税，单位按本月职工应发工资总额的2%计提工会经费，2.5%计提职工教育经费。

(6) 税务的会计处理。本公司为增值税一般纳税人，购销货物的税率为17%，运费税率为11%，手续费税率为6%，按月缴纳；企业所得税采用资产负债表债务法，除应收账款外，假设资产、负债的账面价值与其计税基础一致，未产生暂时性差异。企业所得税的计税依据为应纳税所得额，税率为25%，按月预计，按季预缴，全年汇总清缴。按当期应交增值税的7%和3%计算城市维护建设税和教育费附加。

(7) 利润分配规定。根据公司章程，公司税后利润按以下顺序及规定分配：A 弥补亏损；B 按10%提取法定盈余公积；C 提取任意盈余公积；D 向投资者分配利润。

(8) 财产清查的要求。公司每月上旬对存货进行清查，年末对固定资产进行清查，根据盘点结果编制"盘点表"，并与账面情况进行比较，报经主管领导审批后进行账务处理。

(9) 坏账损失的核算方法。除应收账款外，其他的应收款项不计提坏账准备。每月月末，按应收账款余额百分比法计提坏账准备，提取比例为期末余额的0.5%。对于可能成为坏账的应收账款应当报告有关决策机构，由其进行审查和确认；发生的各种坏账应查明原因，及时做出会计处理；注销的坏账应当进行备查登记，做到账销案存，已注销的坏账又收回时应当及时入账。

(10) 月末将各损益类账户余额转入本年利润账户。

3. 会计岗位职责

(1) 主管会计。在董事会和总经理的领导下，总管公司会计、报表和预算工作，负责对各项财务、会计工作的布置检查；组织初始建账工作，各种原始凭证、记账凭证和会计报表的审核；负责编制资产负债表、利润表、现金流量表和所有者权益变动表等会计报表的工作；负责财务分析工作；负责总账的编制和档案管理。

(2) 出纳。保管库存现金、有价证券，并保管财务专用章；负责空白支票和支票，银行结算票据备查簿、有价证券、借款的备查簿的编写和管理；负责登记现金、银行存款日记账。

(3) 记账会计。负责往来账款的管理，各种明细表的登记工作；负责财务资产的清查、银行对账工作；负责编制各种税收申报表和养老保险申报表，并缴纳各种税费；负责开具发票，固定资产、无形资产的卡片账记录和保管。

1.2.3　操作员及权限

企业的员工都有自己的工作权限。用友 ERP 支持按角色分工管理的理念。角色是指在企业管理中拥有某一类职能的组织，这个角色组织可以是实际的部门，也可以是由拥有同一类职能的人构成的虚拟组织。例如，实际工作中最常见的是会计和出纳两个角色(他们可以是一个部门的人员，也可以不是一个部门但工作职能是一样的角色的统称)，还有财务总监、销售主管、账套主管等。您在设置角色后，可以定义角色的权限，如果用户归属此角色则他具有该角色的权限。角色管理的优点是方便控制操作员权限，可以依据职能统一进行权限的划分。

用友 ERP 的用户(操作员)，类似于 Windows 系统的用户，只有设置了具体的用户之后，才能进行相关的操作，而且只有合法用户才能进入和使用 ERP 系统。设置用户后，系统对于登录操作，要进行相关的合法性检查。

角色与用户是多对多的关系，即不同的用户可以是同一种角色，某一个用户可以拥有多种角色。用户和角色设置不分先后顺序，但对于需要自动传递权限的，应该先设定角色，然后分配角色的权限，最后进行用户的角色设置。这样在编辑用户信息时，如果选择其归属某个角色，则其自动具有该角色的权限。

用友 ERP-U8 可以实现三个层次的权限管理。

- 功能级权限管理，包括各功能模块相关业务的查看和分配权限。
- 数据级权限管理，该权限可以通过两个方面进行权限控制，一个是字段级权限控制，另一个是记录级的权限控制。
- 金额级权限管理，该权限主要用于完善内部金额控制，实现对具体金额数量划分级别，对不同岗位和职位的操作员进行金额级别控制，限制他们制单时可以使用的金额数量。

案例企业账套使用人员的岗位分工与功能权限设置，详见表1-1，其用户类型均为"普通用户"。

表 1-1　软件应用人员分工及权限分配表

编码	人员姓名	职务	操作权限	所属角色	功能权限修改
8800	赵技巩	技术总监	系统初始设置、所有业务单据审核与批复	账套主管	
8100	李吉贡	总经理	采购、销售、库存、存货、应收、应付、总账		总账、应收、应付、销售管理、采购管理、库存管理和存货核算

(续表)

编码	人员姓名	职务	操作权限	所属角色	功能权限修改
8900	读者您的姓名(如丁一)		所有业务和财务的单据填制、审核与批复	账套主管	为便于教师组织实验和检查实验结果,建议每位学员将自己设置为账套主管,并在实验时以自己的身份登录操作

备注:

● 操作员的初始密码均为"1",用户类型均为"普通用户"。

● 总经理李吉贡具有采购、销售、库存、存货核算、应收、应付与总账管理的全部操作权限,以简化教学和实验操作。

● 实际工作中需要根据本单位的实际情况授权,本系列教程之《场景式企业财务业务综合实践教程(用友 ERP-U8 V10.1)》中,是按照虚拟业务场景中人物的工作需要进行的功能权限设置和数据权限设置,并基于各自的权限在企业账套中操作。

1.3 建账及账套备份

本账套建立时间为 2016 年 4 月 1 日,各子系统启用时间为 2016 年 4 月 1 日。本案例企业发生业务活动的时间均为 2016 年 4 月,建账的操作流程,可参见图 1-7。

图 1-7 建账流程

需要说明的是:

(1) 本教程的所有业务实验操作,都有配套的微视频,您可以通过扫描二维码,或者到指定的网页去观看。

(2) 本节的实验操作,因其是基础数据且比较简单,没有做相应的视频录制,已经完成的本章账套数据(01 新建账套.rar),存放在 360 云盘空间的"实验账套数据"文件夹中(云盘地址:https://yunpan.cn/crWIB4qYxNeUr,访问密码:7d82)。

(3) 实验操作前,需要将系统时间调整为 2016 年 4 月 1 日。如果没有调整系统时间,则在建账过程中和启用子系统时,注意修改时间为 2016 年 4 月 1 日。

1.3.1 添加操作员

本案例企业的操作员,详见表 1-1。本任务是按照表 1-1 的资料,在系统管理中添加操作员。在操作之前，请确认系统日期为 2016-04-01。

操作步骤：

(1) 启动系统管理，以系统管理员(admin)身份注册。

① 双击桌面的"系统管理"快捷方式，系统打开"系统管理"窗口；

② 在"系统管理"窗口中，单击"系统/注册"菜单项，系统打开系统管理的登录对话框，结果如图 1-8 所示；

③ 以系统管理员(admin)身份注册，编辑或确认"操作员"为"admin"，"密码"为空，然后单击"登录"按钮，系统退出对话框返回"系统管理"窗口，结果如图 1-9 所示。

图 1-8　系统管理登录对话框

图 1-9　"系统管理"窗口

提示：

- "系统管理"窗口的使用者(即操作员)为企业的信息管理人员，包括系统管理员 Admin、安全管理员 Sadmin、管理员用户和账套主管。

- 对于系统管理员(Admin)、安全管理员(Sadmin)、管理员用户和账套主管，看到的"登录"界面是有差异的。系统管理员、安全管理员登录界面只包括服务器、操作员、密码、语言区域；而管理员用户、账套主管则包括服务器、操作员、密码、账套、语言区域、操作日期。

- 系统管理员 Admin 的密码默认为空，若需要修改，则在登录时，在"密码"栏中先输入正确的密码，然后勾选"修改密码"复选框，单击"确定"按钮，在提示窗口中输入并确定新密码。

- 对于系统管理员(Admin)、安全管理员(Sadmin)、管理员用户和账套主管，其在"系统管理"窗口中的操作权限是不同的，详见表 1-2。

表 1-2　各类管理员和账套主管的权限差异

主要功能	详细功能 1	详细功能 2	系统管理员 (Admin)	安全管理员 (SAdmin)	管理员用户	账套主管
账套操作	账套建立	建立新账套	Y	N	N	N
		建立账套库	N	N	N	Y
	账套修改		N	N	N	Y
	数据删除	账套数据删除	Y	N	N	N
		账套库数据删除	N	N	N	Y
	账套备份	账套数据输出	Y	N	N	N
		账套库数据输出	N	N	N	Y
	设置备份计划	设置账套数据备份计划	Y	N	N	N
		设置账套库数据备份计划	Y	N	Y	Y
		设置账套库增量备份计划	Y	N	Y	Y
	账套数据引入	账套数据引入	Y	N	N	N
		账套库数据引入	N	N	N	Y
	升级 SQL Server 数据		Y	N	Y	Y
	语言扩展		N	N	N	Y
	清空账套库数据		N	N	N	Y
	账套库初始化		N	N	N	Y
操作员、权限操作	角色	角色操作	Y	N	Y	Y
	用户	用户操作	Y	N	Y	N
	权限	设置普通用户、角色权限	Y	N	Y	Y
		设置管理员用户权限	Y	N	N	N
其他操作	安全策略		N	Y	N	N
	数据清除及还原	日志数据清除及还原	N	Y	N	N
		工作流数据清除及还原	Y	N	N	N
	清除异常任务		Y	N	Y	N
	清除所有任务		Y	N	Y	N
	清除选定任务		Y	N	Y	N
	清退站点		Y	N	Y	N
	清除单据锁定		Y	N	Y	N
	上机日志		Y	Y	Y	N
	视图	刷新	Y	Y	Y	Y

备注：Y 表示具有权限，N 表示不具有权限；管理员用户可操作的功能，以其实际拥有的权限为准，本表中以最大权限为例。

(2) 增加操作员。

注意，由于还未建账套，所以无法录入功能权限，此步只增加相应操作员并设置角色。

只有系统管理员或有权限的管理员用户，才可以进行用户设置。

① 在"系统管理"窗口中，单击"权限/用户"菜单项，系统打开"用户管理"窗口。

② 在"用户管理"窗口中，单击"增加"按钮，系统打开"操作员详细情况"对话框。

③ 在对话框中增加"赵技巩"用户。根据表 1-1，输入赵技巩的编号、姓名、用户类型(已默认为"普通用户")、口令(即密码，初始密码设置为"1")和所属角色等信息(结果可参见图 1-10)，然后单击"增加"按钮。

图 1-10 "操作员详细情况"对话框

提示：

- 只有"账套主管"需要此时设置角色，其他操作员将在 1.3.3 节中设置。
- 用户类型分为普通用户和管理员用户。
  - 普通用户：指一般的登录企业应用平台、进行各种业务处理的用户。
  - 管理员用户：进行账套管理、协助系统维护的用户，他们只能登录"系统管理"进行操作，为系统管理员 Admin 分担一部分管理工作，包括账套库备份、升级、用户/角色管理、权限管理、任务管理等。
- 认证方式可为用户+口令(传统)、动态密码、CA 认证和域身份验证。

- 用户+口令(传统)：指的是 U8 软件默认提供的用户身份认证方式，通过系统管理模块来管理用户安全信息。
- 动态密码：采用的是第三方的用户身份认证方式。
- CA 认证：指数字证书认证，支持 2 家 CA 厂商的认证(天威诚信、北京数字认证中心)，其他厂商通过二次开发的模式进行支持。
- 域身份验证：指使用域账户认证的方式，登录时输入域账户及密码，通过配置好的认证服务器进行身份验证。

【关键栏目说明】

- 编号：必须输入且唯一，最大 20 位，仅支持数字、字母和汉字。
- 姓名：必须输入且唯一，最大 20 位，仅支持数字、字母和汉字。
- 用户类型：选择该用户的类型，普通用户或管理员用户，默认为"普通用户"。
- 认证方式：选择该用户登录时的认证方式，可以是用户+口令、动态密码、CA 认证或域身份验证。
- 口令：可以为空，最长 20 位，输入时以隐含符号"*"代替输入信息。
- 不允许修改登录日期：指设置用户登录门户时是否可以修改登录日期。勾选此项后，该用户登录门户时不能修改日期，强制要求操作员以正常时间处理业务，从而规避一些风险，比如，通过滞后制单享受已过期的价格优惠。
- 所属角色：选择用户所属的角色名称和 ID 号。

④ 重复步骤③，按照表 1-1，完成其他操作员(即编号为 8100 和 8900 用户)的编辑工作。

⑤ 退出。单击对话框的"取消"按钮，系统退出对话框返回"用户管理"窗口，再单击其"退出"按钮，返回 "系统管理"窗口。

提示：

- 若修改了用户的所属角色，则该用户对应的权限也跟着角色的改变而相应改变。
- 对于已经登录门户及正在使用产品的用户，不能删除，也不能修改任何信息。

1.3.2 建立案例企业账套

在使用系统之前，首先要新建本单位的账套。一个账套对应一个经营实体或核算单位，对于拥有多个核算单位的企业，可以拥有多个账套(最多可以拥有 999 个账套)。

账套是由一个或多个账套库组成，一个账套库含有一年或多年的使用数据。账套是账套库的上一级，账套中的某个账套库对应这个经营实体的某年度区间内的业务数据。

本任务是依据 1.2 节的资料，在用友 ERP-U8 中建立案例企业的账套，并启用相应的功能模块，包括采购管理、销售管理、库存管理、存货核算、应收款管理、应付款管理、总账系统。

具体地，本案例企业账套的账套号为"816"，账套名称为"北京亮康眼镜有限公司"，账套路径默认为"C:\U8SOFT\Admin\",启用会计期为"2016-04"。

请注意,只有系统管理员用户才有权限创建新账套。

操作步骤:

(1) 打开"创建账套"向导。在"系统管理"窗口(参见图 1-8)中,单击"账套/建立"菜单项,系统打开"创建账套"对话框,然后根据向导,完成账套资料的录入。

(2) 在打开的"创建账套"对话框之"建账方式"中,默认 "新建空白账套",直接单击"下一步"按钮,然后在系统打开的"创建账套"对话框之"账套信息"中,编辑"账套号"为"816","账套名称"为"北京亮康眼镜有限公司",确认"启用会计期"为"2016-04",其他选项默认,结果如图 1-11 所示。

图 1-11 "创建账套"对话框之"账套信息"

【主要栏目说明】

- 已存账套: 系统将现有的账套以下拉框的形式在此栏目中表示出来,用户只能查看,不能输入或修改。其作用是在建立新账套时可以明晰已经存在的账套,避免在新建账套时重复建立。
- 账套号: 用来输入新建账套的编号,必须输入(只能是 001~999 之间的数字,而且不能是已存账套中的账套号)。
- 账套名称: 用来输入新建账套的名称,作用是标识新账套的信息,必须输入,最多 40 个字符。
- 账套语言: 用来选择账套数据支持的语种,也可以在以后通过语言扩展对所选语种进行扩充。
- 账套路径: 用来输入新建账套所要被保存的路径,必须输入,可参照生成,但不能是网络路径中的磁盘。
- 启用会计期: 用来输入新建账套将被启用的时间,具体到"月",必须输入。

- 会计期间设置：企业的实际核算期间可能和正常的自然日期不一致，而 U8 支持在一个账套库中保存连续多年的业务数据，并且支持不同年度定义各自的会计月历。用户可根据企业的实际情况，调整尚未发生业务的会计期间的起止日期，也可以手工新增整年会计月历或删除整年尚未发生业务的会计月历。

(3) 单击"下一步"按钮，在"创建账套"对话框之"单位信息"中，编辑"单位名称"为"北京亮康眼镜有限公司"(在此应录入企业的全称，以便打印发票时使用)，"机构代码"为"168306659"，"单位简称"为"亮康眼镜"，"单位地址"为"北京市昌平区"，"法人代表"为"李吉贡"，"邮政编码"为"100022"，"联系电话"为"400812345678"，"电子邮件"为"liangkang@163.com"，"税号"为"1101082121202"，"备注一"为"眼镜生产"，"备注二"为"眼镜批发与零售"。

(4) 单击"下一步"按钮，在"创建账套"对话框之"核算类型"中，编辑"本位币"为"RMB"(人民币)，"企业类型"为"工业"，"行业性质"为"2007 年新会计制度科目"，"账套主管"为"8800"，并勾选"按行业性质预置会计科目"。

【主要栏目说明】

- 账套主管：用来确认新建账套的账套主管。
- 企业类型：必须从下拉框中选择输入与自己企业类型相同或最相近的类型。系统提供工业、商业和医药流通三种选择。
- 行业性质：必须从下拉框中选择输入本单位所处的行业性质，为下一步"按行业预置科目"确定科目范围，并且系统会根据企业所选行业(工业和商业)预制一些行业的特定报表。用友产品提供行政、工业企业、商品流通、旅游饮食、施工企业、外商投资、铁路运输、对外合作、房地产、交通运输、民航运输、金融企业、保险企业、邮电通信、农业企业、股份制、科学事业、医院、建设单位、种子、国家物资储备、中小学校、高校、新会计制度科目、社会保险-医疗、社会保险-失业、社会保险-养老、社会保险-其他、律师行业、中国铁路等不同性质的行业。请您选择适用于您企业的行业性质。
- 是否按行业预置科目：如果用户希望采用系统预置所属行业的标准一级科目，则勾选该选项；如果不选，则由用户自己设置会计科目。

(5) 单击"下一步"按钮，在"创建账套"对话框之"基础信息"中，增加勾选"有无外币核算"，确认选中"存货是否分类"、"客户是否分类"和"供应商是否分类"，然后单击"下一步"按钮，系统打开"创建账套"对话框之"开始"页面。

【主要栏目说明】

- 存货是否分类：如勾选了该复选框，则表明您要对存货进行分类管理，那么在进行基础信息设置时，必须先设置存货分类，然后才能设置存货档案。
- 客户是否分类：如勾选了该复选框，则表明您要对客户进行分类管理，那么在进行基础信息设置时，必须先设置客户分类，然后才能设置客户档案。
- 供应商是否分类：如勾选了该复选框，则表明您要对供应商进行分类管理，那么在进行基础信息设置时，必须先设置供应商分类，然后才能设置供应商档案。

● 是否有外币核算：如果您单位有外币业务，例如用外币进行交易业务或用外币发放工资等，可以勾选该复选框。

(6) 单击"完成"按钮，系统弹出"可以创建账套了吗？"提示框，单击"是"按钮，系统开始创建账套，初始创建完成之后打开"编码方案"对话框。

(7) 在"编码方案"对话框中，对"科目编码级次"进行设置，录入"第2级"和"第3级"的位长为2，其他的编码分类采用系统默认值，结果如图1-12所示。

(8) 单击"确定"按钮系统保存编码设置，再单击"取消"按钮，系统打开"数据精度"对话框，结果如图1-13所示。

提示：

● 科目编码长度4-2-2，即进行科目编码时一级科目编码为4位长，二级科目编码为2位长，三级科目编码为2位长。

● 由于各用户企业对数量、单价的核算精度要求不一致，为了适应各用户企业的不同需求，本系统提供了自定义数据精度的功能。应收、应付、销售、采购、库存、存货、采购计划系统均需使用数据精度。

编码方案

项目	最大级数	最大长度	单级最大长度	第1级	第2级	第3级	第4级	第5级	第6级	第7级	第8级	第9级
科目编码级次	13	40	9		2	2						
客户分类编码级次	5	12	9	2	3	4						
供应商分类编码级次	5	12	9	2	3	4						
存货分类编码级次	8	12	9	2	2	2	2	3				
部门编码级次	9	12	9	1	2							
地区分类编码级次	5	12	9	2	3	4						
费用项目分类	5	12	9	1	2							
结算方式编码级次	2	3	9	1	2							
货位编码级次	8	20	9	2	3	4						
收发类别编码级次	3	5	5	1	1	1						
项目设备	8	30	9	2	2							
责任中心分类档案	5	30	9	2	2							
项目要素分类档案	6	30	9	2	2							
客户权限组级次	5	12	9	2	3	4						

确定(O)　取消(C)　帮助(F)

图 1-12 "编码方案"对话框

数据精度

请按您单位的需要认真填写

存货数量小数位	2
存货体积小数位	2
存货重量小数位	2
存货单价小数位	2
开票单价小数位	2
件数小数位	2
换算率小数位	2
税率小数位	2

确定(O)　取消(C)　帮助(F)

图 1-13 "数据精度"对话框

(9) 数据精度全部采用默认值，所以直接单击"取消"按钮，系统退出"数据精度"对话框，此时系统创建账套成功，并弹出"现在进行子系统启用的设置吗？"信息提示框。

(10) 单击"是"按钮，系统打开"系统启用"对话框；在该对话框中依次勾选启用"总账"、"应收款管理"、"应付款管理"、"销售管理"、"采购管理"、"库存管理"、"存货核算"，启用时间均为"今天"，结果如图 1-14 所示。

图 1-14　系统启用

提示：

- 如在系统弹出"现在进行子系统启用的设置吗？"信息提示框时，单击"否"按钮，则系统直接返回"系统管理"窗口。如果需要启用或修改启用结果，请以账套主管的身份登录"企业应用平台"，然后依次单击"基础设置/基本信息/系统启用"菜单项，在系统打开的"系统启用"窗口中进行编辑。

- 供应链系统产品启用约束条件：采购、销售、存货、库存四个模块，如果其中有一个模块后启，则其启用期间必须大于等于其他模块最大结账月。

- 应付先启、采购后启时，采购的启用月必须大于等于应付的未结账月。

- 应收先启、销售后启时，销售的启用月必须大于等于应收的未结账月；并且，必须应收款管理系统未录入当月(销售启用月)发票，或者将已录入的发票删除。

- 销售先启、应收后启时，如果销售已有结账月，应收的启用月应大于等于销售未结账月；如果销售无结账月，应收的启用月应大于等于销售启用月。

- 在启用库存前，用户必须先审核库存启用日期之前的未审发货单。

- 库存启用时，如库存启用日期之前的发货单有对应的库存启用日期之后的出库单，必须将此类出库单删除，并在库存启用日期之前生成这些出库单，然后再启用库存系统。

- 库存启用时，用户必须先审核库存启用日期之前的未审核的发票，否则库存系统不能启用。

- 采购先启用、库存后启用时，如果库存启用月份已有在采购系统中根据采购订单生成的采购入库单，则库存不能启用。

(11) 单击"系统启用"和"创建账套"对话框的"退出"按钮，系统返回"系统管理"窗口。

1.3.3　设置操作员权限

本任务是依据表 1-1 的资料，设置操作员的功能权限。

操作步骤：

(1) 打开"操作员权限"窗口。在"系统管理"窗口中，单击"权限/权限"菜单项，系统打开"操作员权限"窗口。

(2) 在打开的"操作员权限"窗口中，在左窗格选择操作员"李吉贡"，再单击窗口工具栏的"修改"按钮，在窗口右侧先选择或确认账套为"[816]…"和年度"2016—2016"，然后依据表 1-1 中的"功能权限修改"列，增加选中需要的功能项目。李吉贡的功能权限设置结果如图 1-15 所示。

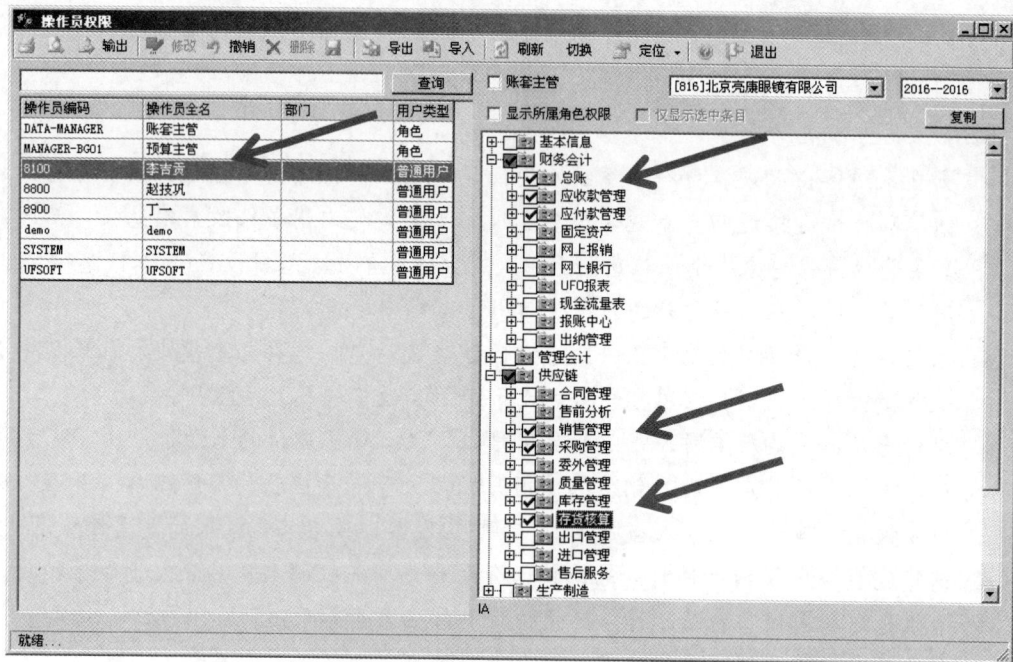

图 1-15　"操作员权限"窗口

(3) 单击"保存"按钮，完成其功能权限的修改。

(4) 退出。单击"操作员权限"窗口工具栏的"退出"按钮，退出该窗口返回"系统管理"窗口。

提示：

● 账套主管拥有所有模块的权限。由于在建立账套时已经指定"赵技巩"为账套主管了，所以无须再设置。

● 功能级权限分配，在"系统管理"窗口中完成。在为用户赋予权限时，可一次性勾选大的模块即可实现所有的下属模块权限。

● 数据权限和金额权限，在"企业应用平台"的"系统服务"页签下的"数据权限"中进行分配。对于数据级权限和金额级的设置，必须是在系统管理的功能权限分配之后才能进行。

1.3.4 修改账套信息

修改账套信息的工作，应由"账套主管"在"系统管理"中完成。操作步骤如下：

(1) 以账套主管"赵技巩"的身份注册系统管理(说明：也可以以您本人的姓名或编号"8900"注册系统管理)。

① 在"系统管理"窗口中，单击"系统/注销"菜单项以注销系统管理员身份的注册。

② 单击"系统/注册"菜单项，系统打开"系统管理"的登录界面。

③ 编辑"操作员"为"8800"或"赵技巩"，"密码"为"1"，选择"账套"为"[816]…"，"操作日期"为当前系统日期"2016-04-01"。

④ 单击"登录"按钮，系统退出对话框返回"系统管理"窗口，窗口菜单中显示为黑色字体的部分为账套主管可以操作的功能。

(2) 修改账套信息。

① 在"系统管理"窗口中，单击"账套/修改"菜单项，系统打开"修改账套"对话框，可以修改的账套信息以白色显示，不可修改的以灰色显示。

② 类似于创建账套，在此按照向导逐步完成账套信息的修改，然后单击"完成"按钮，系统弹出提示"确认修改账套了？"。

③ 单击"是"按钮，并在"分类编码方案"和"数据精度"对话框中直接单击"取消"按钮，完成账套修改。

1.3.5 账套备份

1. 设置系统自动备份计划

注意：该工作可由"账套主管"或"系统管理员"在"系统管理"中完成。

操作步骤：

(1) 在 C 盘新建"账套备份"文件夹。

(2) 在"系统管理"窗口中，单击"系统/设置备份计划"，打开"备份计划设置"对话框，然后单击工具栏的"增加"按钮，打开"备份计划详细情况"对话框。

(3) 录入"计划编号"为"2016-816"、"计划名称"为"816 亮康眼镜"，选择"发生频率"为"每周"，录入"开始时间"为"00:00:00"、"发生天数"为"1"(表示每周日 0 点开始备份)。

(4) 单击对话框中间的"增加"按钮，系统弹出"请选择账套备份路径"对话框。

(5) 选择"C:\账套备份"文件夹为备份路径，然后单击"确定"按钮返回，此时在"请选择备份路径"区中增加了一行，其右侧出现"浏览"按钮(单击它可打开"请选择账套备份路径"对话框)，在"请选择账套和年度"区中，选中"816"账套，结果如图1-16所示。

图 1-16 "备份计划详细情况"对话框

(6) 单击对话框底部的"增加"按钮，完成该备份计划的设置。

(7) 退出。单击"取消"按钮退出"备份计划详细情况"对话框，返回"备份计划设置"窗口；再单击"退出"按钮返回"系统管理"窗口。

2. 账套输出

为能让每次实验具有连续性，以完成完整的流程操作，建议您每完成1节或1章的实验之后，将实验结果备份保存在C盘或自己的U盘、云盘中。

为此，您需要在每次实验之后，先进行企业账套的输出，并将输出的结果压缩后保存；然后在下次实验前，再将上次的操作成果引入系统。

操作步骤：

(1) 以系统管理员身份注册并打开"系统管理"窗口。若"系统管理"窗口没有打开，请双击桌面上的"系统管理"图标打开该窗口；若已经打开，则单击"系统管理"的"系统/注销"菜单项，然后单击"系统/注册"菜单项打开"登录"对话框，最后以系统管理员(admin)身份注册并打开"系统管理"窗口。

(2) 在"系统管理"窗口中，单击"账套/输出"菜单项，打开"账套输出"对话框；选定"账套号"和"输出文件位置"后，确认没有勾选"删除当前输出账套"复选框，结果如图1-17所示。

图 1-17 "账套输出"对话框

(3) 单击"确认"按钮，一般等待 3 分钟左右，系统自动完成账套输出的任务并弹出信息提示框，单击其"确定"按钮完成账套输出。

(4) 在资源管理器中，打开"账套备份"文件夹，将列出"UFDATA.BAK"(1.5GB 左右)和"UfErpAct.Lst"(1KB)两个文件，将这两个文件压缩成一个包(150MB 左右)，并发送到 U 盘或云盘。

提示：

● 只有系统管理员(admin)才能输出账套。

● 账套输出只是做了账套备份，现有的账套还在 ERP 系统中，可继续操作；但若删除了账套，则下次必须引入账套后才能继续操作。

● 账套删除和账套输出的操作基本一样，区别只是在"账套输出"对话框中，需要勾选"删除当前输出账套"复选框，且在系统提示"真要删除该账套吗？"时，单击"确认"按钮即可，若单击"取消"按钮则不删除当前输出的账套，下次可继续使用该账套。

● 正在使用的账套，系统的"删除当前输出账套"选项是置灰的，即不允许选中。

3. 引入(恢复)账套

操作步骤：

(1) 启动系统管理，以系统管理员(admin)身份注册。

(2) 引入账套。

① 在"系统管理"窗口中，单击"账套/引入"菜单项，系统弹出"请选择账套备份文件"对话框。

② 在该对话框中，选择"C:\账套备份\UfErpAct.Lst"，然后单击"确定"按钮，系统弹出"系统管理"信息提示框，提示账套引入的默认路径。

③ 直接单击"确定"按钮，系统弹出"请选择账套引入的目录"对话框，选择"C:\U8SOFT"文件夹，结果如图 1-18 所示。

图 1-18　账套引入目录选择对话框

④ 单击"确定"按钮，系统弹出"账套引入"信息提示框。

⑤ 一般等待 3 分钟左右，系统弹出信息提示框，提示账套"引入成功"。

⑥ 直接单击"确定"按钮，退出该信息提示框，返回"系统管理"窗口。

提示：

只有系统管理员(admin)才能引入账套。

1.4　实验报告内容

1. 请查看 ERP-U8 系统中的操作员列表，并将结果界面拷屏后粘贴在实验报告中。

2. 请查看"出纳"角色的"应付款管理"相关的权限设置页面，并将结果界面拷屏后粘贴在实验报告中。

3. 请查看您设置的自动备份计划，并将结果界面拷屏后粘贴在实验报告中。

4. 请查看案例企业的"系统启用"情况，并将结果界面拷屏后粘贴在实验报告中。

5. 请查看案例企业的编码方案，并将结果界面拷屏后粘贴在实验报告中。

6. 请比较操作员的功能权限与数据权限的功能差异(即作用的不同)。

7. 请比较操作员的功能权限与数据权限的操作差异。

8. 请比较账套删除与账套输出的操作差异。

9. 请比较账套删除与账套输出的操作结果的差异。

10. 请说明"用户"与"角色"的作用及其之间的关系。

11. 请说明"角色"与"权限"之间的关系。

12. 账套删除和账套输出备份的操作有何异同？

13. 用友 ERP-U8 的"系统管理"与"系统管理员"有何不同？

14. 用友 ERP-U8 系统中"行业性质"有哪些？设置"行业性质"的作用是什么？

15. 用友 ERP-U8 系统中科目编码"4-2-2"的含义是什么？请举例说明。

16. 本实验中，账套和账套号的作用是什么？

17. 请给出查看拥有"账套主管"角色的用户列表的操作步骤。

18. 用友 ERP-U8 的"系统管理"允许以"系统管理员"和"账套主管"的身份注册进入。"系统管理员"与"账套主管"的权限有何异同？

19. 设置账套备份计划的作用有哪些？如何设置？

第2章

企业基础档案设置

　　企业基础档案，是在"企业应用平台"中进行操作的。"企业应用平台"是用友 ERP-U8 系统的集成应用平台，它是进行企业账套管理的唯一入口，可以实现企业基础档案和基础数据的设置与维护、信息的及时沟通和传输、信息的统计分析等。

　　本章的主要内容是设置案例企业的基础档案信息和会计科目及其期初余额。

　　企业的基础档案设置，就是设置用友 ERP-U8 各个子系统公用的基础档案信息，主要包括企业部门及人员档案、客商信息、存货档案、财务信息、收付结算信息等。

　　会计科目设置，是编辑一级科目的科目属性(如辅助账类型、受控系统)，以及新增二级、三级科目，如在银行存款科目下，增加工行存款和中行存款。

　　会计科目的期初余额，是以上期的期末余额为基础，反映了以前期间的交易和上期采用的会计政策的结果。期初已存在的账户余额，是由上期结转至本期的金额，或是上期期末余额调整后的金额。本章的 2.10 节将在总账系统中录入上月的会计科目期末余额数据信息，作为本月会计科目期初余额数据，以保证数据的完整性和连续性。

　　本章的操作，应该是在系统日期为2016-04-01、由账套主管"赵技巩"(或者读者您本人)登录到"企业应用平台"，并在第 1 章完成的账套中进行的。所以在实验操作前，需要将系统时间调整为 2016 年 4 月 1 日。如果没有调整系统时间，则在登录"企业应用平台"时需要修改"操作日期"为 2016 年 4 月 1 日；如果操作日期与账套建账时间之间的跨度超过 3 个月，则该账套在演示版状态下不能执行任何操作。

　　如果您没有完成第 1 章的建账和设置权限的任务，则可以到 360 云盘空间(云盘地址：https://yunpan.cn/crWIB4qYxNeUr，访问密码：7d82)的"实验账套数据"文件夹中，将"01 新建账套.rar"下载到实验用机上，然后"引入"(操作步骤详见 1.3.5 节)到 ERP-U8 系统中。需要说明的是：

　　(1) 因云盘中的账套备份文件均为"压缩"文件，所以在下载完成后引入前，需要用解压缩工具进行解压(建议用 WinRAR 3.42 或以上版本)，得到相应可以引入的账套数据文件。此外，本章完成的账套，其输出压缩的文件名为"02 基础档案.rar"。

　　(2) 本教程的所有业务实验操作，都有配套的微视频，您可以通过扫描二维码，或者到指定的网页地址去观看。但本章的实验操作，因其是基础档案且比较简单，没有做相应的视频录制。

本章的授课时间建议讲课 2~4 学时(主要讲解基础档案中各个部分的作用和数据之间的关系，内容可参见第 2.1 节至 2.10 节的相关讲解和本教程配套的课件)，实验 4~6 学时(若课时不足，可跳过本章的讲解与实验)，实验目的与要求如下：

- 理解企业中人、财、物基础数据的重要性。
- 理解存货的计价方式(如移动平均法、全月平均法、个别计价法)。
- 掌握 ERP 软件中编辑企业利益相关者(如员工、客户、供应商、银行)档案的操作。
- 掌握存货档案的编辑操作。
- 掌握编辑企业财务相关档案(如会计科目、付款条件、开户银行、结算方式、凭证类别)的操作。
- 掌握编辑企业业务基础档案(如仓库档案、收发类别、发运方式、采购类型、销售类型)的操作。
- 学会对相关报表的查询。

2.1 部门与人员档案设置

企业一般对其人员类别进行分类设置和管理，本案例企业是按树形层次结构分类的(详见表 2-1)。根据企业各部门的实际情况，案例企业已经设置了各职位具体人员的职责(详见表 2-2)。

1. 人员类别设置

表 2-1 列示的是本案例企业的人员类别设置情况。本任务是按照表 2-1，完成案例企业在用友 ERP-U8 中"正式工"人员类别的子类设置(新建账套时，系统已预置了"正式工"、"合同工"、"实习生" 3 个人员类别)。

表 2-1 人员类别

人员类别	档案编码	档案名称
101 正式工	1011	企管人员
	1012	采购人员
	1013	销售人员
	1014	生产人员
102 合同工		
103 实习生		

操作步骤：

(1) 打开"企业应用平台"窗口。双击桌面的"企业应用平台"快捷方式，在系统打开的"登录"对话框中，设置"操作员"为"8800"，"密码"为"1"，"账套"为"[816]..."，然后单击"登录"按钮，系统打开"企业应用平台"窗口。

(2) 打开"人员类别"窗口。在"企业应用平台"的"基础设置"页签下，依次点击(操作步骤中用"点击"是因为最后一个菜单项需要双击打开)"基础档案/机构人员/人员类别"菜单项，系统打开"人员类别"窗口。

(3) 打开"增加档案项"对话框。先单击左窗格的"正式工"，然后单击工具栏中的"增加"按钮，系统弹出"增加档案项"对话框。

(4) 编辑"企管人员"类别。录入"档案编码"为"1011"、"档案名称"为"企管人员"，然后单击"确定"按钮。

(5) 完成人员类别设置。重复步骤(4)，录入完成表 2-1 中的编码为 1012、1013 和 1014 的人员类别后，单击"取消"按钮，返回"人员类别"窗口。

(6) 退出。先单击"增加档案项"对话框中的"取消"按钮，再单击工具栏中的"退出"按钮，返回"企业应用平台"窗口。

【主要栏目说明】

- 人员类别编码必须录入且唯一，同级档案编码长度相同。
- 人员类别名称必须录入且唯一。
- 新增/修改人员信息时，只能选择末级的人员类别。

2. 部门档案与人员档案设置

ERP-U8 中的"部门"，是指账套主体(如案例企业)下辖的需要进行独立的财务核算或业务管理要求的单元体，可以是实际的部门机构，也可以是虚拟的核算单元。

ERP-U8 中的"人员"，是指企业各职能部门中需要进行独立财务核算和业务管理的职员信息，必须先设置好部门档案才能在这些部门下设置相应的职员档案。除了固定资产和成本管理产品外，其他产品均需使用职员档案。如果企业不需要对职员进行核算和管理，则可以不设置职员档案。

表 2-2 列示的是本案例企业的部门档案和人员档案。本任务是按照表 2-2，完成案例企业的部门档案和人员档案在用友 ERP-U8 中的设置。

为减少录入工作量，您可以只录入人员编号为 8100 和 8800 的员工信息。

表 2-2　部门档案与人员档案

一级部门	二级部门	人员类别	人员编码及姓名	性别	雇佣状态	银　行	银行账号	是否操作员	是否业务员
1 公司总部	101 经理办公室	企管人员	8100 李吉贡	女	在职	工行	11022033001	是	
	102 行政办公室	企管人员	8101 陈虹	女	在职	工行	11022033002		

(续表)

一级部门	二级部门	人员类别	人员编码及姓名	性别	雇佣状态	银行	银行账号	是否操作员	是否业务员
2 财务部		企管人员	8200 曾志伟	男	在职	工行	11022033003		
		企管人员	8201 张兰	女	在职	工行	11022033004		
		企管人员	8202 罗迪	女	在职	工行	11022033005		
3 销售部	301 批发部	销售人员	8300 赵飞	男	在职	工行	11022033006		是
	301 批发部	销售人员	8301 夏于	男	在职	工行	11022033007		是
	302 门市部	销售人员	8302 李华	男	在职	工行	11022033008		是
4 采购部		采购人员	8400 刘静	女	在职	工行	11022033009		是
		采购人员	8401 张新海	男	在职	工行	11022033010		是
5 仓管部		企管人员	8500 李莉	女	在职	工行	11022033011		
		企管人员	8501 赵林	男	在职	工行	11022033012		
		企管人员	8502 李东	男	在职	工行	11022033013		
6 人力资源部		企管人员	8600 王军	男	在职	工行	11022033014		
		企管人员	8601 梁京	女	在职	工行	11022033015		
7 生产部		生产人员	8700 刘正	男	在职	工行	11022033016		
		生产人员	8701 李江	男	在职	工行	11022033017		是
8 技术部		企管人员	8800 赵技巩	男	在职	工行	11022033019	是	

操作步骤：

(1) 打开"部门档案"窗口。在"基础档案"的"机构人员"菜单下，双击"部门档案"菜单项，系统打开"部门档案"窗口。

(2) 编辑"公司总部"。单击工具栏的"增加"按钮，录入部门编码为"1"、部门名称为"公司总部"，然后单击"保存"按钮。

(3) 完成部门编辑。重复步骤(2)，按照表 2-2 的第 1 列和第 2 列，将部门档案全部录入，完成后单击"部门档案"窗口右上角的"关闭"按钮，退出该窗口并返回企业应用平台。

(4) 打开"人员档案"窗口。双击"人员档案"菜单项，系统打开"人员档案"窗口。

(5) 新增一张人员档案单据。单击"增加"按钮，系统进入新增状态，并新增一张人员档案表。

(6) 编辑人员档案。编辑"人员编码"为"8100"、"人员姓名"为"李吉贡"、"性别"为"女"、"行政部门"为"101"(经理办公室)、"雇佣状态"为"在职"、"人员类别"为"企管人员"、"银行"为"中国工商银行"、"账号"为"11022033001"，同时勾选"是否为操作员"复选框，结果如图 2-1 所示。

(7) 保存。单击"保存"按钮，若该人员已经是用友 ERP 软件的操作员，则系统弹出提示框"人员信息已改，是否同步修改操作员的相关信息？"，单击"是"按钮，系统保存人员信息并新增一张人员档案表；若不是，则直接保存并新增人员档案。

(8) 完成人员档案编辑。重复步骤(6)～(7)，依据表 2-2 将人员档案全部录入(或再录入 8800 的员工信息)完成后，单击工具栏的"退出"按钮，返回"人员档案"窗口。

(9) 退出。单击"人员档案"窗口右上角的"关闭"按钮，关闭并退出该窗口。

图 2-1　"人员档案"窗口

【主要栏目说明】

- 部门编号需要符合编码级次原则，必须录入且唯一。部门档案中的"部门编码"不允许与工作中心档案的"工作中心编码"重复。
- 部门名称必须录入，可以重名。
- 人员编码必须录入且唯一，保存后不能修改。
- 人员的名称必须录入、可以重名，可随时修改。
- 如果新增的人员设置为操作员时，则将操作员的所属行政部门、Email 地址、手机号带入到用户档案(可在"系统管理"窗口的用户列表中查看)中，对于关联的操作员或修改人员时，系统将提示您"人员信息已改，是否同步修改操作员的相关信息？"，如果选择"是"，则系统将操作员的所属行政部门、Email 地址、手机号带入到用户档案中。
- 如果部门人员是操作员，则同时保存到操作员表中，其密码默认为操作员编码，角色默认为"普通用户"角色。
- 是"业务员"的需要添加"业务或费用部门"；若在增加时设置为"业务员"，则有与其"行政部门"相同的默认部门。
- 业务及费用归属部门是指此人员作为业务员时，所属的业务部门，或当他不是业务员，但其费用需要归集到所设置的业务部门。参照部门档案，只能输入末级部门。

2.2 地区分类及客商档案设置

本节是按照表 2-3 至表 2-6，完成案例企业在用友 ERP-U8 中的地区分类、供应商分类、供应商档案、客户分类和客户档案的设置。

1. 地区分类

企业可以根据自身管理要求出发对客户、供应商的所属地区进行相应的分类，建立地区分类体系，以便对业务数据的统计、分析。使用用友 ERP-U8 产品中的采购管理、销售管理、库存管理和应收应付款管理系统都会用地区分类。地区分类最多有五级，企业可以根据实际需要进行分类。例如：您可以按区、省、市进行分类，也可以按省、市、县进行分类。

表 2-3 列示的是本案例企业的地区分类。本任务是按照表 2-3，完成案例企业在用友 ERP-U8 中的地区分类的设置。

表 2-3 地区分类

分类编码	分类名称
01	华北地区
02	华东地区
03	西北地区

操作步骤：

(1) 打开"地区分类"窗口。在"企业应用平台"的"基础设置"页签下，依次点击"基础档案/客商信息/地区分类"菜单项，打开"地区分类"窗口。

(2) 新增一个地区类别。单击工具栏的"增加"按钮，录入分类编码为"01"、分类名称为"华北地区"，并单击"保存"按钮。

(3) 完成地区分类编辑。重复步骤(2)，依据表 2-3，完成地区分类信息的录入工作。

(4) 退出。单击"地区分类"窗口的"退出"按钮。

【主要栏目说明】

● 地区分类编码必须录入、必须唯一且符合编码规则，并要注意分类编码字母的大小写。

● 类别名称可以是汉字或英文字母，必须录入且唯一。

2. 客户分类与供应商分类

企业可以根据自身管理的需要对供应商进行分类管理，建立供应商分类体系。可将供应商按行业、地区等进行划分，设置供应商分类后，根据不同的分类建立供应商档案。

同理，企业可以根据自身管理的需要对客户进行分类管理，建立客户分类体系。可将客户按行业、地区等进行划分，设置客户分类后，根据不同的分类建立客户档案。

表 2-4 列示的是本案例企业的客户和供应商分类。本任务是按照表 2-4，完成案例企业在用友 ERP-U8 中的客户和供应商分类设置。

表 2-4　客户分类与供应商分类

类别名称	一级分类编码与名称	二级分类编码与名称
供应商	01 供应商	01001 厂商
		01002 材料商
	02 委外商	
客户	01 代销商	
	02 批发商	02001 山西省批发商
		02002 北京市批发商
		02003 上海市批发商
	03 零售商	

操作步骤：

(1) 打开"供应商分类"窗口。在"基础档案"的"客商信息"菜单下，双击"供应商分类"菜单项，系统打开"供应商分类"窗口。

(2) 新增一个供应商分类。单击工具栏的"增加"按钮，录入分类编码为"01"、分类名称为"供应商"，并单击"保存"按钮。

(3) 完成供应商分类编辑。重复步骤(2)，依据表 2-4 录入供应商分类信息，完成后单击"退出"按钮。

(4) 打开"客户分类"窗口。双击"客户分类"菜单项，系统打开"客户分类"窗口。

(5) 新增一个客户分类。单击工具栏的"增加"按钮，录入分类编码为"01"、分类名称为"代销商"，并单击"保存"按钮。

(6) 完成客户分类编辑。重复步骤(5)，依据表 2-4 录入客户分类信息，完成后单击"退出"按钮。

【主要栏目说明】

- 供应商/客户的类别编码，是系统识别不同供应商/客户的唯一标志，所以编码必须唯一且不可修改。
- 供应商/客户的类别名称，是用户对供应商/客户类别的信息描述，可以是汉字或英文字母，不能为空。

3. 供应商档案

企业设置往来供应商的档案信息，有利于对供应商资料管理和业务数据的统计与分析。在 ERP-U8 中建立供应商档案，主要是为企业的采购管理、委外管理、库存管理、应付账管理服务的。在填制采购入库单、采购发票和进行采购结算、应付款结算和有关供货单位统计时都会用到供货单位档案，因此必须先设立供应商档案。在输入单据时，如果单据上的供货单位不在供应商档案中，则必须在此建立该供应商的档案。如果在建立账套时选择了供应商分类，则必须在设置完成供应商分类档案的情况下才能编辑供应商档案。

表 2-5 列示的是本案例企业的供应商档案。本任务是按照表 2-5，完成案例企业在用友 ERP-U8 中的供应商档案设置。

表 2-5 供应商档案

供应商编码与名称	供应商简称	所属分类	所属地区	税号	开户银行	银行账号	邮编	地址
001 大运眼镜公司	大运公司	01001厂商	01	55555	工行朝阳支行	48723367	100045	北京朝阳十里堡8号
002 吉祥眼镜公司	吉祥公司	01001厂商	02	88888	工行浦东支行	85115076	200332	上海浦东新区东方路1号
003 北京塑料二厂	塑料二厂	01002材料商	01	44444	招行昌平支行	1235689575	100046	北京昌平区大新路33号
004 银川螺钉厂	螺钉厂	01002材料商	03	88855	工行银川支行	862559521	333571	银川市和信区富民路23号
005 燕郊硅胶三厂	硅胶三厂	01002材料商	01	44446	工行燕郊支行	862559585	100050	河北省燕郊经济开发区20号

备注:
- 所有供应商的结算币种均为"人民币"。
- 供应商属性(采购/委外/服务/国外)均为"采购"。

操作步骤:

(1) 打开"供应商档案"窗口。在"基础档案"的"客商信息"菜单下，双击"供应商档案"菜单项，打开"供应商档案"窗口。

(2) 新增一个供应商。单击"增加"按钮，增加一张供应商档案单据，编辑供应商档案的"基本"和"联系"信息，包括编码、名称、简称、分类、币种、所属地区等。以表 2-5 第 1 行为例，其"基本"选项卡的结果参见图 2-2。

(3) 保存并新增。单击"保存并新增"按钮，系统保存该供应商信息并增加一张供应商档案。

(4) 完成编辑。重复步骤(2)~(3)，将表 2-5 中所有供应商档案全部录入后，单击"退出"按钮退出该窗口。

图 2-2 供应商档案"基本"选项卡

【主要栏目说明】

- 供应商编码：必须录入且唯一，可以是数字或字符，最多可输入 20 位。
- 供应商名称：可以是汉字或英文字母，最多输入 49 个汉字或 98 个字符。供应商名称用于销售发票的打印，即打印出来的销售发票的"销售供应商"栏目显示的内容为销售供应商的供应商名称。
- 供应商简称：可以是汉字或英文字母，最多输入 30 个汉字或 60 个字符。供应商简称用于业务单据和账表的屏幕显示。
- 对应客户：若该供应商同时也是企业的客户，则在编辑供应商档案时可输入对应客户名称，但不允许重复，即不允许多个供应商对应一个客户；且当在 001 供应商中输入了对应客户编码为 666，则在保存该供应商信息的同时会将 666 客户档案中的对应供应商编码记录存为 001。
- 税号：输入供应商的工商登记税号，用于销售发票的"税号"栏内容的屏幕显示和打印输出。若税号为空，则不可录入专用发票。
- 供应商属性：可在采购、委外、服务和国外 4 种属性中选择一种或多种。"采购"属性的供应商用于采购货物时可选的供应商，"委外"属性的供应商用于委外业务时可选的供应商，"服务"属性的供应商用于费用或服务业务时可选的供应商。如果此供应商已被使用，则供应商属性不能删除修改，可增选其他项。

提示：

已停用的供应商(即供应商档案的停用日期小于当前单据日期的供应商)，输入单据时不能再参照，否则系统提示"此供应商已停用，请选择其他供应商"。在进行单据或账表查询时，已停用的供应商仍可继续查询。

4. 客户级别及档案

建立客户档案主要是为企业的销售管理、库存管理、应收账管理服务的。ERP-U8 中，客户档案功能用于设置往来客户的档案信息，以便于对客户资料管理和业务数据的录入、统计、分析，比如在填制销售发货单、销售发票和进行应收款结算时，都会用到客户档案。在输入单据时，如果单据上的采购单位不在客户档案中，则必须在此建立该客户的档案。

如果您在建立账套时选择了客户分类，则必须在设置完成客户分类档案的情况下才能编辑客户档案。表 2-6 列示的是本案例企业的客户级别及客户档案。本任务是按照表 2-6，在用友 ERP-U8 中完成案例企业的客户级别及档案的设置。

表 2-6　客户级别与客户档案

客户编码	客户名称	客户简称	客户级别编码与名称	所属分类	所属地区	税号	邮政编码	地址	信用额度	开户银行	银行账号
001	光明眼镜公司	光明公司	01 VIP客户	02002	01	11111	100077	北京海淀学院路1号	250万	工行海淀支行	73853654
002	雪亮眼镜公司	雪亮公司	03 一般客户	02003	02	12121	200032	上海徐汇天平路8号	5万	工行徐汇支行	36542234
003	同方眼镜公司	同方公司	02 重要客户	01	01	11134	100088	北京海淀成府路3号	170万	光大银行海淀支行	85265419
004	华飞眼镜公司	华飞公司	03 一般客户	02001	01	11135	250000	山西太原天桥区成府路3号	5万	光大银行太原支行	85265420
005	零散客户	零散客户		03							

备注：

- 所有客户的结算币种均为"人民币"；属性均为"国内"。
- 表 2-6 中的"开户银行"均是默认的结算银行。
- 在录入"开户银行"时，需要在"增加客户档案"对话框中，单击工具栏的"银行"按钮，然后在打开的对话框中，录入相关信息，其所属银行为开户银行所在银行，如"工行海淀支行"的所属银行为"中国工商银行"。

操作步骤：

(1) 打开"客户级别分类"窗口。在"基础档案"的"客商信息"菜单下，双击"客户级别"菜单项,系统打开"客户级别分类"窗口。

(2) 新增 VIP 客户类别。单击工具栏的"增加"按钮,编辑客户级别的相关信息,以表 2-6 第 1 行为例,在表体中录入客户级别编码为"01"、客户级别名称为"VIP 客户"并单击"保存"按钮。

(3) 完成客户类别编辑。重复步骤(2),客户级别全部录入完成后,单击"退出"按钮退出该窗口。

(4) 打开"客户档案"窗口。双击"客户档案"菜单项,打开"客户档案"窗口。此时左窗口中显示已经设置的客户分类,单击鼠标选中某一客户分类,右窗口中显示该分类下的所有客户列表。

(5) 新增一个客户并编辑基本信息。单击"增加"按钮,打开"增加客户档案"对话框,在"基本"选项卡中编辑客户档案相关信息,包括客户编码、客户名称、简称等,表 2-6 第 1 行的客户基本信息编辑结果如图 2-3 所示。

图 2-3 客户档案"基本"选项卡

(6) 编辑客户的信用信息。在"增加客户档案"对话框的"联系"选项卡中编辑邮政编码和地址,在"信用"选项卡中编辑信用额度。

(7) 编辑客户的银行信息。在"增加客户档案"对话框中,单击工具栏中的"银行"按钮,弹出"客户银行档案"对话框,单击"增加"按钮,以表 2-6 第 1 行为例,选择"所属银行"为"中国工商银行"并录入"开户银行"为"工行海淀支行"、"银行账号"为"73853654"、"默认值"为"是",然后保存并退出该对话框。

(8) 保存。单击工具栏中的"保存"按钮,保存该客户信息。

(9) 完成客户信息编辑。重复步骤(5)~(8),依据表 2-6,完成客户档案的录入。

(10) 退出。单击"关闭"按钮,关闭并退出"客户档案"窗口。

【主要栏目说明】

● 客户编码:必须录入唯一,可以用数字或字符表示,最多可输入 20 位数字或字符。

● 客户名称:可以是汉字或英文字母,最多可输入 49 个汉字或 98 个字符。客户名称用于销售发票的打印,即打印出来的销售发票的销售客户栏目显示的内容为销售客户的客户名称。

- 客户简称：可以是汉字或英文字母，最多可输入 30 个汉字或 60 个字符。客户简称用于业务单据和账表的屏幕显示。
- 对应供应商：若该客户同时也是本企业的供应链，则在客户档案编辑时可输入对应供应商名称，不允许重复，即不允许有多个客户对应一个供应商的情况出现。例如当在 001 客户中输入了对应供应商编码为 666，则在保存该客户信息的同时需要将 666 供应商档案中的对应客户编码记录保存为 001。
- 客户属性："国内"指国内客户，如果启用销售系统，新增客户档案默认为"国内"；"国外"指国外客户，如果未启用销售系统，只启用了出口系统，新增客户档案默认为"国外"；标记为"服务"属性的客户，可为售后服务业务使用。
- 客户档案银行页：使用 U8 产品的用户，大多数还需要使用金税系统，由 U8 系统传入金税系统的发票不允许修改客户的银行信息，因此需要在 U8 产品中正确录入发票上的客户银行信息。

提示：

- 已停用的客户(即客户档案的停用日期小于当前单据日期的客户)，输入单据时不能再参照，否则系统提示"此客户已停用，请选择其他客户"。但在进行单据或账表查询时，已停用的客户仍可继续查询。
- 档案增加指定默认的币种，将在销售订单等单据中直接带出。
- 当客户的基本信息编辑完成并保存后，方可使用"银行"的编辑功能，来编辑此客户的银行信息。

2.3 存货与仓库档案设置

ERP-U8 中的存货功能，主要用于设置企业在生产经营中使用到的各种存货信息，以便对这些存货进行资料管理、实物管理和业务数据的统计、分析。企业的存货，需要有计量单位和存放的仓库，而且多数会有存货分类。

需要指出的是，在编辑计量单位时，应先通过"分组"定义计量单位组，即先增加计量单位组，再增加组下的具体计量单位内容。

1. 存货计量单位(组)

计量单位组分无换算、浮动换算、固定换算三种类别，每个计量单位组中有至少一个主计量单位、一个或多个辅助计量单位，可以设置主辅计量单位之间的换算率。

- 无换算计量单位组：在该组下的所有计量单位都以单独形式存在，各计量单位之间不需要输入换算率，系统默认均为主计量单位。
- 浮动换算计量单位组：设置为浮动换算率时，可以选择的计量单位组中只能包含两个计量单位。此时需要将该计量单位组中的主计量单位、辅计量单位显示在存货卡片界面上。

- 固定换算计量单位组：设置为固定换算率时，可以选择的计量单位组中可以包含两个(不包括两个)以上的计量单位，且每一个辅计量单位对主计量单位的换算率不为空。此时需要将该计量单位组中的主计量单位显示在存货卡片界面上。

存货档案中每一种存货只能选择一个计量单位组，表 2-7 列示的是本案例企业使用的存货计量单位组。

表 2-7　存货计量单位组

计量单位组编码	计量单位组名称	计量单位组类别
01	副	固定换算率
02	无固定换算率	无换算率

操作步骤：

(1) 打开"计量单位"窗口。在"企业应用平台"的"基础设置"页签下，依次点击"基础档案/存货/计量单位"菜单项，打开"计量单位"窗口。

(2) 打开"计量单位组"对话框。单击工具栏的"分组"按钮，系统弹出"计量单位组"对话框。

(3) 新增计量单位组"副"。单击"增加"按钮，录入"计量单位组编码"为"01"、"计量单位组名称"为"副"，选择"计量单位组类别"为"固定换算率"，然后单击"保存"按钮。

(4) 完成计量单位组编辑。重复步骤(2)，录入表 2-7 中的第 2 行，保存后单击"退出"按钮，系统返回"计量单位"窗口。

提示：

- 计量单位组保存后，只可对计量单位组的名称和类别进行修改。
- 已经使用过的计量单位组，不能修改其已经存在的计量单位信息。
- 已经有数据的存货，不允许修改该存货的计量单位组。

2. 存货计量单位

表 2-8 列示的是案例企业的存货计量单位，其中"换算率"是辅计量单位和主计量单位之间的换算比，如一箱啤酒为 24 听，则 24 就是辅计量单位箱和主计量单位听之间的换算比。

- 主计量单位的换算率自动置为 1。
- 无换算计量单位组中不可输入换算率。
- 固定换算的计量单位组，辅计量单位的换算率必须录入。
- 浮动换算的计量单位组，可以录入，也可以为空。
- 数量(按主计量单位计量)=件数(按辅计量单位计量)*换算率，例如 1 盒眼镜 10 副，则 10 是辅计量单位"盒"和主计量单位"副"之间的换算比。

本任务是按照表 2-8，完成案例企业的存货计量单位在用友 ERP-U8 中的设置。

表 2-8　存货计量单位

计量单位编码	计量单位名称	计量单位组	主计量单位标志	换 算 率
01	副	01 副	是	
02	盒	01 副	否	10
03	对	02 无固定换算率		
04	颗	02 无固定换算率		
05	个	02 无固定换算率		
06	千克	02 无固定换算率		
07	次	02 无固定换算率		

操作步骤：

(1) 打开"计量单位"窗口。

(2) 打开计量单位组"副"的"计量单位"对话框。首先选中左窗格的"计量单位组"为"副"，然后单击工具栏的"单位"按钮，系统弹出"计量单位"对话框。

(3) 编辑计量单位组"副"的主计量单位。单击"增加"按钮，新增一张表单，此时"计量单位组编码"默认为"01"(不可修改)；然后在表头录入"计量单位编码"为"01"、"计量单位名称"为"副"，确认勾选"主计量单位标志"复选框；最后单击"保存"按钮。

(4) 编辑计量单位组"副"的辅计量单位。在"计量单位"对话框中，单击"增加"按钮，然后在表头录入"计量单位编码"为"02"、"计量单位名称"为"盒"，确认没有勾选"主计量单位标志"复选框，"换算率"为"10"，然后单击"保存"按钮，再单击"退出"按钮，返回"计量单位"窗口。

(5) 编辑计量单位组"无固定换算率"的所有计量单位。重复步骤(2)～(4)，依据表 2-8 录入第 3～7 行的计量单位后，单击"计量单位"对话框的"退出"按钮，返回"计量单位"窗口。

(6) 退出。单击"计量单位"窗口的"退出"按钮，退出该窗口。

3. 仓库档案设置

存货一般是用仓库来保管的。对存货进行核算管理，首先应对仓库进行管理，因此进行仓库设置是供应链管理系统的重要基础准备工作之一。

表 2-9 列示的是案例企业的仓库档案，用友 ERP 系统提供了 6 种计价方式，工业企业的有计划价法、全月平均法、移动平均法、先进先出法、后进先出法、个别计价法，每个仓库必须选择一种计价方式。

- 计划价：期末处理计算差异率时，根据此仓库的同种存货的差异、金额计算的差异率，计算出库成本。
- 全月平均：期末处理计算出库成本时，根据该仓库同种存货的金额和数量计算的平均单价，计算出库成本。

- 移动平均：业务发生日计算出库成本时，根据该仓库的同种存货按最新结存金额和结存数量计算的单价，计算出库成本。
- 先进先出、后进先出：按出库单记账(包括红字出库单)计算出库成本时，只按此仓库的同种存货的入库记录进行先进先出或后进先出选择成本，只要存货相同、仓库相同则将入库记录全部大排队进行先进先出或后进先出选择成本。
- 个别计价：该仓库的各种存货，其计算成本的方法不变。

"仓库属性"可选择普通仓、现场仓、委外仓，默认为"普通仓"。普通仓用于正常的材料、产品、商品的出入库、盘点的管理；"现场仓"用于生产过程的材料、半成品、成品的管理；"委外仓"用于发给委外商的材料的管理。

表 2-9　仓库档案

仓库编码	仓库名称	部　门	计价方式	仓库属性	参与 MRP 运算 参与 ROP 计算	货位管理
0010	大运仓库	5 仓管部	移动平均法	普通仓	否、否	否
0020	原材料仓库	5 仓管部	移动平均法	普通仓	是、是	否
0030	半成品仓库	5 仓管部	移动平均法	普通仓	是、是	否
0040	产成品仓库	5 仓管部	移动平均法	普通仓	是、是	否

操作步骤：

(1) 打开"仓库档案"窗口。在"基础档案"菜单下，依次点击"业务/仓库档案"菜单项，打开"仓库档案"窗口。

(2) 新增一个仓库。单击工具栏中的"增加"按钮，在弹出的"增加仓库档案"窗口中，录入"仓库编码"为"0010"、"仓库名称"为"大运仓库"，选择"部门编码"为"5"(仓管部)、"计价方式"为"移动平均法"、"仓库属性"为"普通仓"，不勾选"参与 MRP 运算"、"参与 ROP 计算"、"货位管理"复选框，然后单击"保存"按钮。

(3) 完成仓库编辑。重复步骤(2)，完成表 2-9 中所有仓库档案的录入，然后单击"增加仓库档案"窗口右上角的"关闭"按钮，返回"仓库档案"窗口。

(4) 退出。单击"仓库档案"窗口右上角的"关闭"按钮，关闭该窗口。

【主要栏目说明】

- 仓库编码，最多 10 位，必须输入且唯一；仓库名称也最多 20 位，必须输入。
- 若仓库已经使用，则不可删除，而且只可修改负责人、电话、资金定额、仓库地址和备注等几项。

4. 存货分类设置

存货分类用于设置存货分类编码、名称及所属经济分类，以便于对业务数据的统计和分析。表2-10列示的是案例企业的存货分类，本任务是完成案例企业，在用友 ERP-U8 中的存货分类设置。

表 2-10　存货分类

一级分类编码与名称	二级分类编码与名称
01 商品	0101 太阳镜
	0102 亮康眼镜
02 生产	0201 原材料
	0202 半成品
03 劳务	

操作步骤：

(1) 打开"存货分类"窗口。在"基础档案"菜单下，依次点击"存货/存货分类"菜单项，打开"存货分类"窗口。

(2) 新增一个存货分类。单击"增加"按钮，在其右窗格中输入"分类编码"为"01"、"分类名称"为"商品"，然后单击"保存"按钮。

(3) 完成存货分类的编辑。重复步骤(2)，录入并保存表 2-10 中所有的存货分类。

(4) 退出。单击"存货分类"窗口的"退出"按钮，退出该窗口。

【主要栏目说明】

● 分类编码必须录入且唯一，而且需按其级次的先后次序建立。

● 存货分类最多可分 8 级，编码总长不能超过 30 位，每级级长用户可自由定义。

5. 存货档案设置

表 2-11 列示的是案例企业的存货档案。在用友 ERP-U8 中，存货属性有 18 种。如"内销"，具有该属性的存货可用于销售，发货单、发票、销售出库单等与销售有关的单据在参照存货时，参照的都是具有销售属性的存货。类似地，具有"外购"属性的存货，可用于采购，到货单、采购发票、采购入库单等与采购有关的单据在参照存货时，参照的都是具有外购属性的存货；开在采购专用发票、普通发票、运费发票等票据上的采购费用，也应设置为"外购"属性，否则开具采购发票时无法参照。

同一存货可以设置多个属性，但当一个存货同时被设置为"自制"、"委外"和(或)"外购"时，MPS/MRP 系统默认"自制"为其最高优先属性而自动建议计划生产订单；而当一个存货同时被设置为"委外"和"外购"时，MPS/MRP 系统默认"委外"为其最高优先属性而自动建议计划委外订单。具体的含义和使用，可参见"生产制造"类的图书。

另外，随同发货单或发票一起开具的应税劳务，也应设置在存货档案中。

表 2-11　存货档案

基 本						成 本			
存货编码/代码	存货名称	主计量组/单位	税率%	存货分类	存货属性	参考成本	最低售价	参考售价	主要供货单位/默认仓库
00001	男士高端太阳镜	01/副	17	0101太阳镜	内销、外购	350		420	大运公司/大运仓库
00002	女士高端太阳镜	01/副	17	0101太阳镜	内销、外购	300		360	大运公司/大运仓库
00003	男士普通太阳镜	01/副	17	0101太阳镜	内销、外购	90		108	大运公司/大运仓库
00004	女士普通太阳镜	01/副	17	0101太阳镜	内销、外购	80		96	大运公司/大运仓库
00005	运输费	02/次	7	03 劳务	应税劳务				
10000	亮康眼镜	01/副	17	0102亮康眼镜	内销、自制	160		200	产成品仓库
11000	镜片	02/对	17	0202半成品	生产耗用、委外	80			吉祥公司/半成品仓库
12000	镜架	02/个	17	0202半成品	生产耗用、自制	50			半成品仓库
12100	镜框	02/对	17	0202半成品	生产耗用、自制	12			半成品仓库
12200	镜腿	02/对	17	0202半成品	生产耗用、自制	12			半成品仓库
12210	塑料	02/千克	17	0201原材料	外购,生产耗用	1000			塑料二厂/原材料仓库
12220	镜片树脂	02/千克	17	0201原材料	外购,生产耗用	6000			塑料二厂/原材料仓库
12300	鼻托	02/对	17	0202半成品	生产耗用、自制	20			半成品仓库
12310	硅胶	02/千克	17	0201原材料	外购,生产耗用	1600			硅胶三厂/原材料仓库
13000	螺钉	02/颗	17	0201原材料	外购、生产耗用	1			螺钉厂/半成品仓库

操作步骤:

(1) 打开"存货档案"窗口。在"存货"菜单下,双击"存货档案"菜单项,打开"存货档案"窗口。

(2) 新增一张存货档案。单击工具栏中的"增加"按钮，系统打开"增加存货档案"窗口，新增一张存货档案单据。

(3) 编辑存货档案。在新增的单据中，做如下编辑。

① 在"基本"选项卡中，根据表 2-11 编辑存货档案相关信息，包括存货编码、存货代码、存货名称、主计量单位组、主计量单位、存货分类和存货属性，其他值默认。

② 单击"成本"页签，在打开的选项卡中录入参考成本、最低售价、参考售价、主要供货单位和默认仓库，其他值默认。

(4) 保存并新增。单击工具栏中的"保存并新增"按钮，系统保存该存货信息，并新增一张表单。

(5) 完成存货档案编辑。重复步骤(3)和(4)，依据表 2-11 将存货档案全部录入并保存。

(6) 退出。单击"存货档案"窗口右上角的"关闭"按钮，关闭并退出该窗口。

请注意，太阳镜的主计量单位默认为"01-副"，其采购、库存等的默认单位为辅助计量单位"02-盒"。

【主要栏目说明】

- 存货编码：必须输入且唯一，最多 60 位数字或字符。
- 存货名称：必须输入且最多 255 位汉字或字符。
- 存货代码：可不输、可重复、可用于快速录入。例如在销售订单上录入存货时，直接输入存货代码即可显示该存货信息。

2.4 收发类别与发运方式设置

收发类别设置，是为了对材料的出入库情况进行分类汇总统计而设置的，表示材料的出入库类型。用友 ERP-U8 规定：收发类型只有两种，即收和发，编辑时单选确定。请注意入库的"收发类别标志"为"收"，出库的"收发类别标志"为"发"。

本任务是按照表 2-12，在用友 ERP-U8 中设置案例企业的仓库收发类别。

操作步骤：

(1) 打开"收发类别"窗口。在"企业应用平台"的"基础设置"页签下，依次点击"基础档案/业务/收发类别"菜单项，打开"收发类别"窗口。

(2) 新增一个收发类别。单击"增加"按钮，在右窗格中编辑收发类别相关信息。以表 2-12 第 1 行为例，录入"收发类别编码"为"1"、"收发类别名称"为"正常入库"，并选择"收"，然后单击"保存"按钮。

(3) 完成收发类别的编辑。重复步骤(2)，将表 2-12 中所有的收发类别录入并保存。

(4) 退出。单击"收发类别"窗口的"退出"按钮，退出该窗口。

【主要栏目说明】

● 类别编码，必须输入且唯一。系统规定收发类别最多可分三级，最大位数 5 位。必须逐级定义，即定义下级编码之前必须先定义上级编码。

● 类别名称，最多 12 位，相同级次且上级级次相同的类别名称不可相同。

表 2-12　收发类别

收发类别编码	收发类别名称	收发类别标志	收发类别编码	收发类别名称	收发类别标志
1	正常入库		3	正常出库	
11	采购入库		31	销售出库	
12	采购退货		32	销售退货	
13	调拨入库		33	调拨出库	
14	产成品入库	收	34	领料出库	发
15	其他入库		35	其他出库	
2	非正常入库		4	非正常出库	
21	盘盈入库		41	盘亏出库	
22	其他入库		42	其他出库	

2. 发运方式设置

用户在处理采购业务或销售业务中的运输方式时，应先设定这些运输方式。表 2-13 列示的是本案例企业的发运方式，本任务将完成案例企业在用友 ERP-U8 中的发运方式的设置。

表 2-13　发运方式

发运方式编码	发运方式名称
01	公路
02	铁路
03	航空
04	水运

操作步骤：

(1) 打开"发运方式"窗口。在"业务"菜单下，双击"发运方式"菜单项，打开"发运方式"窗口。

(2) 新增一个发运方式。单击工具栏中的"增加"按钮，录入"发运方式编码"为"01"、"发运方式名称"为"公路"，然后单击"保存"按钮。

(3) 完成发运方式编辑。重复步骤(2)，将表 2-13 中的发运方式全部录入并保存。

(4) 退出。单击"发运方式"窗口的"退出"按钮，退出该窗口。

2.5　采购和销售类型设置

如果企业需要按采购类型进行统计，那就应该建立采购类型项目。采购类型是由用户根据企业需要自行设定的项目，用户在使用用友采购管理系统、填制采购入库单等单据时，会涉及采购类型栏目。采购类型不分级次，企业可以根据实际需要进行设立。例如从国外购进、从国内购进、从省外购进、从本地购进；从生产厂家购进，从批发企业购进；为生产采购、为委托加工采购、为在建工程采购，等等。

用户在处理销售业务时，可以根据自身的实际情况自定义销售类型，以便于按销售类型对销售业务数据进行统计和分析。

表 2-14 列示的是本案例企业的采购类型和销售类型。本任务是在用友 ERP-U8 中设置案例企业的采购类型与销售类型。

表 2-14　采购与销售类型

采购类型编码	采购类型名称	入库类别	是否默认值	销售类型编码	销售类型名称	出库类别	是否默认值
01	商品采购	11(采购入库)	是	01	批发销售	31(销售出库)	是
02	材料进货	11(采购入库)	否	02	门市零售	31(销售出库)	否
03	采购退回	12(采购退货)	否	03	销售退回	32(销售退货)	否

操作步骤：

(1) 打开"采购类型"窗口。在"业务"菜单下，双击"采购类型"菜单项，系统打开"采购类型"窗口。

(2) 新增一个采购类型。单击工具栏中的"增加"按钮，编辑采购类型相关信息，包括采购类型编码、名称及入库类别。以表 2-14 左侧第 1 行为例，在表体中填制"采购类型编码"为"01"、"采购类型名称"为"商品采购"，选择"入库类别"为"11(采购入库)"、"是否默认值"为"是"，然后单击"保存"按钮。

(3) 完成采购类型编辑。重复步骤(2)，依据表 2-14 左侧内容，将采购类型全部录入并保存。

(4) 退出。单击"采购类型"窗口的"退出"按钮，退出该窗口。

【主要栏目说明】

- 采购类型编码：只有 2 位字长，必须输入且唯一，区分大小写。
- 入库类别：是设定填制采购入库单时默认的入库类别，以便加快录入速度。
- 是否默认值："是"设定某个采购类型是填制采购单据默认的采购类型，对于最常发生的采购类型，可以设定该采购类型为默认的采购类型。

(5) 打开"销售类型"窗口。在"业务"菜单下，双击"销售类型"菜单项，打开"销售类型"窗口。

(6) 新增一个销售类型。单击工具栏中的"增加"按钮,编辑销售类型相关信息,包括销售类型编码、名称及出口类别。以表 2-14 右侧的第 1 行为例,在表体中填制"销售类型编码"为"01"、"销售类型名称"为"批发销售",选择"出库类别"为"31(销售出库)"、"是否默认值"为"是",然后单击"保存"按钮。

(7) 完成销售类型编辑。重复步骤(5),依据表 2-14 右侧内容将销售类型全部录入并保存。

(8) 退出。单击"销售类型"窗口的"退出"按钮,退出该窗口。

【主要栏目说明】

● 销售类型编码: 只有 2 位字长,必须输入且唯一,区分大小写。

● 出库类别: 输入销售类型所对应的出库类别,以便销售业务数据传递到库存管理系统和存货核算系统时进行出库统计和财务制单处理。

● 是否默认值: 标识销售类型在单据录入或修改被调用时,是否作为调用单据的销售类型的默认取值。

2.6 费用项目设置

用户若需处理销售业务中的代垫费用、销售支出费用,则应先设定这些费用项目。费用项目分类是将同一类属性的费用归集成一类,以便统计和分析。

表 2-15 列示的是本案例企业的费用项目分类,表 2-16 列示的是费用项目。本任务是按照表 2-15 和表 2-16,在用友 ERP-U8 中设置案例企业的费用项目分类和费用项目。

1. 费用项目分类设置

表 2-15 费用项目分类

分类编码	分类名称
1	购销
2	管理

操作步骤:

(1) 打开"费用项目分类"窗口。在"企业应用平台"的"基础设置"页签下,依次点击"基础档案/业务/费用项目分类"菜单项,打开"费用项目分类"窗口。

(2) 新增一个费用项目分类。单击"增加"按钮,然后编辑费用项目分类相关信息,包括分类编码和名称。以表 2-15 第 1 行为例,在右窗格中输入"分类编码"为"1"、"分类名称"为"购销",并单击"保存"按钮。

(3) 完成费用项目分类编辑。重复步骤(2),完成表 2-15 中第 2 行的录入并保存。

(4) 退出。单击"费用项目分类"窗口的"退出"按钮,退出该窗口。

2. 费用项目设置

表 2-16 费用项目

费用项目编码	费用项目名称	费用项目分类名称
01	运输费	1 购销
02	装卸费	1 购销
03	包装费	1 购销
04	业务招待费	2 管理

操作步骤:

(1) 打开"费用项目"窗口。在"业务"菜单下,双击"费用项目"菜单项,打开"费用项目"窗口。

(2) 新增一个费用项目。单击"增加"按钮,然后编辑费用项目相关信息,包括费用项目编码、名称及分类名称。以表 2-16 第 1 行为例,在右窗格的费用项目表体中输入"费用项目编码"为"01"、"费用项目名称"为"运输费",选择"费用项目分类名称"为"购销",再单击"保存"按钮。

(3) 完成费用项目的编辑。重复步骤(2),依据表 2-16 将费用项目全部录入并保存。

(4) 退出。单击"费用项目"窗口的"退出"按钮,退出该窗口。

2.7 收付结算设置

收付结算设置包括结算方式、开户银行和付款条件设置。

1. 结算方式设置

结算方式,即财务结算方式,如现金结算、支票结算等。在用友 ERP-U8 中,结算方式最多可以分为 2 级。表 2-17 列示的是本案例企业的结算方式,本任务是按照表 2-17,完成在用友 ERP-U8 中设置本案例企业的结算方式。

表 2-17 结算方式

结算方式编码	结算方式名称
1	现金
2	支票
201	现金支票
202	转账支票
3	商业汇票
301	银行承兑汇票

(续表)

结算方式编码	结算方式名称
302	商业承兑汇票
4	电汇
5	同城特约委托收款

操作步骤:

(1) 打开"结算方式"窗口。在"企业应用平台"的"基础设置"页签下，依次点击"基础档案/收付结算/结算方式"菜单项，打开"结算方式"窗口。

(2) 新增一个结算方式。单击"增加"按钮，在其右窗格中录入"结算方式编码"为"1"、"结算方式名称"为"现金"，然后单击"保存"按钮。

(3) 完成结算方式的编辑。重复步骤(2)，依据表 2-17 将结算方式全部录入并保存。

(4) 退出。单击"结算方式"窗口的"退出"按钮，退出该窗口。

【主要栏目说明】

● 结算方式编码，用以标识某结算方式，必须录入且唯一，而且必须按照结算方式编码级次的先后顺序录入。

● 结算方式名称是用户根据企业的实际情况所给出的结算方式名称，必须录入且唯一，最多 6 个汉字(或 12 个字符)。

● 结算方式一旦被引用，便不能进行修改和删除的操作。

2. 付款条件

付款条件也叫现金折扣，是指企业为了鼓励客户偿还货款而允诺在一定期限内给予的规定的折扣优待。这种折扣条件通常可表示为 4/10、2/20、n/30，它的意思是客户在 10 天内偿还货款，可得到 4%的折扣，只付原价的 96%的货款；在 20 天内偿还货款，可得到 2%的折扣，只要付原价的 98%的货款；在 30 天内偿还货款，则须按照全额支付货款；在 30 天以后偿还货款，则不仅要按全额支付货款，还可能要支付延期付款利息或违约金。付款条件将主要在采购订单、销售订单、采购结算、销售结算、客户目录、供应商目录中引用。

表 2-18 列示的是本案例企业的付款方式。本任务是按照表 2-18，完成案例企业在用友 ERP-U8 中的付款方式的设置。

表 2-18 付款条件

付款条件编码	付款条件名称	信用天数	优惠天数 1	优惠率 1	优惠天数 2	优惠率 2	优惠天数 3	优惠率 3
01	4/10,2/20,n/30	30	10	4	20	2	30	0
02	n/60	60						

操作步骤:

(1) 打开"付款条件"窗口。在"收付结算"菜单下,双击"付款条件"菜单项,打开"付款条件"窗口。

(2) 新增一个付款条件。单击工具栏中的"增加"按钮,在表体中填制"付款条件编码"为"01"、"信用天数"为"30"、"优惠天数1"为"10"、"优惠率1"为"4"、"优惠天数2"为"20"、"优惠率2"为"2"、"优惠天数3"为"30"、"优惠率3"为"0",单击"保存"按钮,此时付款条件名称自动填写为"4/10,2/20,n/30"。

(3) 完成付款条件编辑。重复步骤(2),完成表 2-18 中第2行的录入并保存。

(4) 退出。单击"付款条件"窗口的"退出"按钮,退出该窗口。

【主要栏目说明】

- 付款条件编码,用以标识某付款条件,必须输入且唯一,可以用数字 0~9 或字符 A~Z 表示,但编码中"&"、"、;-"以及空格禁止使用,最多可输入 3 个字符。

- 付款条件名称,系统自动根据用户录入的信用天数、优惠天数、优惠率显示该付款条件的完整信息。

- 信用天数,指最大的可延期付款天数,如超过此天数,则不仅要按全额支付货款,还可能支付延期付款利息或违约金。该值必须输入,最大值为 999。

- 优惠天数1,指享受折扣优待的第一个时间段的最大天数,它应小于信用天数。最大值为 999。

- 优惠率1,指在优惠天数 1 范围内付款而享受的优惠率,按照百分比计算。

- 优惠天数2,指享受折扣优待的第二个时间段的最大天数,它应大于优惠天数 1 而小于信用天数。最大值为 999。

- 优惠率2,指在优惠天数 1 至优惠天数 2 范围内付款而享受的优惠率,按照百分比计算。优惠率 2 应该小于优惠率 1。

- 优惠天数3,指享受折扣优待的第三个时间段的最大天数,它应大于优惠天数 2 而小于信用天数。最大值为 999。

- 优惠率3,指在优惠天数 2 至优惠天数 3 范围内付款而享受的优惠率,按照百分比计算。优惠率 3 应该小于优惠率 2。

- 系统最多同时支持 4 个时间段的折扣。

- 付款条件一旦被引用,便不能进行修改和删除的操作。

3. 本单位开户银行

ERP-U8 支持企业具有多个开户行及账号。"本单位开户银行"功能用于维护及查询使用单位的开户银行信息。开户银行一旦被引用,便不能进行修改和删除的操作。表 2-19 列示的是本案例企业的开户银行信息。本任务是按照表 2-19,完成案例企业在用友 ERP-U8 中的单位开户银行的设置。

表 2-19　本单位开户银行

编码	银行账号	币种	开户银行	所属银行编码	签约标志
01	200106653251	人民币	中国工商银行昌平支行	01 中国工商银行	检查收付款账号

操作步骤：

(1) 打开"本单位开户银行"窗口。在"收付结算"菜单下，双击"本单位开户银行"菜单项，打开"本单位开户银行"窗口。

(2) 编辑本单位开户银行信息。单击"增加"按钮，系统弹出"增加本单位开户银行"窗口，录入"编码"为"01"、"银行账户"为"200106653251"、"币种"为"人民币"、"开户银行"为"中国工商银行昌平支行"，并且选择"所属银行编码"为"01 中国工商银行"、"签约标志"为"检查收付账号"，然后单击"保存"和"退出"按钮，系统返回"本单位开户银行"窗口。

(3) 退出。单击"退出"按钮，退出"本单位开户银行"窗口。

【主要栏目说明】

- 编码用来标识某开户银行及账号，可手工输入，也可以由系统自动给定；录入值必须唯一；编码可以数字 0~9 或字符 A~Z 表示，但编码中"&"、"、；-"以及空格禁止使用。开户银行编码最多 3 个字符。
- 开户银行用来输入使用单位的开户银行名称，必须输入，名称可以重复，最多 30 个字符或 15 个汉字。
- 账号用来输入使用单位在开户银行中的账号名称，必须输入且唯一，最多 20 个字符。
- 暂封标识用来标识账号的使用状态。如果这个账号临时不用，可以用鼠标单击来设置暂封标志为有效。

2.8　凭证类别与外币设置

许多单位为了便于管理或登账，会对记账凭证进行分类编制，但各单位的分类方法不尽相同，所以用友 ERP-U8 中提供了"凭证类别"功能。

汇率管理是专为外币核算服务的，用友 ERP-U8 中也提供了"外币设置"功能。

1. 凭证类别设置

如果是第一次进行凭证类别设置，可以按以下几种常用分类方式进行定义：

- 记账凭证
- 收款、付款、转账凭证
- 现金、银行、转账凭证

- 现金收款、现金付款、银行收款、银行付款、转账凭证
- 自定义凭证类别

"限制科目"(参见表 2-20)是指某些类别的凭证在制单时,对科目有一定限制,用友 ERP-U8 系统有 7 种限制类型供选择。

- 借方必有:制单时,此类凭证借方至少有一个限制科目有发生。
- 贷方必有:制单时,此类凭证贷方至少有一个限制科目有发生。
- 凭证必有:制单时,此类凭证无论借方还是贷方至少有一个限制科目有发生。
- 凭证必无:制单时,此类凭证无论借方还是贷方不可有一个限制科目发生。
- 无限制:制单时,此类凭证可使用所有合法的科目,限制科目由用户输入,可以是任意级次的科目,科目之间用逗号分割,数量不限;也可参照输入,但不能重复录入。
- 借方必无:即金额发生在借方的科目集必须不包含借方必无科目。可在凭证保存时检查。
- 贷方必无:即金额发生在贷方的科目集必须不包含贷方必无科目。可在凭证保存时检查。

表 2-20 列示的是本案例企业的凭证类别信息,其含义如下:

- 当操作员填制收款凭证时,借方必须有 1001 或 1002 科目的至少一个科目,如果没有则为不合法凭证,不能保存。
- 当操作员填制付款凭证时,贷方必须有 1001 或 1002 科目的至少一个科目,如果没有则为不合法凭证,不能保存。
- 当操作员填制转账凭证时,该凭证上不能有 1001 或 1002 科目,如果有则为不合法凭证,不能保存。

若限制科目为非末级科目,则在制单时,其所有下级科目都将受到同样的限制。即若分类如表 2-20 所设,且 1002 科目下有 100201、100202 两个下级科目,则在填制收款凭证时,其借方科目可以使用 100201 或 100202 科目。

表 2-20 凭证类别

类 别 字	类别名称	限制类型	限制科目
收	收款凭证	借方必有	1001,1002
付	付款凭证	贷方必有	1001,1002
转	转账凭证	凭证必无	1001,1002

操作步骤:

(1) 打开"凭证类别"选择对话框。在"企业应用平台"的"基础设置"页签下,依次点击"基础档案/财务/凭证类别"菜单项,系统弹出"凭证类别"选择对话框。

(2) 打开"凭证类别"编辑对话框。选择该对话框中的"分类方式"为"收款凭证 付款凭证 转账凭证",然后单击"确定"按钮,系统打开"凭证类别"编辑对话框。

(3) 编辑凭证类别。首先单击该对话框工具栏中的"修改"按钮，然后在表体中修改"类别名称"为"收款凭证"的"限制类型"为"借方必有"、"限制科目"为"1001,1002"，"付款凭证"的"限制类型"为"贷方必有"、"限制科目"为"1001,1002"，"转账凭证"的"限制类型"为"凭证必无"、"限制科目"为"1001,1002"。

(4) 退出。单击工具栏中的"退出"按钮，退出该对话框。

提示：

- 已使用的凭证类别不能删除，也不能修改类别字。
- 若选有科目限制(即限制类型不是"无限制")，则至少要输入一个限制科目。若限制类型选"无限制"，则不能输入限制科目。
- "凭证类别"编辑对话框右侧的上下箭头按钮，可以调整凭证类别的前后顺序，它将决定明细账中凭证的排列顺序。例如，凭证类别设置中凭证类别的排列顺序为收、付、转，则在查询明细账、日记账时，同一日的凭证，将按照收、付、转的顺序进行排列。

2. 外币设置

在用友 ERP-U8 的"外币设置"功能中，可以对本账套所使用的外币进行定义(设置界面可参见图 2-4)，其中主要参数含义如下：

- 外币折算方式分为直接汇率与间接汇率两种，直接汇率即"外币*汇率=本位币"，间接汇率即"外币/汇率=本位币"。
- 汇率分为固定汇率与浮动汇率，选"固定汇率"即可录入各月的月初汇率，选"浮动汇率"即可录入所选月份的各日汇率。
- 记账汇率是在平时制单时，系统自动显示的。如果用户使用固定汇率(月初汇率)，则记账汇率必须输入，否则制单时汇率为 0。
- 调整汇率即月末汇率，在期末计算汇兑损溢时用，平时可不输，等到期末可输入期末时的汇率，用于计算汇兑损溢，本汇率不作其他用途。

在用友 ERP-U8 中，在"填制凭证"中所用的汇率应先在此进行定义，以便制单时调用，减少录入汇率的次数和差错。当汇率变化时，应预先在此进行定义，否则制单时不能正确录入汇率。对于使用固定汇率(即使用月初或年初汇率)作为记账汇率的用户，在填制每月的凭证前，应预先在此录入该月的记账汇率，否则在填制该月外币凭证时，将会出现汇率为零的错误。对于使用浮动汇率(即使用当日汇率)作为记账汇率的用户，在填制当天的凭证前，应预先在此录入该天的记账汇率。

本案例企业需要增加美元($)外币，按固定汇率设置 2016.04 的记账汇率为"6.1"。

操作步骤：

(1) 打开"外币设置"对话框。在"财务"功能模块，双击"外币设置"菜单项，打开"外币设置"对话框,结果可参见图 2-4。

(2) 设置外币的币符和币名。将"币符"设置为"$","币名"设置为"美元",单击对话框右下角的"确认"按钮。

(3) 设置汇率。选中窗体中部的"固定汇率"单选按钮,然后在"2016.04"的"记账汇率"栏中录入"6.1",并单击其他区域以保存汇率设置,结果如图 2-4 所示。

(4) 退出。单击"退出"按钮退出该对话框。

图 2-4 "外币设置"对话框

提示:

此处仅供用户录入固定汇率与浮动汇率,并不决定在制单时是使用固定汇率还是浮动汇率,在总账系统"选项"中的"汇率方式"的设置,决定了制单是使用固定汇率还是浮动汇率。

2.9 项目目录设置

企业在实际业务处理中会对多种类型的项目进行核算和管理,例如在建工程、对外投资、技术改造项目、项目成本管理、合同等。因此用友 U8 提供项目核算管理的功能。您可以将具有相同特性的一类项目定义成一个项目大类。一个项目大类可以核算多个项目,而为了便于管理,您还可以对这些项目进行分类管理。您可以将存货、成本对象、现金流量、项目成本等作为核算的项目分类。

使用项目核算与管理的首要步骤是设置项目档案。项目档案设置包括增加或修改项目大类,定义项目核算科目、项目分类、项目栏目结构,并进行项目目录的维护。表 2-21 列示的是本案例企业的项目目录。

本任务是按照表 2-21,完成在用友 ERP-U8 中设置案例企业的项目大类、项目分类和项目目录设置,以利于在编辑会计科目时对在途物资、库存商品、主营业务收入和主营业务成本进行项目核算设置。

表 2-21 项目目录

项目设置步骤	设置内容 1	设置内容 2	设置内容 3	设置内容 4
项目大类	商品项目管理	商品项目管理	商品项目管理	商品项目管理
核算科目	在途物资	库存商品	主营业务收入	主营业务成本
项目分类	1 太阳镜 2 老花镜	1 太阳镜 2 老花镜	1 太阳镜 2 老花镜	1 太阳镜 2 老花镜
项目目录	101 男士高端 102 女士高端 103 男士普通 104 女士普通 201 亮康眼镜	101 男士高端 102 女士高端 103 男士普通 104 女士普通 201 亮康眼镜	101 男士高端 102 女士高端 103 男士普通 104 女士普通 201 亮康眼镜	101 男士高端 102 女士高端 103 男士普通 104 女士普通 201 亮康眼镜

操作步骤:

(1) 打开"项目档案"窗口。在"企业应用平台"的"基础设置"页签下,依次点击"基础档案/财务/项目目录"菜单项,系统打开"项目档案"窗口。

(2) 定义项目大类。在"项目档案"窗口中,单击工具栏的"增加"按钮,系统打开"项目大类定义_增加"对话框,输入"新项目大类名称"为"商品项目管理",单击"下一步"按钮,其他设置均采用系统默认值,最后单击"完成"按钮返回"项目档案"窗口。

(3) 指定核算科目(因还没有做科目设置,故此时科目为空)。在"项目档案"窗口中选择"核算科目"选项卡,选择"项目大类"为"商品项目管理",单击">>"按钮将左边所有的科目转到右边,最后单击"确定"按钮。

(4) 定义项目分类。在"项目档案"窗口中选择"项目分类定义"选项卡,单击右下角的"增加"按钮,输入"分类编码"为"1"、"分类名称"为"太阳镜",并单击"确定"按钮;继续定义参数为"2"、"老花镜"。

(5) 定义项目目录。在"项目档案"窗口中选择"项目目录"选项卡,单击右下角的"维护"按钮,进入"项目目录维护"窗口,单击"增加"按钮,输入"项目编号"为"101"、"项目名称"为"男士高端",选择"所属分类码"为"1";同理,录入其他的项目目录,结果如图 2-5 所示。注意:201 亮康眼镜的所属分类码为"2"。

(6) 退出。连续单击"退出"按钮,退出"项目目录维护"和"项目档案"窗口。

图 2-5　项目目录设置

2.10　会计科目及期初余额设置

会计科目是填制会计凭证、登记会计账簿、编制会计报表的基础。会计科目是对会计对象的具体内容分门别类进行核算所规定的项目。会计科目是一个完整的体系，它是区别于流水账的标志，是复式记账和分类核算的基础。会计科目设置的完整性影响着会计过程的顺利实施，会计科目设置的层次深度直接影响会计核算的详细、准确程度。

表 2-22 列示的是本案例企业的会计科目及其期初余额，包括系统默认的一级科目、需要增加的二级三级科目。

本任务是按照表 2-22，完成在用友 ERP-U8 中设置案例企业的会计科目，包括新增所有的二级三级科目并设置相应的辅助账类型和受控系统、录入会计科目的期初余额(分 3 类完成)，以及指定现金科目和银行科目。

提示：

若设置会计科目时，系统弹出"与某台电脑冲突，操作被锁定"的信息提示框，而且多次重注册"企业应用平台"均无效时，可以登录"系统管理"窗口，单击"视图/清除单据锁定"菜单项，并在弹出的窗口中单击"确定"按钮，再重新注册到企业应用平台，就可以进行会计科目的修改和增加了。

表 2-22　会计科目及其期初余额

科目编码	科目名称	辅助账类型	余额方向	期初余额
1001	库存现金	日记账	借	4 665
1002	银行存款		借	328 661.44
100201	工行存款	银行账、日记账	借	328 661.44
100202	中行存款	银行账、日记账	借	
1121	应收票据		借	
112101	银行承兑汇票		借	
112102	商业承兑汇票		借	

（续表）

科目编码	科目名称	辅助账类型	余额方向	期初余额
1122	应收账款	客户往来	借	3 274 128
1123	预付账款	供应商往来	借	
1231	坏账准备		贷	8 762.58
1402	在途物资	项目核算	借	150 000
1403	原材料		借	26 000
140301	塑料	数量核算	借	10 000
			千克	10
140302	镜片树脂	数量核算	借	
			千克	
140303	硅胶	数量核算	借	16 000
			千克	10
1405	库存商品	项目核算	借	3 252 000
项目目录 201	亮康眼镜		借	3 200 000
项目目录 101	男士高端		借	35 000
项目目录 103	男士普通		借	9 000
项目目录 104	女士普通		借	8 000
1601	固定资产		借	770 000
1602	累计折旧		贷	185 652
1901	待处理财产损溢		借	
190101	待处理流动资产损溢		借	
190102	待处理固定资产损溢		借	
2201	应付票据		贷	
220101	银行承兑汇票		贷	
220102	商业承兑汇票		贷	
2202	应付账款		贷	2 841 000
220201	一般应付账款	供应商往来	贷	2 691 000
220202	暂估应付账款	供应商往来 (不受控系统)	贷	150 000 (详见 P61)
2203	预收账款	客户往来	贷	
2211	应付职工薪酬		贷	159 659.6
2221	应交税费		贷	149 530.96
222101	应交增值税		贷	
22210101	进项税额		贷	
22210102	进项税额转出		贷	
22210103	销项税额		贷	
22210104	已交税金		贷	
22210105	转出未交增值税		贷	
222102	未交增值税		贷	9 000
222103	应交所得税		贷	137 500
222104	应交个人所得税		贷	2 130.96

(续表)

科目编码	科目名称	辅助账类型	余额方向	期初余额
222105	应交城市维护建设税		贷	630
222106	应交教育费附加		贷	270
2241	其他应付款		贷	24 064.8
4001	实收资本		贷	3 900 000
4101	盈余公积		贷	59 857
4103	本年利润		贷	45 600
4104	利润分配		贷	550 000
410401	提取法定盈余公积		贷	
410402	提取任意盈余公积		贷	
410406	未分配利润		贷	550 000
5001	生产成本		借	71 412.5
500101	直接生产成本		借	71 412.5
50010101	直接人工		借	18 662.5
50010102	直接材料		借	52 750
500102	辅助生产成本		借	
5101	制造费用		借	47 250
6001	主营业务收入	项目核算	贷	
6301	营业外收入		贷	
6401	主营业务成本	项目核算	借	
6403	营业税金及附加		借	
6601	销售费用		借	
6602	管理费用		借	

2.10.1 编辑与新增会计科目

本任务将编辑一级科目的辅助账类型和受控系统(详见表 2-22)、新增表 2-22 中所有的二级和三级科目,同时设置科目的辅助账类型和受控系统(如果需要,具体的可参阅表 2-22)。

1. 编辑会计科目

操作步骤:

(1) 打开"会计科目"窗口。在"企业应用平台"的"基础设置"页签下,依次点击"基础档案/财务/会计科目"菜单项,系统打开"会计科目"窗口。

(2) 编辑库存现金的辅助账类型。首先双击预修改的会计科目,比如"1001"(库存现金);然后在系统弹出的"会计科目"对话框中,单击"修改"按钮,再编辑会计科目相关信息,比如勾选"日记账"复选框,以及设置"库存现金"的辅助账类型为"日记账";最后单击"确定"按钮,保存退出。

(3) 编辑其他会计科目。重复步骤(2)，依据表 2-22 将预修改的会计科目全部编辑完成。

(4) 退出。单击"会计科目"窗口的"退出"按钮，退出该窗口。

提示：

● 非末级科目和已使用的末级科目，不能再修改科目编码。

● 在科目设置中定义的客户、供应商核算的科目，系统将自动设置该科目为应收应付系统的受控科目，此时可根据需要修改其是否受控。

2. 新增会计科目

新增表 2-22 中所有的二级和三级科目，同时设置科目的辅助账类型和受控系统(如果需要)。

操作步骤：

(1) 打开"会计科目"窗口。

(2) 新增工行存款科目按钮。单击"增加"按钮，弹出"新增会计科目"对话框，编辑会计科目相关信息。以"100201 工行存款"为例，录入科目编码"100201"、科目名称"工行存款"，勾选"银行账"、"日记账"，确认余额方向为"借"，然后单击"确定"按钮，保存退出。

(3) 新增其他会计科目。重复步骤(2)，依据表 2-22 新增其他会计科目。

(4) 退出。单击"会计科目"窗口的"退出"按钮，退出该窗口。

提示：

● 科目增加下级科目时，自动将原科目的所有账全部转移到新增的下级第一个科目中，此操作不可逆，同时要求新增加的下级科目所有科目属性与原上级科目一致。

● 已使用末级的会计科目不能再增加下级科目。

2.10.2　设置科目的项目目录

本任务是设置在途物资、库存商品、主营业务收入和主营业务成本的项目目录。

操作步骤：

(1) 打开"会计科目"窗口。

(2) 打开"会计科目_修改"对话框。双击"在途物资"、"库存商品"、"主营业务收入"或"主营业务成本"这 4 个科目中任意一个科目所在的行，系统打开"会计科目_修改"对话框。

(3) 修改科目的"项目核算"。单击"修改"按钮，然后单击"项目核算"的参照按钮，系统打开"项目档案"对话框；选择"项目大类"为"商品项目管理"，并在"核算科目"选项卡中，单击">>"按钮，将项目核算的 4 个科目全部从"待选科目"移入"已选科目"；然后单击"确定"按钮，再单击工具栏的"退出"按钮，返回"会计科目_修改"对话框。

(4) 确定。单击"确定"按钮，再单击"返回"按钮，返回"会计科目"窗口。

(5) 退出。单击"退出"按钮退出"会计科目"窗口。

2.10.3　指定科目

本任务是指定现金科目和银行科目，只有进行现金和银行科目的指定后，总账中的"凭证/出纳签字"功能才能查询到相应凭证。

操作步骤：

(1) 打开"会计科目"窗口。

(2) 指定科目。单击"编辑/指定科目"菜单项，然后设置"现金科目"为"库存现金"、"银行科目"为"银行存款"。

(3) 确定。单击"确定"按钮，完成指定科目并返回"会计科目"窗口。

(4) 退出。单击"会计科目"窗口的"退出"按钮，退出该窗口。

提示：

● 在查询现金、银行存款日记账前，必须指定现金、银行存款总账科目，以供出纳管理使用。

● 如果本科目已被制过单或已录入期初余额，则不能删除、修改该科目。如要修改该科目必须先删除有该科目的凭证，并将该科目及其下级科目余额清零，方可再行修改，修改完毕后要将余额及凭证补上。

2.10.4　编辑账户期初余额

根据期初余额录入方式的不同，在此把会计科目分为 3 类：直接录入、参照录入，以及通过录入下级科目自动得出，具体的可参见图 2-6。

图 2-6　期初余额的录入方式

一般而言，只有末级科目且辅助账类型不是项目核算和部门核算，而且不需要与其他子系统账簿对账的账户，其期初余额才能直接录入；是项目核算或部门核算的末级科目，以及需要与其他账簿对账的末级科目，其账户的期初余额需要参照录入；非末级科目的账户期初余额，是通过录入下级科目的账户期初余额后系统自动得出的。

下面是具体的分类说明，以及相应的录入操作步骤。

1．直接录入

可直接录入期初余额的科目，包括库存现金、工行存款、坏账准备、塑料、镜片树脂、硅胶、固定资产、累计折旧、未交增值税、应交所得税、实收资本、盈余公积、本年利润、直接人工、直接材料、制造费用等。这些科目是末级科目且辅助账类型不是项目核算和部门核算，而且也不需要与其他账簿对账。

操作步骤：

(1) 打开总账的"期初余额"窗口。在"企业应用平台"的"业务工作"页签下，依次点击"财务会计/总账/设置/期初余额"菜单项，打开"期初余额"窗口。

(2) 编辑科目期初余额。双击相应科目的"期初余额"栏，然后录入其期初余额值。

(3) 完成期初余额编辑。重复步骤(2)，依据表2-22编辑完成可直接录入的会计科目期初余额。

(4) 退出。单击"期初余额"窗口的"退出"按钮，退出该窗口。

2．参照录入

参照录入分为项目核算的参照录入(如库存商品)，需要与存货核算对账的参照录入(通过总账中的期初往来明细参照录入)和需要与应收应付系统对账的参照录入(先在应收、应付系统中进行期初余额录入，然后在总账中进行期初余额引入)。

- 项目核算的参照录入：可在"期初余额"窗口中双击项目核算科目，如"库存商品"，系统将弹出"辅助期初余额"窗口，逐一录入各个项目的期初余额，然后退出该窗口返回"期初余额"窗口后，该科目的余额将自动带入。
- 需要与存货核算对账的参照录入：可在总账系统中通过期初往来明细参照录入，下面以"暂估应付账款"为例。
  - 在总账系统的"期初余额"窗口中，双击"暂估应付账款"科目，然后在系统弹出的"辅助期初余额"窗口中单击其"往来明细"按钮，进入"期初往来明细"窗口。
  - 单击"增行"按钮，录入"日期"为"2016-03-15"，"供应商"为"大运公司"、"摘要"为"采购女士高端太阳镜500副，暂估入库"，"方向"为"贷"，"金额"为"150 000"。
  - 单击"汇总"按钮，系统弹出信息提示框；单击"确定"按钮，完成往来明细的汇总；单击"退出"按钮，返回"期初余额"窗口后，该科目的余额自动带入。

- 需要与应收应付系统对账的参照录入：先在应收、应付系统中进行期初余额录入(相应的操作详见 3.1.2 节和 3.2.2 节)，然后在总账中进行期初余额引入(相应的操作详见 3.4.2 节)。

3. 通过录入下级科目自动得出

该类会计科目的期初余额，不需要通过人工录入，系统会依据其下级科目的账户期初余额，自动给出。因为有些会计科目之间，存在勾稽关系，系统可以自行处理。比如原材料科目的账户期初余额，可以通过在录入原材料类的塑料、镜片树脂和硅胶的期初余额后，系统自动计算给出其期初余额。

2.11 实验报告内容

1. 请查看本企业的部门档案列表，并将结果界面拷屏后粘贴在实验报告中。
2. 请查看本企业的人员档案列表，并将结果界面拷屏后粘贴在实验报告中。
3. 请查看本企业的供应商档案列表，并将结果界面拷屏后粘贴在实验报告中。
4. 请查看本企业的客户档案列表，并将结果界面拷屏后粘贴在实验报告中。
5. 请查看本企业的付款条件设置，并将结果界面拷屏后粘贴在实验报告中。
6. 请查看本企业的费用项目，并将结果界面拷屏后粘贴在实验报告中。
7. 请查看本企业的收发类别，并将结果界面拷屏后粘贴在实验报告中。
8. 请查看本企业的计量单位(单位)，并将结果界面拷屏后粘贴在实验报告中。
9. 请查看本企业的仓库档案列表，并将结果界面拷屏后粘贴在实验报告中。
10. 请查看本企业的存货档案列表，并将结果界面拷屏后粘贴在实验报告中。
11. 查看本企业的收发类别列表，并将结果界面拷屏后粘贴在实验报告中。
12. 查看本企业的发运方式列表，并将结果界面拷屏后粘贴在实验报告中。
13. 查看本企业的外币设置结果，并将界面拷屏后粘贴在实验报告中。
14. 会计科目的辅助账有项目核算类，其项目目录是如何进行设置的？请给出项目目录设置的操作步骤。
15. 在用友 ERP-U8 中，账户的期初余额录入，分为哪 3 种情况？请举例说明。
16. 查看"库存商品"账户期初余额明细，并将结果界面拷屏后粘贴在实验报告中。
17. 登录"系统管理"窗口和"企业应用平台"窗口的"登录"对话框，有哪些相同点和不同点？
18. ERP 软件中的"部门"与企业实际的部门，一定是一一对应的吗？请解释原因。
19. 在用友 ERP-U8 中，如何创建供应商的档案？已经停用的供应商档案，是否等同于删除了该供应商？请说明原因。
20. 在用友 ERP-U8 中，设置客户级别有哪些作用？
21. 在用友 ERP-U8 中，如何设置客户的银行档案？如果设置不成功，以后的哪些操作会因此而出现异常？

22. 用友 ERP-U8 中有哪几种计量单位组?各有哪些特点?

23. 用友 ERP-U8 中，仓库有哪几种计价方式?各有哪些特点?

24. 为什么用友 ERP-U8 中"运输费"作为一种存货建立了存货档案?

25. 在进行用友 ERP-U8 的人员档案设置时，有"操作员"和"业务员"两个复选框，请说明两者的功能差异。

26. 用友 ERP-U8 中，存货属性有哪几种(查看存货档案)？请给出每一种存货属性的特点。

27. 在实验账套中，"运输费"作为一种存货，其存货属性是什么？

第 3 章

子系统的期初设置

用友 ERP-U8 系统包括多个子系统。本教程面向企业供销存业务的应用，所以将主要使用采购管理、销售管理、库存管理、存货核算等业务子系统，以及总账、应收款管理、应付款管理等财务子系统。

企业供应链管理信息化的主要优点，是业务单据在业务流程经过的各系统之间自动生成，同时业务单据可以自动生成对应的财务凭证。比如，根据采购订单(采购管理子系统)生成采购入库单(库存管理子系统)，根据采购入库单生成采购到货对应的存货凭证(存货核算子系统、总账子系统)；根据采购订单生成采购发票，采购发票计入应付明细账(应付款管理子系统、总账子系统)，并根据采购发票生成应付凭证(应付款管理子系统、总账子系统)等。这里的采购发票，是销售方开具给案例企业的，案例企业为了管理的信息化，依据该发票在 ERP 系统中填制相应信息，形成电子版的采购发票信息。

图 3-1 是工业企业供应链管理的应用模型，图中描述了各个子系统之间的关联关系和主要的信息流。

图 3-1 工业企业供应链管理应用模型

　　本章的实验任务是对已经启用的各个子系统进行系统参数和业务规则设置,以及期初数据的录入与记账,以保证手工业务与软件处理的衔接,以及各个子系统间数据的连贯性。

　　系统参数,即业务处理控制参数,是指在企业业务处理过程中所使用的各种控制参数。系统参数的设置将决定用户使用系统的业务流程、业务模式和数据流向,所以在进行系统参数设置之前,您一定要详细了解选项开关对业务处理流程的影响,并结合企业的实际业务需要进行设置。由于有些选项在日常业务开始后不能随意更改,所以企业最好在业务开始前进行全盘考虑,尤其是一些对其他系统有影响的选项设置。

　　账簿都应有期初数据,以保证其数据的连贯性。初次使用时,应先输入采购、销售、库存、存货、应收、应付和总账的期初数据。采购和存货核算系统,还需要进行期初记账操作。期初记账之后的业务和数据,系统才会将其作为本期业务处理。

　　本章的操作,应该是在系统日期为2016-04-01,由账套主管“赵技巩”(或者读者您本人)登录到“企业应用平台”的,并在第 2 章完成的账套中,在采购管理、应付款管理、销售管理、应收款管理、库存管理、存货核算和总账系统中进行。

　　在实验操作前,需要将系统时间调整为 2016 年 4 月 1 日。如果没有调整系统时间,则在登录“企业应用平台”时需要修改操作日期为“2016 年 4 月 1 日”;如果操作日期与账套建账时间之间的跨度超过 3 个月,则该账套在演示版状态下不能执行任何操作。

　　如果您没有完成第 2 章的企业基础档案设置任务,则可以到 360 云盘空间(云盘地址:https://yunpan.cn/crWIB4qYxNeUr,访问密码:7d82)的“实验账套数据”文件夹中,将“02基础档案.rar”下载到实验用机上,然后引入(操作步骤详见 1.3.5 节)到 ERP-U8 系统。

　　需要说明的是,因云盘中的账套备份文件均为“压缩”文件,所以下载完成后引入之前,需要用解压缩工具进行解压(建议用 WinRAR 3.42 或以上版本),得到相应可以引入的账套数据文件。此外,本章完成的账套,其输出压缩的文件名为“03 期初记账.rar”。

　　本章的授课时间建议讲课 2 学时(主要讲解基础档案中各个部分的作用和数据之间的关系,内容可参见第 3.1 节至 3.4 节的相关讲解和本教程配套的课件),实验 2~4 学时(若课时不足,可跳过本章的讲解与实验),实验目的与要求如下:

- 理解各个子系统中参数设置的目的与意义。
- 理解子系统之间数据(如库存与存货的期初数据、应收应付与总账的期初余额)的关联与作用。
- 理解期初记账(如采购期初记账、存货核算期初记账)的作用。
- 掌握各个子系统中参数设置的操作。
- 掌握各个子系统期初数据的编辑操作。
- 掌握单据编号和单据格式的编辑操作。

3.1　采购与应付款期初设置

　　本节将对采购管理系统的参数、供应商存货调价单、单据编号进行设置,以及期初数据的录入与记账。本节还将对应付款管理系统的参数、科目、账套区间等进行设置，以及期初数据的录入与对账。

3.1.1 参数设置与核算规则设置

1. 采购管理系统参数设置

采购管理系统的选项设置，将对采购管理的所有操作员和客户端的操作生效，故要慎重设定或修改。本案例企业的采购管理系统选项，除系统默认设置之外，还需设置业务及期限控制，即将"订单/到货单/发票单价录入方式"设置为"取自供应商存货价格表价格"。

操作步骤：

(1) 打开"采购系统选项设置"对话框。在"企业应用平台"的"业务工作"页签下，依次点击"供应链/采购管理/设置/采购选项"菜单项，打开"采购系统选项设置"对话框。

(2) 业务与权限控制设置。在"业务与权限控制"选项卡中，选中"订单\到货单\发货单价录入方式"区中的"取自供应商存货价格表价格"单选按钮，其他选项按系统默认设置，结果如图 3-2 所示。

(3) 确定并退出。单击"确定"按钮，保存系统参数的设置并关闭"采购系统选项设置"对话框。

图 3-2 采购管理系统基本参数设置

提示：

● 在进行采购选项修改前，应确定系统相关功能没有使用，否则系统提示警告信息。

● 在相关业务已开始后，最好不要随意修改采购选项。

2. 应付款管理系统参数设置

应付管理系统主要提供了设置、日常处理、单据查询、账表管理、其他处理等功能。在运行本系统前，应先设置运行所需要的账套参数，以便系统按设定的选项进行相应的处理。

本案例企业的应付款系统，除了系统默认设置之外，还需进行如下参数设置。

- 常规："单据审核日期依据"选择"单据日期"，即在单据处理功能中进行单据审核时，自动将单据的审核日期(即入账日期)记为该单据的单据日期。其默认值为"业务日期"，即在单据处理功能中进行单据审核时，自动将单据的审核日期(即入账日期)记为当前业务日期(即登录日期)。
- 凭证："受控科目制单方式"选择"明细到单据"。

操作步骤：

(1) 打开"账套参数设置"对话框。在"企业应用平台"的"业务工作"页签下，依次点击"财务会计/应付款管理/设置/选项"菜单项，系统打开"账套参数设置"对话框。

(2) 常规参数设置。在"常规"选项卡中，单击"编辑"按钮，使所有参数处于可修改状态，"单据审核日期依据"选择"单据日期"，其他选项按系统默认设置(其中"应付账款核算模型"默认为"详细核算")，结果如图 3-3 所示。

提示：

- 单据审核记账后，单据审核日期依据单据日期还是业务日期，决定了业务总账、业务明细账、余额表等的查询期间取值。
- 在账套使用过程中，可以随时将选项从按单据日期改成按业务日期。
- 在账套使用过程中，若需要将选项从按业务日期改成按单据日期，则需要判断当前未审核单据中是否有单据日期在已结账月份的单据。若有，则不允许修改。
- 详细核算方式时，应付可以对往来进行详细的核算、控制、查询、分析。如果您的采购业务以及应付款核算与管理业务比较复杂，或者需要追踪每一笔业务的应付款、付款等情况，或者需要将应付款核算到产品一级，则需要选择详细核算；如果采购业务以及应付账款业务不复杂，或者现结业务很多，则可以选择简单核算。
- 只有在系统启用时或者还没有进行任何业务(包括期初数据录入)的情况下，才允许从简单核算改为详细核算；从详细核算改为简单核算随时可以进行，但要慎重，一旦有数据，简单核算就改不回详细核算。

(3) 凭证参数设置。在"凭证"选项卡中，"受控科目制单方式"选择"明细到单据"，其他选项按系统默认设置，结果如图 3-4 所示。

(4) 确定并退出，单击"确定"按钮，保存系统参数的设置，同时关闭"账套参数设置"对话框。

图 3-3　应付款管理系统"常规"参数设置　　　图 3-4　应付款管理系统"凭证"参数设置

3. 应付款管理系统科目设置

由于应付款系统的业务类型较固定，生成的凭证类型也较固定，因此为了简化凭证生成操作，可以在此处将各业务类型凭证中的常用科目预先设置好。系统依据制单业务规则将设置的科目自动带出。制单业务规则规定如下：

- 对采购发票制单时，系统先判断控制科目依据，根据单据上的控制科目依据取"控制科目设置"中对应的科目；然后系统判断采购科目依据，根据单据上的采购科目依据取"产品科目设置"中对应的科目；若没有设置，则取"基本科目设置"中设置的应付科目和采购科目；若无，则手工输入。
- 对应付单制单时，贷方取应付单表头科目，借方取应付单表体科目，若应付单上的表体没有科目，则需要手工输入科目；若表头没有科目，则取"控制科目设置"中的应付科目。
- 应付系统中的付款单制单，结算单表体款项类型为应付款，借方科目为应付科目；款项类型为预付款，借方科目为预付科目；款项类型为其他费用，则借方科目为费用科目；贷方科目为结算科目，则取表头金额。
- 应付系统中的收款单制单，即结算单表体款项类型为应付款，借方科目为应付科目，金额为红字；款项类型为预付款，借方科目为预付科目，金额为红字；款项类型为其他费用，借方科目为费用科目，金额为红字；贷方科目为结算科目，则取表头金额，金额为红字。
- 对现结/部分现结的采购发票制单时，借方取"产品科目设置"中对应的采购科目和应交增值税科目，贷方取"结算方式科目"设置中的结算方式对应的科目。

表 3-1 列示的是本案例企业的应付款管理系统科目设置。本任务是按照表 3-1，完成案例企业的应付款管理系统科目设置。

表 3-1 应付款管理系统科目设置

科目类别	设置方式
基本科目设置	应付科目(人民币)： 220201 一般应付账款
	预付科目(人民币)：1123 预付账款
	采购科目(人民币)：1401 材料采购
	税金科目(人民币)：22210101 进项税额
产品科目设置	01 商品 采购科目：1401 材料采购；税金科目：22210101 进项税额
	02 生产 采购科目：1401 材料采购；税金科目：22210101 进项税额
结算方式科目设置	结算方式为现金；币种为人民币；科目为 1001 库存现金
	结算方式为现金支票；币种为人民币；科目为 100201 工行存款
	结算方式为转账支票；币种为人民币；科目为 100201 工行存款
	结算方式为银行承兑汇票；币种为人民币；科目为 220101 银行承兑汇票
	结算方式为商业承兑汇票；币种为人民币；科目为 220102 商业承兑汇票
	结算方式为电汇；币种为人民币；科目为 100201 工行存款
	结算方式为同城特约委托收款；币种为人民币；科目为 100201 工行存款

操作步骤：

(1) 打开应付系统的"初始设置"窗口。在"应付款管理"子系统中，依次点击"设置/初始设置"菜单项，系统打开"初始设置"窗口。

(2) 基本科目设置。在左侧"设置科目"中选中"基本科目设置"，单击工具栏中的"增加"按钮，然后在第 1 行的"基础科目种类"中选择"应付科目"、"科目"录入或参照生成"220201"(一般应付账款)，"币种"为"人民币"；并依据表 3-1，在"基本科目设置"的第 2～4 行进行设置。

(3) 产品科目设置。在左侧"设置科目"中选中"产品科目设置"，设置"01 商品"的采购科目为"1401"(材料采购)、"产品采购税金科目"为"22210101"(进项税额)；并根据表 3-1 中的内容，设置"02 生产"的相应科目。

(4) 结算方式科目设置。在左侧"设置科目"中选中"结算方式科目设置"，"结算方式"选择"现金"，"币种"选择"人民币"，"科目"选择"1001"(库存现金)。根据表 3-1 中的内容，以此方法依次进行其他行的设置，操作结果如图 3-5 所示。

(5) 退出。单击"初始设置"窗口右上角的"关闭"按钮，关闭并退出该窗口。

图 3-5 应付款管理系统结算方式科目设置

提示:

- 如果需要为不同的供应商(供应商分类、地区分类)分别设置应付款核算科目和预付款核算科目,则在"控制科目设置"中设置。
- 应付和预付科目必须是已经在科目档案中指定为应付系统的受控科目。
- 结算科目不能是已经在科目档案中指定为应收系统或者应付系统的受控科目,而且必须是末级科目。

4. 应付账龄区间与逾期账龄区间设置

为了对应付账款进行账龄内和逾期的账龄分析,应首先设置账期内账龄区间和逾期账龄区间。表 3-2 列示的是本案例企业的应付款账龄区间与逾期账龄区间。本任务是按照表 3-2,完成案例企业的应付款管理的账龄区间与逾期账龄区间的设置。

表 3-2　账龄区间与逾期账龄区间设置

账龄区间			逾期账龄区间		
序　号	起止天数	总 天 数	序　号	起止天数	总 天 数
01	0～30	30	01	1～30	30
02	31～60	60	02	31～60	60
03	61～90	90	03	61～90	90
04	91～120	120	04	91～120	120
05	121 以上		05	121 以上	

操作步骤:

(1) 打开应付系统的"初始设置"窗口。

(2) 账期内账龄区间设置。单击"账期内账龄区间设置"选项,然后根据表 3-2 左侧中的内容,在"总天数"栏中录入相应的天数,完成对应付款管理账龄区间的设置。

(3) 逾期账龄区间设置。单击"逾期账龄区间设置"选项,然后根据表 3-2 右侧中的内容,在"总天数"栏中录入相应的天数,完成对应付款管理逾期账龄区间的设置。

(4) 退出。单击"初始设置"窗口的"关闭"按钮,关闭并退出该窗口。

【主要栏目说明】

- 序号: 序号由系统生成,从 01 开始,修改、删除。
- 总天数: 该区间的截止天数。
- 起始天数—截止天数: 系统自动生成。

3.1.2　单据编号设置

将采购管理中采购专用发票、采购普通发票、采购运费发票和采购订单的单据编号,设置为可以自动编号和手动修改方式。

操作步骤(以"采购专用发票"的设置为例):

(1) 打开"单据编号设置"对话框。在"企业应用平台"的"基础设置"页签下，依次点击"单据设置/单据编号设置"菜单项，系统弹出"单据编号设置"对话框，结果可参见图 3-6。

(2) 选择"采购专用发票"单据。在左侧的"单据类型"里，依次点击"采购管理/采购专用发票"，选中"采购专用发票"单据。

(3) 修改"采购专用发票"单据的编号规则。单击右侧工具栏的"修改"按钮，然后勾选"手工改动，重号时自动重取"复选框，结果如图 3-6 所示，然后单击右侧工具栏的"保存"按钮，设置完成。

(4) 修改其他单据的编号规则。重复步骤(2)和(3)，完成采购普通发票、采购运费发票和采购订单的单据编号设置。

(5) 退出。单击"退出"按钮，退出"单据编号设置"对话框。

图 3-6　"单据编号设置"对话框

3.1.3　期初数据录入与记账

1. 应付账款期初余额与对账

通过应付款的期初余额功能，用户可将正式启用账套前的所有应付业务数据录入到系统中，作为期初建账的数据，这样既保证了数据的连续性，又保证了数据的完整性。当初次使用本系统时，要将上期未处理完全的单据都录入到本系统，以便于以后的处理。但当进入第二年度处理时，系统自动将上年度未处理完全的单据转为下一年度的期初余额。在下一年度的第一个会计期间里，可以进行期初余额的调整。

表 3-3 是采购部转来的增值税发票列表，税率为 17%。

表 3-3　采购部转来的增值税发票列表

发 票 号	单据日期	供应商	存　货	数　量	原币单价	本币金额或原币金额	税率(%)
CG03001	2016-03-17	大运公司	男士高端太阳镜	4000	350	1 400 000	17
CG03002	2016-03-20	大运公司	女士高端太阳镜	3000	300	900 000	17

操作步骤：

(1) 打开"期初余额—查询"对话框。在"应付款管理"子系统中，依次点击"设置/期初余额"菜单项，系统打开"期初余额—查询"对话框。

(2) 打开"期初余额"和"采购发票"窗口。单击"确定"按钮，进入"期初余额"窗口，单击工具栏中的"增加"按钮，系统弹出"单据类别"对话框，默认单据名称为"采购发票"、单据类型为"采购专用发票"，直接单击"确定"按钮，进入"采购发票"窗口。

(3) 新增一张采购发票。单击"增加"按钮，新增一张采购专用发票，编辑表头的发票号为"CG03001"、开票日期为"2016-03-17"、选择供应商为"大运公司"、部门为"采购部"，编辑表体的存货编码为"00001"(男士高端太阳镜)，数量"4000"副，原币单价"350"；然后单击"保存"按钮。

(4) 新增第 2 张采购发票。重复步骤(3)，完成表 3-3 中第 2 笔业务的应付期初余额录入和保存。

(5) 返回"期初余额"窗口。单击"采购发票"窗口的"关闭"按钮关闭该窗口，然后单击工具栏中的"刷新"按钮，系统将本操作中录入的 2 张发票信息列表显示在"期初余额"窗口中。

(6) 对账。单击工具栏中的"对账"按钮，应付款系统与总账管理系统会根据受控科目进行一一对账，然后系统打开"期初对账"窗口，此时显示"差额"不为零，表示对账不成功，所以需要在总账系统中进行"引入"，详见 3.4.2 节。

(7) 退出。单击"期初对账"窗口和"期初余额"窗口右上角的"关闭"按钮，关闭并退出相应的窗口。

2．期初采购入库单

初次使用采购管理系统时，应先输入期初数据。如果系统中已有上年的数据，将不允许取消期初记账。通常，采购期初数据的类型有如下两类。

- 期初暂估入库：将启用采购系统时，因没有取得供货单位的采购发票，而不能进行采购结算的入库单输入系统中，以便取得发票后进行采购结算。
- 期初在途存货：将启用采购系统时，已取得供货单位的、因货物没有入库而不能进行采购结算的采购发票输入系统中，以便货物入库填制入库单后进行采购结算。

本案例企业的期初采购入库单为 3 月 15 日，从大运公司购入女士高端太阳镜 500 副，已入大运仓库，发票未到。暂估入库单价 300 元，货款共计 150 000 元。

操作步骤：

(1) 打开"期初采购入库单"窗口。在"企业应用平台"的"业务工作"页签下，依次点击"供应链/采购管理/采购入库/采购入库单"菜单项，系统打开"期初采购入库单"窗口。

(2) 新增期初入库单。

① 单击工具栏中的"增加"按钮，修改新增入库单表头的"入库日期"为"2016-03-15"，"仓库"为"大运仓库"，"供货单位"为"大运公司"，"入库类型"为"采购入库"，其他项按系统默认设置。

② 双击表体第一行的"存货编码"栏，并在打开的"采购存货档案"窗口中选择"女士高端太阳镜"后返回"期初采购入库单"窗口，完成存货的参照生成。

③ 在表体第一行的"数量"栏中输入"500"。"本币单价"栏中输入"300"，然后单击"保存"按钮，保存暂估入库单信息。

(3) 退出。单击"期初采购入库单"窗口右上角的"关闭"按钮，关闭该窗口。

提示：

- 采购管理系统的"采购入库"，只能录入期初暂估入库单。采购期初记账后，采购入库单只能在库存管理系统的"入库业务/采购入库单"中录入或生成。
- 暂估入库单，在采购管理系统期初记账前可以编辑和删除。但在期初记账后，不允许编辑和删除。

3. 采购管理系统期初记账

采购期初记账是将采购期初数据记入有关采购账。期初记账后，期初数据不能增加、修改，除非取消期初记账。

操作步骤：

(1) 打开"期初记账"对话框。在"采购管理"子系统中，依次点击"设置/采购期初记账"菜单项，打开"期初记账"对话框。

(2) 记账。单击"记账"按钮，系统弹出"期初记账完毕"信息提示框。

(3) 退出。单击"确定"按钮，完成采购管理系统期初记账。

提示：

- 采购期初记账表明采购管理业务的往期数据录入工作已完成，之后进行的业务操作属于当期业务。
- 如果没有期初数据，可以不输入期初数据，但必须执行期初记账操作。

3.1.4 供应商存货调价表

供应商存货调价单，按"供应商+存货+定价自由项"进行制价和调价。在此表单中可以针对不同供应类型(采购、委外、进口)进行价格设置，包括含税单价、税率、无税单价，并可以按数量阶梯进行价格设置，也可以设置生效日期、失效日期，还可以设置是否为促销价。

表 3-4 列示的是本案例企业的供应商存货调价单。本任务是按照表 3-4，完成案例企业的供应商存货调价单的设置，包括录入、保存与审核。

表 3-4　供应商存货调价单

供 应 商	存货名称	原币单价	数量下限	是否促销价	税率(%)	币 种
大运公司	男士高端太阳镜	350	0	否	17	人民币
大运公司	女士高端太阳镜	300	0	否	17	人民币
大运公司	男士普通太阳镜	90	0	否	17	人民币
大运公司	女士普通太阳镜	80	0	否	17	人民币
塑料二厂	塑料	1 000	0	否	17	人民币
塑料二厂	镜片树脂	6 000	0	否	17	人民币
硅胶三厂	硅胶	1 600	0	否	17	人民币

操作步骤：

(1) 打开"供应商存货调价单"窗口。在"采购管理"子系统中，依次点击"供应商管理/供应商供货信息/供应商存货调价单"菜单项，打开"供应商存货调价单"窗口。

(2) 编辑并保存调价单。单击"增加"按钮，确认表头的"价格标识"为"含税价"，然后根据表 3-4 进行表体的价格维护，编辑完成后单击"保存"按钮，保存调价单。

(3) 审核。单击"审核"按钮，审核通过调价单，系统将自动更新供应商存货价格表，完成存货的定价或调价操作，价格生效。

(4) 退出。单击窗口的"关闭"按钮，关闭该窗口。

提示：

调价单审核之后更新价格表，表体的"操作类型"为"新增"的记录将追加到价格表中，"操作类型"为"修改"时，更新原行，"操作类型"为"删除"时，删除原行。所以通过调价功能，可删除价格表。

3.2　销售与应收款期初设置

在进行销售日常业务之前，需要做一些基本的设置工作，首先要根据业务情况设置销售系统的参数，还可以进行允销限设置、信用审批人设置，以及录入期初单据。本节将对销售管理系统的参数、存货调价单和单据编号与格式进行设置。

同理，在应用应收系统之前也需要进行初始设置。本节还将对应收款管理系统的参数、科目、账套区间、报警级别、坏账准备等进行设置，以及期初数据的录入与对账。

3.2.1 参数设置与核算规则设置

1. 销售管理系统参数设置

在进行销售日常业务之前，需要根据业务情况设置销售的系统参数。本案例企业，除系统默认设置之外，还需进行如下参数设置。

- 业务控制：选择"有零售日报业务"、"有委托代销业务"、"有分期收款业务"、"有直运销售业务"和"委托代销必有订单"、"销售生成出库单"、"允许超发货量开票"，不选择"报价含税"。
- 其他控制："新增退货单默认"选择"参照订单"；"新增发票默认"选择"参照发货"。
- 可用量控制：在"发货单/发票非追踪型存货预计库存量查询公式"选择区中，勾选"做预计库存量查询"，并勾选"预计入库"区和"预计出库"区中的所有选项。

操作步骤：

(1) 打开"销售选项"设置对话框。在"企业应用平台"的"业务工作"页签下，依次点击"供应链/销售管理/设置/销售选项"菜单项，打开"销售选项"设置对话框。

(2) 设置业务控制的参数。在"业务控制"选项卡中，选择"有零售日报业务"、"有委托代销业务"、"有分期收款业务"、"有直运销售业务"和"委托代销必有订单"，确认勾选"销售生成出库单"、"允许超发货量开票"，取消勾选"报价含税"，其他选项按系统默认设置。

(3) 设置其他控制的参数。在"其他控制"选项卡中，确认"新增退货单默认"选择"参照订单"、"新增发票默认"选择"参照发货"，其他选项按系统默认设置。

(4) 设置可用量控制的参数。在"可用量控制"选项卡中，在"发货单/发票非追踪型存货预计库存量查询公式"选择区中勾选"做预计库存量查询"，并勾选"预计入库"区和"预计出库"区中的所有选项，其他选项按系统默认设置，结果如图 3-7 所示。

图 3-7　销售管理系统基本参数设置

(5) 退出。单击"确定"按钮，保存系统参数的设置，关闭"销售选项"设置对话框。

2. 应收款管理系统参数设置

在运行应收款系统前，应先设置运行所需要的账套参数，以便系统按设定的选项进行相应的处理。本案例企业，除系统默认设置之外，还需进行如下参数设置。

- 常规："坏账处理方式"选择"应收余额百分比"，勾选"自动计算现金折扣"。
- 凭证："受控科目制单方式"为"明细到单据"，"销售科目依据"是"按存货分类"。

操作步骤：

(1) 打开应收系统的"账套参数设置"对话框。在"企业应用平台"的"业务工作"页签下，依次点击"财务会计/应收款管理/设置/选项"菜单项，打开"账套参数设置"对话框。

(2) 改变状态。单击"编辑"按钮，使所有参数处于可修改状态。

(3) 常规参数设置。在"常规"选项卡中，选择"坏账处理方式"为"应收余额百分比法"，勾选"自动计算现金折扣"，其他选项按系统默认设置(其中"应收账款核算模型"默认为"详细核算")。

(4) 凭证参数设置。在"凭证"选项卡中，"受控科目制单方式"选择"明细到单据"，"销售科目依据"为"按存货分类"，其他选项按系统默认设置。

(5) 退出。单击"确定"按钮，保存系统参数的设置，关闭"账套参数设置"对话框。

3. 应收款管理系统科目设置

由于应收款系统的业务类型较固定，生成的凭证类型也较固定，因此为了简化凭证生成操作，可以在此将各业务类型凭证中的常用科目预先设置好。系统将依据制单规则在生成凭证时自动带入。制单规则如下：

- 对销售发票制单时，系统先判断控制科目依据，根据控制科目依据取"控制科目设置"中对应的科目；然后系统判断销售科目依据，根据销售科目依据取"产品科目设置"中对应的科目。若没有设置，则取"基本科目设置"中设置的应收科目和销售科目；若无，则手工输入。
- 对应收单制单时，借方取应收单表头科目，贷方取应收单表体科目；若应收单上没有科目，则需手工输入科目。
- 收款单制单时，借方科目为表头结算科目。如款项类型为应收款，贷方科目为应收科目；如款项类型为预收款，贷方科目为预收科目；如款项类型为其他费用，则贷方科目为费用科目。若无科目，则需手工输入科目。
- 付款单制单时，借方科目为结算科目，取表头金额，金额为红字。如款项类型为应收款，贷方科目为应收科目，金额为红字；如款项类型为预收款，贷方科目为预收科目，金额为红字；如款项类型为其他费用，则贷方科目为费用科目，金额为红字。若无科目，则需手工输入科目。

- 对现结/部分现结的销售发票制单时，贷方取"产品科目设置"中对应的销售科目和应交增值税科目，借方取"结算方式科目设置"中的结算方式对应的科目。

表 3-5 列示的是本案例企业的应收款管理系统的科目设置。本任务是按照表 3-5，完成案例企业的应收款管理系统科目设置。

表 3-5　应收款管理系统科目设置

科目类别	设置方式
基本科目设置	应收科目(人民币)：1122 应收账款
	预收科目(人民币)：2203 预收账款
	销售收入科目(人民币)：6001 主营业务收入
	销售退回科目(人民币)：6001 主营业务收入
	代垫费用科目(人民币)：1001 库存现金
	现金折扣科目(人民币)：6603 财务费用
	税金科目(人民币)：22210103 销项税额
结算方式科目设置	结算方式为现金；币种为人民币；科目为 1001 库存现金
	结算方式为现金支票；币种为人民币；科目为 100201 工行存款
	结算方式为转账支票；币种为人民币；科目为 100201 工行存款
	结算方式为银行承兑汇票；币种为人民币；科目为 112101 银行承兑汇票
	结算方式为商业承兑汇票；币种为人民币；科目为 112102 商业承兑汇票
	结算方式为电汇；币种为人民币；科目为 100201 工行存款
	结算方式为同城特约委托收款；币种为人民币；科目为 100201 工行存款

操作步骤：

(1) 打开应收系统的"初始设置"窗口。在"应收款管理"子系统中，依次点击"设置/初始设置"菜单项，打开应收系统的"初始设置"窗口。

(2) 基本科目设置。在左侧设置科目中选中"基本科目设置"，单击工具栏中的"增加"按钮，然后在第 1 行的"基础科目种类"中选择"应收科目"、"科目"录入或参照生成"1122"(应收账款)、"币种"为人民币；依据表 3-5，在"基本科目设置"的第 2～7 行进行设置。

(3) 结算方式科目设置。单击"设置科目"中的"结算方式科目设置"，在第 1 行的"结算方式"中选择"现金"、"科目"录入或参照生成"1001"(库存现金)；然后依据表 3-5，在"结算方式科目设置"的第 2～7 行进行设置。

(4) 退出。单击该窗口的"关闭"按钮，关闭并退出该窗口。

4. 账龄区间与逾期账龄区间设置

为了对应收账款进行账龄内和逾期的账龄分析，应首先设置账期内账龄区间和逾期账龄区间。表 3-6 列示的是本案例企业的应收款账龄区间和逾期账龄区间，本任务是按照表 3-6，完成案例企业的应收款账龄区间和逾期账龄区间的设置。

表 3-6 账龄区间与逾期账龄区间设置

账龄区间			逾期账龄区间		
序 号	起止天数	总 天 数	序 号	起止天数	总 天 数
01	0～30	30	01	1～30	30
02	31～60	60	02	31～60	60
03	61～90	90	03	61～90	90
04	91～120	120	04	91～120	120
05	121 以上		05	121 以上	

操作步骤：

(1) 打开应收的"初始设置"窗口。

(2) 账期内账龄区间设置。单击"账期内账龄区间设置"，然后根据表 3-6 左侧中的内容，在"总天数"栏中录入相应的天数，完成对应收款管理账龄区间的设置。

(3) 逾期账龄区间设置。单击"逾期账龄区间设置"，然后根据表 3-6 右侧中的内容，在"总天数"栏中录入相应的天数，完成对应付款管理逾期账龄区间的设置。

(4) 退出。单击该窗口的"关闭"按钮，关闭该窗口。

【主要栏目说明】

● 序号：序号由系统生成，从 01 开始，修改、删除。

● 总天数：该区间的截止天数。

● 起始天数—截止天数：系统自动生成。

5. 坏账准备设置

坏账初始设置可设置计提坏账准备比率和坏账准备的期初余额，它的作用是系统根据用户的应收账款进行计提坏账准备。

企业应于期末针对不包含应收票据的应收款项计提坏账准备，其基本方法是销售收入百分比法、应收余额百分比法、账龄分析法等。

● 销售收入百分比法：用户录入坏账准备期初余额和坏账计提比率。系统根据历史数据确定的坏账损失占赊销总额的百分比，估计当期由于赊销可能发生的坏账损失。

● 应收余额百分比法：用户录入坏账准备期初余额和坏账计提比率。系统以应收账款余额为基础，估计可能发生的坏账损失。

● 账龄分析法：用户录入坏账准备期初余额、选择账龄区间方案、针对账龄区间方案录入相应账龄区间的坏账计提比率。

在设置应收款系统参数时，本案例企业设置了坏账准备金的计提方法为"应收余额百分比法"，表 3-7 列示的是本案例企业的坏账准备控制参数和期初余额。本任务是按照表 3-7，完成案例企业的坏账准备设置。

表 3-7 坏账准备参数

控制参数	参数设置
提取比例	0.5%
坏账准备期初余额	8762.58
坏账准备科目	1231 坏账准备
对方科目	6701(资产减值损失)

操作步骤：

(1) 打开应收的"初始设置"窗口。

(2) 坏账准备设置。单击"坏账准备设置"，然后依据表 3-7 的内容填制完成(比如在"提取比例"栏中输入"0.5")，最后单击窗口右上部分的"确定"按钮，完成设置。

(3) 退出。单击该窗口的"关闭"按钮，关闭该窗口。

提示：

● 在做过任意一种坏账处理(坏账计提、坏账发生、坏账收回)后，就不能修改坏账准备数据，只允许查询。

● 坏账准备期初余额，只能在第一个会计期间直接输入期初余额，之后由系统自动生成，不能修改。

6. 报警级别设置

可以通过对报警级别的设置，将客户按照客户欠款余额与其授信额度的比例分为不同的类型，以便于掌握各个客户的信用情况。表 3-8 列示的是本案例企业的应收款报警级别。本任务是按照表 3-8，完成案例企业的应收款报警级别设置。

表 3-8 报警级别

级　别	A	B	C	D	E	F
总比率(客户欠款余额占其信用额度的比例)	10%	20%	30%	40%	50%	
起止比率	0～10%	10%～20%	20%～30%	30%～40%	40%～50%	50%以上

操作步骤：

(1) 打开应收的"初始设置"窗口。

(2) 报警级别设置。单击"报警级别设置"，然后依据表 3-8 的内容，在其右窗格第 1 行的"总比率"栏录入"10"、"级别名称"栏录入"A"，依此方法在第 2～6 行中录入相应的级别。

(3) 退出。单击该窗口的"关闭"按钮，关闭并退出该窗口。

3.2.2　单据设置

本任务是将案例企业账套的销售专用发票、销售普通发票和销售订单的单据编号，设置为可以自动编号和手动修改方式，并在"委托代销结算单"的表头增加"发票号"项。

1. 单据编号设置

将销售管理中的销售专用发票、销售普通发票和销售订单的单据编号，设置为可以自动编号和手动修改方式。

操作步骤：

以"销售专用发票"的设置为例。

(1) 打开"单据编号设置"对话框。在"企业应用平台"的"基础设置"页签下，依次点击"单据设置/单据编号设置"菜单项，系统弹出"单据编号设置"对话框。

(2) 选中"销售专用发票"单据。在左侧的"单据类型"里，依次点击"销售管理/销售专用发票"菜单项，选中"销售专用发票"单据。

(3) 修改"销售专用发票"单据的编号设置。单击右侧工具栏中的"修改"按钮，然后勾选"手工改动，重号时自动重取"复选框，再单击右侧工具栏中的"保存"按钮，完成设置。

(4) 编辑其他单据的编号设置。重复步骤(2)、(3)，完成销售普通发票和销售订单的单据编号设置。

(5) 退出。单击"退出"按钮，退出该对话框。

2. 单据格式设置

设置"委托代销结算单"的单据格式，在表头增加"发票号"。

操作步骤：

(1) 打开"单据格式设置"窗口。在"单据设置"菜单下，双击"单据格式设置"菜单项，系统打开"单据格式设置"窗口。

(2) 选中委托代销结算单的显示单据。依次单击对话框左侧的"销售管理/委托代销结算单/显示/委托代销结算单显示模板"菜单项，右侧出现委托代销结算单单据格式设置界面。

(3) 增加选择"发票号"项目。单击选择工具栏中的"表头项目"，在系统弹出的"表头"对话框中，选中"31 发票号"，结果如图 3-8 所示，然后单击"确定"按钮，系统返回单据格式设置界面。

(4) 保存。在格式设置界面中找到"发票号"编辑框，将其拖曳到合适的地方，单击"保存"按钮。

(5) 退出。单击"单据格式设置"窗口的"关闭"按钮，关闭退出该窗口。

需要指出的是，若增加之后看不到"发票号"编辑框，则是被其他项挡住了，可通过在窗口右上角的"单据标题"下拉列表框中选定"发票号",使其被选中。此时该编辑框周围有 8 个黑点,将鼠标指针置于 8 个黑点之间,拖动鼠标,将其放置到合适的位置即可。

图 3-8   "委托代销结算单"的表头设置

3.2.3 期初数据录入

通过期初余额功能,可将正式启用账套前的所有应收业务数据录入到系统中,作为期初建账的数据。这样既保证了数据的连续性,又保证了数据的完整性。当您初次使用应收款系统时,要将上期未处理完全的单据都录入到本系统,以便于以后的处理。当您进入第二年度处理时,系统自动将上年度未处理完全的单据转为下一年度的期初余额。在下一年度的第一个会计期间里,您可以进行期初余额的调整。

本节的任务是录入应收账款期初余额并对账,表 3-9 是销售批发部业务员夏于转来的增值税发票的列表,税率为 17%。

表 3-9   销售部转来的增值税发票列表

单据日期	发票号	客户名称	存货名称	数　量	无税单价	价税合计	税率
2016-03-25	XS0301	光明公司	男士高端太阳镜	4000	420	1 965 600	17%
2016-03-26	XS0302	雪亮公司	女士高端太阳镜	3000	360	1 263 600	17%
2016-03-28	XS0303	华飞公司	女士普通太阳镜	400	96	44 928	17%

操作步骤：

(1) 打开"期初余额—查询"对话框。在"应收款管理"子系统中，依次点击"设置/期初余额"菜单项，打开"期初余额—查询"对话框。

(2) 打开"期初余额"窗口。在"期初余额—查询"对话框中，直接单击"确定"按钮，系统打开"期初余额"窗口。

(3) 打开"期初销售发票"窗口。单击"增加"按钮，系统弹出"单据类别"对话框，选择"单据名称"为"销售发票"、"单据类型"为"销售专用发票"，然后单击"确定"按钮，系统打开"期初销售发票"窗口。

(4) 编辑一张期初销售发票。单击"增加"按钮后，在新增的发票单据上，修改表头的"发票号"为"XS0301"、"开票日期"为"2016-03-25"、"客户名称"为"光明公司"、"销售部门"为"批发部"、"业务员"为"夏于"；在表体的第 1 行"货物编号"栏中参照生成"00001"(男士高端太阳镜)，在"数量"栏中输入"4000"、"无税单价"为"420"，其他栏系统自动计算填充；单击"保存"按钮，完成第 1 张期初采购专用发票的录入。

(5) 完成期初销售发票的编辑。重复步骤(4)，依据表 3-9 完成第 2 笔和第 3 笔的期初应收业务的录入。

(6) 返回"期初余额"窗口。单击"期初销售发票"窗口的"关闭"按钮，关闭该窗口，系统返回"期初余额"窗口；然后单击工具栏中的"刷新"按钮，系统将本操作中录入的 3 张发票信息列表显示在"期初余额"窗口中。

(7) 对账。单击工具栏中的"对账"按钮，应收款系统与总账管理系统，根据受控科目进行一一对账，然后系统打开"期初对账"窗口，此时显示"差额"不为零，表示对账不成功，所以需要在总账系统中进行"引入"，详见 3.4.2 节。

(8) 退出。单击"期初对账"窗口和"期初余额"窗口的"关闭"按钮，关闭退出相应的窗口。

3.2.4 销售存货调价单

销售存货调价单可以用来设置、修改存货的价格，当调价单审核以后，价格可以更新存货价格表。本节的任务是录入与审核销售存货价格单，表 3-10 是案例企业现阶段执行的销售存货价格表。

表 3-10 销售存货价格表

存货名称	数量下限	批发价 1	零售价 1	生效日期	是否促销价	税率(%)
亮康眼镜	0	220		2016.4.1	否	17
亮康眼镜	100	200		2016.4.1	否	17
女士高端太阳镜	0	380		2016.4.1	否	17
女士高端太阳镜	100	360		2016.4.1	否	17

操作步骤：

(1) 打开"存货调价单"窗口。在"销售管理"子系统中，依次点击"价格管理/存货价格/存货调价单"菜单项，打开"存货调价单"窗口。

(2) 新增一条存货调价。单击工具栏中的"增加"按钮，然后在新增的存货调价单中，参照生成"存货编码"为"10000"(亮康眼镜)，编辑"数量下限"为"0"、"批发价 1"为"220"。

(3) 完成存货调价编辑。重复步骤(2)，完成表 3-10 中第 2～4 行的存货调价录入，然后单击"保存"按钮，完成存货的定价操作。

(4) 审核。单击"审核"按钮，使存货的"定价"生效。

(5) 退出。单击"存货调价单"窗口右上角的"关闭"按钮，关闭该窗口。

3.3 库存与存货核算期初设置

本节是对库存和存货管理系统进行参数设置、期初余额录入与记账。

3.3.1 参数设置

1. 库存管理系统参数设置

本案例企业的库存管理系统参数，除系统默认设置之外，还需进行如下参数设置。

- 通用设置：确认勾选"业务设置"区中的"有无委托代销业务"；勾选"修改现存量时点"区中的"采购入库审核时改现存量"、"销售出库审核时改现存量"、"其它出入库审核时改现存量"；不勾选"业务校验"区中的"审核时检查货位"。
- 专用设置：在"业务开关"区中勾选"允许超发货单出库"；在"自动带出单价的单据"区中勾选"采购入库单"、"采购入库取价按采购管理选项"、"销售出库单"、"其他入库单"、"其他出库单"、"调拨单"。
- 预计可用量设置："预计可用量检查公式"设置为"出入库检查预计可用量"；"预计入库量"包括"已请购量"、"生产订单量"、"采购在途量"、"到货/在检量"、"委外订单量"；"预计出库量"包括"销售订单量"、"待发货量"、"生产未领量"和"委外未领量"。

操作步骤：

(1) 打开"库存选项设置"对话框。在"企业应用平台"的"业务工作"页签下，依次点击"供应链/库存管理/初始设置/选项"菜单项，系统打开"库存选项设置"对话框。

(2) 通用设置。在"通用设置"选项卡中，确认选中"业务设置"区的"有无委托代销业务"复选框，"修改现存量时点"区的"采购入库审核时改现存量"、"销售出库审核时改现存量"和"其它出入库审核时改现存量"复选框，取消"业务校验"区的"审核时检查货位"复选框的默认选中状态，其他选项按系统默认设置，结果如图 3-9 所示。

图 3-9　库存管理"通用设置"参数设置

(3) 专用设置。在"专用设置"选项卡中，在"业务开关"区中勾选"允许超发货单出库"复选框；选中"自动带出单价的单据"区的"采购入库单"及其子项"采购入库取价按采购管理选项"、"销售出库单"、"其他入库单"、"其他出库单"和"调拨单"复选框，其他选项按系统默认设置。

(4) 预计可用量设置。在"预计可用量设置"选项卡中，设置"预计可用量检查公式"为"出入库检查预计可用量"；"预计入库量"包括"已请购量"、"生产订单量"、"采购在途量"、"到货/在检量"、"委外订单量"；"预计出库量"包括"销售订单量"、"待发货量"、"生产未领量"和"委外未领量"。

(5) 退出。单击"确定"按钮，保存系统参数的设置，关闭"库存选项设置"对话框。

2. 存货核算设置

本案例企业的存货核算系统参数，除系统默认设置之外，还需进行如下参数设置。

- 核算方式：选择"暂估方式"区中的"单到回冲"、"零成本出库选择"区中的"参考成本"、"入库单成本选择"区中的"参考成本"、"红字出库单成本"区中的"参考成本"。
- 控制方式：勾选"结算单价与暂估单价不一致是否调整出库成本"。

操作步骤：

(1) 打开存货核算的"选项录入"对话框。在"企业应用平台"的"业务工作"页签下，依次点击"供应链/存货核算/初始设置/选项/选项录入"菜单项，系统打开"选项录入"对话框。

(2) 核算方式设置。在"核算方式"选项卡中，选择"暂估方式"区中的"单到回冲"、"零成本出库选择"区中的"参考成本"、"红字出库单成本"区中的"参考成本"，"入库单成本选择"区中的"参考成本"，其他选项按系统默认设置，结果如图 3-10 所示。

(3) 控制方式设置。在"控制方式"选项卡中，选中"结算单价与暂估单价不一致时是否调整出库成本"复选框，其他选项按系统默认设置。

(4) 退出。单击"确定"按钮，保存系统参数的设置，关闭"选项录入"对话框。

图 3-10 存货"核算方式"参数设置

3. 存货科目设置

存货核算系统的存货科目功能是设置本系统中生成凭证所需要的各种存货科目、差异科目、分期收款发出商品科目、委托代销科目，因此用户在制单之前应先在本系统中将存货科目设置正确、完整，否则系统生成凭证时无法自动带出科目。表 3-11 列示的是本案例企业的存货科目。本任务是按照表 3-11，完成案例企业的存货科目设置。

表 3-11 存货科目

存货分类	存 货	存货科目编码	存货科目名称
0101 太阳镜		1405	库存商品
0102 亮康眼镜		1405	库存商品
	12210 塑料	140301	塑料
	12220 镜片树脂	140302	镜片树脂
	12310 硅胶	140303	硅胶

操作步骤：

(1) 打开"存货科目"窗口。在"企业应用平台"的"业务工作"页签下，依次点击"供应链/存货核算/初始设置/科目设置/存货科目"菜单项，系统打开"存货科目"窗口。

(2) 编辑存货科目。单击"增加"按钮，按照表 3-11 的内容，依次填写"存货分类编码"或"存货编码"、"存货科目编码"，然后单击"保存"按钮，完成设置。

(3) 退出。单击"退出"按钮，退出"存货科目"窗口。

【业务规则】

- 采购入库业务：采购入库单制单时，借方取存货科目，贷方取对方科目中收发类别对应的科目。
- 产成品入库业务：产成品入库单制单时，借方取存货科目，贷方取对方科目中收发类别对应的科目。
- 普通销售业务：销售出库单制单时，借方取对方科目中收发类别对应的科目，贷方取存货科目。
- 发出商品业务：发出商品发货单制单时，借方科目取发出商品对应的科目，贷方取存货对应的科目。
- 材料出库业务：材料出库单制单时，借方取对方科目中收发类别对应的科目，贷方取存货科目。
- 调拨业务：调拨业务制单时，借方取存货科目，贷方取存货科目。
- 盘点业务：盘盈业务制单时，借方取存货科目，贷方取对方科目。盘亏业务制单时，借方取对方科目，贷方取存货科目。
- 组装、拆卸、形态转换业务：制单时，借方取存货科目，贷方取存货科目。
- 入库调整单：入库调整单制单时，借方取存货科目，贷方取对方科目。
- 出库调整单：出库调整单制单时，借方取对方科目，贷方取存货科目。
- 直运采购发票：制单时，借方科目取用户在存货科目设置中设置的直运科目。
- 直运销售发票：制单时，贷方科目取用户在存货科目设置中设置的直运科目。

4. 存货对方科目设置

存货核算系统的存货对方科目功能，用于设置本系统中生成凭证所需要的存货对方科目(即收发类别)所对应的会计科目，因此用户在制单之前应先在本系统中将存货对方科目设置正确、完整，否则无法生成科目完整的凭证。

表 3-12 列示的是本案例企业的存货对方科目。本任务是按照表 3-12，完成案例企业的存货对方科目设置。

操作步骤：

(1) 打开"对方科目"窗口。在"企业应用平台"的"业务工作"页签下，依次点击"供应链/存货核算/初始设置/科目设置/对方科目"菜单项，打开"对方科目"窗口。

(2) 编辑对方科目。单击"增加"按钮，按照表 3-12 的内容，依次填写收发类别、对方科目名称以及暂估对方科目名称,然后单击"保存"按钮,完成设置。

(3) 退出。单击"退出"按钮,退出"对方科目"窗口。

表 3-12　存货对方科目

收发类别编码	收发类别名称	对方科目名称	暂估科目名称
11	采购入库	1401 材料采购	220202 暂估应付账款
31	销售出库	6401 主营业务成本	
21	盘盈入库	190101 待处理流动资产损溢	
41	盘亏出库	190101 待处理流动资产损溢	

【业务规则】

- 采购入库业务:采购入库单制单时,借方取存货科目,贷方取对方科目中收发类别对应的科目。

- 产成品入库业务:产成品入库单制单时,借方取存货科目,贷方取对方科目中收发类别对应的科目。

- 其他入库业务:其他入库单制单时,借方取存货科目,贷方取对方科目中收发类别对应的科目。

- 普通销售业务:销售出库单制单时,借方取对方科目中收发类别对应的科目,贷方取存货科目。

- 发出商品业务:发出商品发票制单时,借方取对方科目中收发类别对应的科目,贷方取发出商品对应的科目。

- 材料出库业务:材料出库单制单时,借方取对方科目中收发类别对应的科目,贷方取存货科目。

- 其他出库业务:其他出库单制单时,借方取对方科目中收发类别对应的科目,贷方取存货科目。

- 入库调整单:入库调整单制单时,借方取存货科目,贷方取对方科目。

- 出库调整单:出库调整单制单时,借方取对方科目,贷方取存货科目。

- 委外入库业务:

  - 暂估的委外入库单制单时,借方取存货科目,贷方的委托加工物资材料费取对方科目中收发类别对应的委托加工物资材料费科目,贷方暂估加工费取对方科目中收发类别对应的暂估科目。

  - 结算的委外入库单制单时,借方取存货科目,贷方的委托加工物资材料费取对方科目中收发类别对应的委托加工物资材料费科目,贷方加工费取对方科目中收发类别对应的委托加工物资加工费科目;如果委托加工物资材料费和加工费科目相同,则制单时材料费和加工费合并成一条分录。

3.3.2 期初数据录入与记账

1. 库存期初数据

库存管理的期初数据,只有在启用系统的第一年或重新初始化的年度可以录入,其他年度均不可录入。但启用第一年或重新初始化年度第一个会计月结账后,也不允许再新增、修改或删除期初数据,更不可以审核和弃审。因此应在期初数据全部录入完毕并审核后,再进行第一个会计月的结账操作。

本任务是依据表 3-13,完成案例企业的库存期初数据录入。请注意,每个仓库一张期初数据录入单据。

表 3-13 库存期初数据

仓库编码	仓库名称	存货编码	存货名称	数 量	单 价	入库类别
0010	大运仓库	00001	男士高端太阳镜	100	350	采购入库
0010	大运仓库	00003	男士普通太阳镜	100	90	采购入库
0010	大运仓库	00004	女士普通太阳镜	100	80	采购入库
0040	产成品仓库	10000	亮康眼镜	20000	160	产成品入库
0020	原材料仓库	12210	塑料	10	1 000	采购入库
0020	原材料仓库	12310	硅胶	10	1 600	采购入库

操作步骤:

(1) 打开"库存期初数据录入"窗口。在"企业应用平台"的"业务工作"页签下,依次点击"供应链/库存管理/初始设置/期初结存"菜单项,打开"库存期初数据录入"窗口。

(2) 选择仓库。选择"仓库"为"大运仓库"后,单击"修改"按钮,使"库存期初"窗口处于编辑状态。

(3) 编辑第一条期初数据。在表体中参照生成第 1 行的"存货编码"为"00001"(男士高端太阳镜),在"数量"栏中输入"100"、"单价"栏中输入"350","入库类别"为"采购入库"。

(4) 编辑其他期初数据。重复步骤(3),依据表 3-13,录入"男士普通太阳镜"和"女士普通太阳镜"的期初库存数据。

(5) 保存和批审。单击"保存"按钮,保存录入的存货信息;再单击"批审"按钮,审核该仓库的所有期初数据。

(6) 编辑与审核其他仓库的期初数据。重复步骤(2)~(5),依据表 3-13,完成"产成品仓库"和"原材料仓库"的期初库存数据录入、保存和审核工作。

(7) 退出。单击"库存期初数据录入"窗口的"关闭"按钮,关闭退出该窗口。

提示:

● 库存期初结存数据必须按照仓库分别录入,且录入完成后必须审核。期初结存数据的审核实际是期初记账的过程，表明该仓库期初数据录入工作的完成。

- 库存期初数据审核是分仓库分存货进行的，即"审核"功能仅针对当前仓库的一条存货记录进行审核；"批审"功能是对当前仓库的所有存货执行审核，而不是审核所有仓库的存货。
- 审核后的库存期初数据不能修改、删除，但可以"弃审"后进行修改或删除。
- 库存期初结存数据录入时，若默认存货在库存系统的计量单位不是主计量单位，则需要录入该存货的单价和金额，由系统计算该存货的数量。

2. 存货核算期初数据的生成与记账

初次使用存货核算系统时，应先输入全部末级存货的期初余额。存货核算的期初数据，一般与库存管理系统的期初相对应，可以直接录入；但若在库存管理系统中已经录入了，则可以在存货核算系统中通过"取数"功能，从库存管理系统中取数。当然，库存的期初数据也可与存货核算的期初数据不一致，系统提供两边互相取数和对账的功能。

期初数据录入后，可执行期初记账，则系统把期初差异分配到期初单据上，并把期初单据的数据记入存货总账、存货明细账、差异账、委托代销/分期收款发出商品明细账。期初记账后，用户才能进行日常业务、账簿查询、统计分析等操作。

如果期初数据有错误，可以在取消期初记账后修改期初数据，然后重新执行期初记账。

操作步骤：

(1) 打开存货核算系统的"期初余额"窗口。在"存货核算"子系统中，依次点击"初始设置/期初数据/期初余额"菜单项，系统打开"期初余额"窗口。

(2) 从大运仓库取数。在"仓库"下拉列表中选择"大运仓库"，然后单击"取数"按钮，则系统自动读取仓库存货并显示在"期初余额"窗口中。

(3) 从其他仓库取数。重复步骤(2)，从"产成品仓库"和"原材料仓库"中取数，以完成存货核算系统期初数据的生成。

(4) 对账。单击"对账"按钮，系统弹出"库存与存货期初对账查询条件"对话框，已默认选择了所有仓库，直接单击"确定"按钮，系统弹出"对账成功！"信息提示框，单击"确定"按钮退出该提示框，系统即完成了库存与存货的期初对账。

(5) 记账。单击"记账"按钮，系统弹出"期初记账成功"提示框，单击"确定"按钮，完成存货期初数据的记账工作。

(6) 汇总。单击"汇总"按钮，系统弹出"期初汇总条件选择"对话框，已默认选择了所有仓库，选择"存货级次"为"1"到"明细"，然后单击"确定"按钮，系统打开"期初数据汇总"窗口，表明已完成期初数据汇总工作。

(7) 退出。连续单击"退出"按钮，退出窗口返回企业应用平台。

提示：

- 期初记账前可修改存货的计价方式及核算方式，可修改存货的期初数据，但记账后不能改。

- 期初数据录入完毕，必须在期初记账后才能开始日常业务核算。未记账时，允许进行单据录入、账表查询。
- 期初数据记账是针对所有期初数据进行记账操作的。因此用户在进行期初数据记账前，必须先确认所有期初数据全部录入完毕并且正确无误，再进行期初记账。
- 没有期初数据的用户，可以不录入期初数据，但也必须执行期初记账操作。
- 恢复期初记账时，如是第一个会计年度，可直接恢复期初记账；如果不是，则系统弹出信息提示框"只有调整存货的核算方式和计价方式、核算自由项、修改期初数据时才可以恢复期初记账"。
- 汇总，是指对期初余额按存货进行逐级汇总。

3.4　总账期初设置

本节的任务是完成总账的系统参数与核算规则设置、总账的期初余额引入、对账和期初记账。

3.4.1　参数与核算规则设置

本案例企业的总账系统参数，除系统默认设置之外，还需勾选"出纳凭证必须经由出纳签字"、"凭证必须经由主管会计签字"。

操作步骤：

(1) 打开总账的"选项"对话框。在"企业应用平台"的"业务工作"页签下，依次点击"财务会计/总账/设置/选项"菜单项，系统打开"选项"对话框。

(2) 设置权限。在"权限"选项卡中，先单击"编辑"按钮，使所有参数处于可修改状态，再选中"出纳凭证必须经由出纳签字"、"凭证必须经由主管会计签字"复选框，其他选项设置为默认状态。

(3) 退出。单击"确定"按钮，保存系统参数的设置，关闭"选项"对话框。

3.4.2　期初余额引入与对账

1. 期初余额引入与汇总

期初余额引入，是将应收应付系统的期初余额引入到总账的对应科目余额中。

操作步骤：

(1) 打开总账的"期初余额"窗口。在"企业应用平台"的"业务工作"页签下，依次点击"财务会计/总账/设置/期初余额"菜单项，系统打开总账系统的"期初余额"窗口。

(2) 打开应收账款的"辅助期初余额"窗口。双击"应收账款"科目所在行，系统打开"辅助期初余额"窗口。

(3) 打开"期初往来明细"窗口。单击工具栏中的"往来明细"按钮,系统打开"期初往来明细"窗口。

(4) 应收账款期初余额引入。单击工具栏中的"引入"按钮,系统弹出信息框"确定要引入期初吗?",单击"是"按钮,系统将在应收款系统中录入的 3 张发票信息引入总账,并显示在"期初往来明细"窗口中。

(5) 汇总。单击工具栏中的"汇总"按钮,系统汇总客户往来明细辅助期初,在系统弹出的多个对话框中直接单击"是"和"确定"按钮,以返回"期初往来明细"窗口。

(6) 退出并返回总账的"期初余额"窗口。单击"期初往来明细"窗口和"辅助期初余额"窗口的"退出"按钮。

(7) 引入应付账款的期初余额。重复步骤(2)～(6),完成"应付账款"科目的期初余额数据引入和汇总。

(8) 退出。单击总账"期初余额"窗口的工具栏中的"退出"按钮,退出该窗口。

提示:

- 如果总账的期初数据不可修改(即存在当月已记账凭证),则不可使用"引入"功能。
- 如果应收/应付系统在总账前启用,则引入的期初余额为到总账启用日期为止的应收/应付期末余额,将其作为总账往来辅助明细的期初余额。
- 如果应收/应付系统在总账之后启用,则不能引入应收/应付系统的期初余额,只能在总账中录入。
- 如果科目辅助核算属性在使用中发生变更,例如在年中变更为有辅助往来核算科目,因应收/应付系统中无期初余额,这时只能在总账中补充录入期初余额。

2. 期初余额对账

由于初次使用,对系统不太熟悉,在进行期初设置时的一些不经意的修改,可能会导致总账与辅助总账、总账与明细账核对有误,系统提供的对期初余额进行对账的功能,可以及时做到账账核对,并可尽快修正错误的账务数据。

操作步骤:

(1) 打开总账系统的"期初余额"窗口。

(2) 对账设置。单击"对账"按钮,系统弹出"期初对账"对话框,提示将核对总账上下级、核对总账与辅助账、核对辅助账与明细账。

(3) 对账。单击"开始"按钮,系统开始对总账与应付账款、应收账款,总账与辅助账,辅助账与明细账进行核对,完成之后在"期初对账"对话框中给出对账结果。

(4) 退出。单击"取消"按钮,关闭"期初对账"对话框返回"期初余额"窗口。

提示:

如果对账后发现有错误,可单击"显示对账错误"按钮,系统将把对账中发现的问题列出来。

3. 期初试算

操作步骤：

(1) 打开总账系统的"期初余额"窗口。

(2) 试算。单击"试算"按钮，系统弹出"期初试算平衡表"对话框，并给出试算结果，如图 3-11 所示。

(3) 退出。单击"确定"按钮，系统返回"期初余额"窗口；再单击工具栏中的"退出"按钮，退出"期初余额"窗口。

图 3-11 期初试算结果

提示：

在总账系统中，若有当月凭证记账了，则总账期初余额不能再修改。

3.5 实验报告内容

1. 请查看采购系统的业务与权限控制设置结果，并将结果界面拷屏后粘贴在实验报告中。

2. 请查看应付款系统的凭证参数设置结果，并将结果界面拷屏后粘贴在实验报告中。

3. 请查看应付款系统的基本科目设置结果，并将结果界面拷屏后粘贴在实验报告中。

4. 请查看期初采购入库单的编辑窗口，并将结果界面拷屏后粘贴在实验报告中。

5. 请查看供应商存货调价单，并将结果界面拷屏后粘贴在实验报告中。

6. 请查看销售存货调价单，并将结果界面拷屏后粘贴在实验报告中。

7. 请查看销售系统的业务控制设置结果，并将结果界面拷屏后粘贴在实验报告中。

8. 请查看应收款系统的常规参数设置结果，并将结果界面拷屏后粘贴在实验报告中。

9. 请查看应收款系统的结算方式科目设置结果，并将结果界面拷屏后粘贴在实验报告中。

10. 请查看应收款系统的坏账准备期初设置结果，并将结果界面拷屏后粘贴在实验报告中。

11. 请查看库存管理的专用参数设置结果，并将结果界面拷屏后粘贴在实验报告中。

12. 请查看存货核算系统的核算方式设置结果，并将结果界面拷屏后粘贴在实验报告中。

13. 请解释采购期初记账的作用，并给出操作路径。

14. 请以"采购专用发票"的单据编号设置为例，说明如何将其设置为可以自动编号和手动修改。

15. 请说明库存与存货核算的期初数据之间的关系，并说明如何将库存的期初数据自动带入存货核算。

16. 请解释存货核算期初记账的作用，并给出操作路径。

17. 请解释 3 种存货核算方式(按仓库核算、按部门核算和按存货核算)的含义。

18. 请以"委托代销结算单"的单据格式设置为例，说明如何在单据的表头增加编辑栏。

19. 请说明如何将应收应付的期初数据，引入总账期初。

20. 请解释总账期初"对账"的作用。

21. 请解释总账期初"试算"的作用。

第 **4** 章

日常采购业务

　　企业的采购是从资源市场获取资源的过程，它是一种经济活动。采购过程既是一个信息流过程，也是一个物流和资金流过程。

　　采购管理是供应链管理系统的重要组成部分，其主要任务是执行采购计划，进行采购订单管理、采购发票管理以及供应商管理。采购管理的目标是保证企业在生产和销售业务顺利进行的前提下，维持合理的库存量，从而降低成本。为了降低成本，企业需要不断地协调销售与采购、采购与库存间的关系。

　　在 ERP 信息支撑环境中，实施标准的采购业务过程管理，可将透明销售与采购、采购与库存间的物流(采购入库引起的实物变化)信息、价值流(实物的成本变化)信息和资金流(采购付款引起的资金变化)信息相联系，使得物料的数量、成本、资金都更加清晰，也使得销售与采购更理性化、更具科学性。所以，企业的采购业务，将涉及采购管理、库存管理、存货核算和应付款管理系统，它们之间的关系可参见图 4-1 和图 4-2。

　　本教程的案例企业是工业企业，所以在新建账套时选择"企业类型"为"工业"，建立工业版账套。这样在采购管理系统中的存货、货物，是指原材料、材料、包装物、低值易耗品、委外加工材料及企业自行生产的半成品、产成品等。

　　由于案例企业同时启用了库存管理、存货核算和应付款管理系统，所以采购的物料流动过程信息在采购管理和库存管理系统中完成，价值流动过程信息在存货核算系统中完成，资金流动过程信息在应付款管理系统中完成，具体的可参见表 4-1 和图 4-7。

　　普通采购业务是指企业 95%以上的常规日常采购业务。本教程设计的业务包括有请购的采购业务，有报价降价、预付定金、代垫运费和现付的普通采购业务(第 4 章，其业务模型请参见图 4-1)，以及采购暂估结算、采购到货拒收、采购退货等采购业务中的特殊情况(第 5 章)。

　　本章的操作，请按照业务描述中的系统日期(如 4 月 1 日)，以账套主管赵技巩(或读者本人)的身份，在第 3 章完成的基础上，在采购管理、库存管理、存货核算和应付款管理系统中进行。

如果您没有完成第 3 章的企业账套期初设置与记账的操作,则可以到 360 云盘空间(云盘地址:https://yunpan.cn/crWIB4qYxNeUr,访问密码:7d82)的"实验账套数据"文件夹中,将"03 期初记账.rar"下载到实验用机上,然后引入(操作步骤详见 1.3.5 节)到 ERP-U8 系统中。此外,本章完成的账套,其输出压缩的文件名为"04 日常采购.rar"。

需要注意的是,因云盘中的账套备份文件均为"压缩"文件,所以在下载完成后引入之前,需要用解压缩工具进行解压(建议用 WinRAR 3.42 或以上版本),得到相应可以引入的账套数据文件。

本章的所有业务实验操作,都有配套的微视频,您可以通过扫描二维码,或者到指定的网页地址去观看。本教程配套的微视频,均存放在北京神州明灯教育科技有限公司和合一集团的网站上,相应的访问说明请参见云盘中的"微视频访问说明.doc"。

本章的授课时间建议讲课 2~4 学时(主要讲解采购概论、采购普通业务流程和单据状态,内容可参见教程的 4.1~4.5 节和配套课件),实验 4~6 学时,实验目的与要求如下:

- 了解采购管理系统的作用。
- 理解采购部门与其他管理部门的关系。
- 掌握采购管理的普通业务流程。
- 熟练掌握采购普通业务的请购、订货、到货、入库、发票(采购专用发票、采购运费发票)、结算(手工结算和自动结算,包括在发票窗口自动结算)等业务。
- 熟练掌握采购普通业务的会计核算操作,包括采购成本确认和应付确认。

4.1　预备知识

传统的采购管理系统,仅包括采购请购、采购订货、采购到货、采购入库、采购开票和采购结算等业务管理,不涉及采购成本核算和采购应付管理。但从企业经营管理的角度看,采购业务的物流(即采购入库引起的实物变化),以及由物流驱动的价值流(即存货成本的变化)和资金流(即采购付款引起的资金变化),应该进行无缝连接,形成一个完整的采购业务管理系统。

本节将讲解完整的采购业务管理系统的业务类型、应用模型,以及采购管理过程中涉及的单据类型、单据状态和单据操作。

4.1.1　采购管理概论

采购是从资源市场获取资源的过程。下面从采购业务类型、采购管理应用模型和采购普通业务流程等方面进行讲解。

1. 采购业务类型

采购业务根据企业应用，一般分为普通采购、受托代销、直运业务、代管采购、固定资产采购等 5 种业务类型。

(1) 普通采购业务，是适合大多数企业的一般采购业务，本章的内容主要讲解普通采购业务。

(2) 受托代销业务，是一种"先销售后结算"的采购业务，适用于有受托代销业务的商业企业和医药流通企业。

受托代销是指其他企业委托本企业代销其商品，但代销商品的所有权仍归委托方。代销商品销售后，本企业与委托方进行结算，开具正式的销售发票，商品所有权转移。

受托代销的业务模式，是与委托代销(详见 8.2 节)相对应的一种业务模式，可以节省商家的库存资金，降低经营风险。

(3) 直运业务，是指由供应商直接将商品发给企业的客户，在结算时由购销双方分别与企业结算的业务，具体内容可参见 8.4 节。

(4) 代管采购业务，是一种"先使用再结算"的采购业务，适用于一般商业和工业企业。

代管采购业务的主要特点是：企业替供应商保管其提供的物料，先使用物料，然后根据实际使用定期汇总、挂账，最后根据挂账数与供应商进行结算、开票以及后续的财务支付。

代管采购既类似于普通采购，又不同于普通采购。它的实际业务流程与普通采购相似，不同之处主要是体现在结算上，即"先使用后结算"。

(5) 固定资产采购业务，适用于企业采购固定资产的业务。企业发生固定资产采购业务时，可以通过采购和库存系统对采购流程进行管理，入库之后通过固定资产系统登记固定资产账，通过应付款管理系统对固定资产采购过程中发生的应付账款进行管理。

2. 普通采购业务模型

普通采购业务，是指企业 95%以上的常规日常业务，基本上是采用"先收货、后付款"的赊购业务模式，标准的普通采购业务模型请参见图 4-1。

由图 4-1 可知，完整的普通采购业务所涉及的部门包括采购部、仓管部和财务部，涉及的 ERP 软件功能模块包括采购管理、库存管理、存货核算、应付款管理和总账系统。

用友 ERP-U8 的采购管理系统，提供了请购、采购订货、采购到货、采购入库、采购开票、采购结算等业务管理，您可以根据业务需要选用不同的业务单据和业务流程。

用友 ERP-U8 的采购管理，适用于各类工业企业和商业批发、零售企业、医药、物资供销、对外贸易、图书发行等商品流通企业的采购部门和采购核算财务部门。但若企业类型不同，则采购业务的管理也不同。

图 4-1 标准的普通采购业务应用模型

用友 ERP-U8 的采购管理系统既可以单独使用，又可以与用友 U8 的库存管理、销售管理、存货核算、应付款管理等模块集成使用(参见图4-2)，提供了完整全面的业务和财务流程处理。下面将详细阐述图 4-2 中各个子系统之间的接口关系。

图 4-2 采购管理系统与其他系统的关系

(1) 库存管理与采购管理。图 4-3 是采购管理与库存管理系统的接口图。由图 4-3 可知，库存管理系统可以参照采购管理系统的采购订单、采购到货单生成采购入库单，并将入库情况反馈到采购管理系统。

采购管理系统可以参照库存管理系统的 ROP 计划(名称解释详见 6.1.1 节)生成采购订单、请购单，参照采购入库单生成发票，并根据库存管理系统的采购入库单和采购管理系统的发票进行采购结算。

另外，采购管理系统还可以参照库存管理系统记入代管消耗的出、入库单，生成代管挂账确认单，并可将代管挂账确认单与发票进行结算。

(2) 销售管理与采购管理。销售管理系统的直运销售订单，可参照生成采购管理系统的直运采购订单；直运销售发票与直运采购发票可互相参照。

采购管理系统可参照销售订单生成采购订单，还可参照销售订单进行齐套采购，即专为某个销售订单所需的装配件进行采购，以减少冗余采购，从而控制库存。

图 4-4 是销售管理与采购管理系统的接口图。

图 4-3　库存管理与采购管理系统接口　　　图 4-4　销售管理与采购管理系统接口

(3) 存货核算与采购管理。图 4-5 是存货核算与采购管理系统的接口图。由图 4-5 可知，直运采购发票在存货核算系统中进行记账，登记存货明细账，并制单生成凭证(详见8.4 节)。采购入库单和采购结算单可以在存货核算系统中进行制单、生成凭证。

一般情况下，存货核算根据采购管理系统结算的入库单进行记账和制单，对没有结算的入库单进行暂估处理；根据代管挂账确认单进行记账和制单，对没有结算的代管挂账确认单进行暂估处理。

(4) 应付款管理与采购管理。采购货物的货款，形成企业的应付款。由于案例企业同时启用了采购管理和应付款管理系统，所以采购发票由采购管理系统录入，在应付款管理系统中对这些单据进行审核、弃审、查询、核销、制单等处理。

图 4-6 是应付款管理与采购管理系统的接口图。由图 4-6 可知，采购发票录入后，在应付款管理系统中对采购发票进行审核登记应付明细账，制单并生成凭证；已审核的发票与付款单进行付款核销，并回写采购发票有关付款核销的信息。

在应付款管理系统中，还可参照采购订单和采购发票生成付款申请单，也可在采购发票上推式生成付款申请单。

图 4-5 存货核算与采购管理系统接口

图 4-6 应付款管理与采购管理系统接口

一般企业的应付日常管理工作，包括应付/付款的单据处理、应付/付款单据核销、应付转账等。

在用友 ERP-U8 中，企业的应付单据处理，可通过应付款管理系统中的应付单据处理功能模块，进行单据的录入、查阅和分析，以及对在采购管理系统中录入的采购发票进行审核、制单、核销等工作。相应的业务，可参见本教程的 4.3～4.5 节和第 5 章。

付款单据处理，主要是对结算单据(付款单、收款单即红字付款单)的录入与审核。相应的业务，可参见本教程的 4.3 节和 5.3 节。

单据核销，是指用付款来核销应付款的工作。单据核销的作用是建立付款与应付款的核销记录，加强往来款项的管理。相应的业务，可参见本教程的 5.3 节。

应付转账，是进行应付冲应付(将一家供应商的应付款转到另一家供应商，或把一个部门或业务员的应付款转到另一个部门或业务员中)、预付冲应付(将预付供应商款项和所欠供应商的货款进行转账核销处理)、应付冲应收(是用对某供应商的应付账款，冲抵对某客户的应收账款)、红票对冲(将同一供应商的红票和其蓝字发票进行冲销)等操作，本教程以预付冲应付为例(详见 5.2 节)，进行了相关业务的分析与操作说明。

3. 普通采购业务流程

普通采购的业务流程(参见图4-7)，可分为物料流动过程、价值流动过程和资金流动过程。

- 物料流动过程：包括采购请购、订货、到货、入库、开票和采购结算 6 个作业活动，相应的信息单据为请购单、采购订单、采购到货单、采购入库单、采购发票，以及采购结算生成的采购结算单。物料流动信息管理，在 ERP 软件的采购管理和库存管理系统中完成。
- 价值流动过程：包括材料记账和存货成本制单 2 个作业活动，相应的信息单据为存货的总账、明细账和存货成本记账凭证等，在 ERP 软件的存货核算系统中完成。
- 资金流动过程：包括应付单据审核与制单、付款单据处理、付款制单、核销与制单等多个作业活动，相应的信息单据为应付记账凭证、付款单、付款记账凭证、应付核销单、核销记账凭证等，在 ERP 软件的应付款管理系统中完成。

图 4-7　普通采购业务流程

　　普通采购业务的业务流程、作业活动和关键信息详见表 4-1，表中标识的关键活动将引起资源的变化。具体地说，即采购验收入库、审核，将引起存货数量的变化；入库成本记账将使得存货成本发生变化；应付款记账将使本企业的应付账款发生变化；已付款记账将使本企业的货币资金发生变化；核销是用付款信息冲销应付款信息，所以核销记账将使本企业的应付账款发生变化。

　　关键信息是采购业务过程中的关键单据，具体的说明和操作请参见 4.1.2 节和 4.1.3 节。

表 4-1　普通采购业务作业活动与信息表

业　务	作业类型	作业活动	关键活动	关键信息
采购业务	物流	采购请购/询价		采购请购单、采购询价单
		采购订货		采购订单
		采购到货		采购到货单
		采购入库	采购验收入库、审核	采购入库单
		采购发票		采购发票
		采购结算		采购结算单
	价值流	单据记账	入库成本记账	
		存货成本制单		成本记账凭证
	资金流	采购发票审核		
		发票制单		应付款记账凭证
		应付款记账	应付款记账	
		付款		付款单
		付款单据审核		

（续表）

业　务	作业类型	作业活动	关键活动	关键信息
采购业务	资金流	付款单据制单		已付款记账凭证
		已付款记账	已付款记账	
		应付核销		应付核销单
		应付核销制单		核销记账凭证
		应付核销记账	应付核销记账	

4.1.2　采购单据类型与操作

由表 4-1 可知，采购业务过程中的关键单据有请购单、采购订单、采购到货单、采购入库单、采购发票、采购结算单、成本记账凭证、应付款记账凭证、付款单、已付款记账凭证、应付核销单和核销记账凭证，这些单据之间的上下游关系以及单据的主要操作类型，如图 4-8 所示。

图 4-8　普通采购业务的单据流程

1. 请购单

请购单是采购业务处理的起点，用于描述和生成采购的需求，如采购什么货物、采购多少、何时使用、谁用等内容；同时，也可为采购订单提供建议内容，如建议供应商、建议订货日期等。

请购单的填制与审核操作流程，可参见图 4-9。请购单可以手工增加，也可参照主生产计划和需求规划系统的 MPS/MRP 计划(即主生产计划和物料需求计划)、库存管理系统的 ROP 计划(即再订货计划)和生产订单管理系统的生产订单生成，还可以拷贝已经存在的请购单生成，以减少录入工作量。

图 4-9　采购请购操作流程

2. 采购订单

采购订单是企业与供应商之间签订的采购合同、购销协议等，主要内容包括采购什么货物、采购多少、由谁供货、什么时间到货、到货地点、运输方式、价格、运费等。

图 4-10 是采购订货操作流程图。由图 4-10 可知，采购订单可以根据采购管理系统的请购单、销售管理系统的销售订单(直运业务模式)、主生产计划和需求规划系统的 MPS/MRP 计划(即主生产计划和物料需求计划)、库存管理系统的 ROP 计划(即再订货计划)等生成，还可以在采购管理系统中直接录入采购订单。

图 4-10　采购订货操作流程

3. 采购到货单

采购到货是采购订货和采购入库的中间环节，一般由采购业务员根据供方通知或送货单填写采购到货单，确认对方所送货物、数量、价格等信息，然后以入库通知单的形式传递到仓库作为保管员收货的依据。

图 4-11 是采购到货操作流程图。由图 4-11 可知，采购到货单可以手工新增，也可以参照采购订单生成(但必有订单时，采购到货单不可手工新增)。

图 4-11　采购到货操作流程

4. 采购入库单

采购入库是通过采购到货、质量检验环节，对合格到货的存货进行入库验收。采购入库单是根据采购到货的实收数量填制的单据。对于工业企业，采购入库单一般指采购原材料验收入库时所填制的入库单据；对于商业企业和医药流通企业，采购入库单一般指商品进货入库时所填制的入库单据。

采购入库单按进出仓库方向分为：蓝字采购入库单、红字采购入库单。红字采购入库单是蓝字采购入库单的逆向单据。在采购业务活动中，如果发现已入库的货物因质量等因素要求退货，则对采购业务进行退货单处理；如果发现已审核的入库单数据有错误(多填数量等)，也可以填制退货单(红字入库单)原数冲抵原入库单数据。原数冲回是将原错误的入库单，以相等的负数量填单。

采购入库单按业务类型可分为：普通采购入库单、代管业务采购入库单和固定资产采购入库单等。若库存管理系统未启用，可在采购管理系统中录入入库单据；但库存管理系统启用后，则必须在库存管理系统中录入入库单据，而在采购管理系统中可查询入库单据，可根据入库单生成发票。

采购入库单可以手工增加，也可以参照采购订单、采购到货单(到货退回单)等生成。

5. 采购发票

采购发票是供应商开出的销售货物的凭证，系统将根据采购发票确认采购成本，并据以登记应付账款。企业在收到供货单位的发票后，如果没有收到供货单位的货物，可以对发票压单处理，待货物到达后，再输入系统做报账结算处理；也可以先将发票输入系统，以便实时统计在途货物。

图 4-12 是采购发票操作流程图。由图 4-12 可知，普通采购必有订单时，采购发票可以参照采购订单、采购入库单(普通采购)填制，也可以拷贝其他采购发票，直运业务可以参照直运销售发票；受托代销结算后生成受托发票；如果启用了代管业务，则可参照代管挂账确认单生成发票。但不是普通采购必有订单时，采购发票(专用、普通)可手工新增。

图 4-12　采购发票操作流程

采购发票按业务性质，可分为蓝字发票和红字发票，红字发票是蓝字发票的逆向单据。用友 U8 V10.1 中的采购发票，可分为以下 3 种。

(1) 增值税专用发票。增值税专用发票的扣税类别默认为应税外加，不可修改，税额=无税金额×税率%，价税合计=无税金额×(1+税率)。

(2) 普通发票。普通发票包括常用的普通发票、废旧物资收购凭证、农副产品收购凭证和其他收据，其扣税类别默认为应税内含，不可修改，税额=价税合计×税率%，无税金额=价税合计×(1-税率)。

(3) 运费发票。运费主要是指向供货单位或提供劳务单位支付的代垫款项、运输装卸费、手续费等。运费发票的单价、金额都是含税的，运费发票的默认税率为 7，可修改。

运费发票是记录在采购货物过程中发生的运杂费、装卸费、入库整理费等费用的单据。运费发票记录可以在手工结算时进行费用分摊，也可以单独进行费用结算。

采购发票可以修改、删除，可以现付、弃付，采购发票与采购入库单可以进行采购结算。如启用了代管业务，则是代管挂账确认单与发票结算。采购发票可以在应付款管理系统中审核，同时回填采购发票的审核人。

6. 采购结算单

采购结算也称采购报账，是指采购核算人员根据采购发票、采购入库单核算采购入库成本；采购结算的结果是采购结算单，它是记载采购入库单记录与采购发票记录对应关系的结算对照表，其相应的操作可参见图 4-13。

图 4-13　采购结算单操作流程

采购结算，从操作处理上分为自动结算、手工结算两种方式。

(1) 自动结算。自动结算是由系统将符合结算条件的采购入库单记录和采购发票记录自动逐一进行结算。系统按照 3 种结算模式进行自动结算：入库单与发票、红蓝入库单以及红蓝发票。

- 入库单与发票：将供应商、存货、数量完全相同的入库单记录和发票记录进行结算，自动结算到行，生成结算单，并将发票记录的金额作为入库单记录的实际成本。
- 红蓝入库单：将供应商、存货相同、数量绝对值相等但符号相异的红蓝入库单行记录进行对应结算，自动结算到行，生成结算单。入库单记录可以没有金额，只有数量。
- 红蓝采购发票：将供应商、存货相同、金额绝对值相等但符号相异的红蓝采购发票记录进行对应结算，自动结算到行，生成结算单。结算的金额即为各发票记录的合计金额。
- (2) 手工结算。手工结算时可拆单拆记录，一行入库记录可以分次结算；可以同时对多张入库单和多张发票进行手工结算。手工结算支持下级单位采购、付款给其上级主管单位的结算；支持三角债结算，即甲单位的发票可以结算乙单位的货物。

手工结算有 5 种结算模式：入库单与发票、红蓝入库单、红蓝发票、溢余短缺处理和采购费用折扣分摊，前 3 种与自动结算的相同。

溢余短缺是指在企业的采购业务中，由于运输、装卸等原因，采购的货物会发生短缺毁损。您需要根据不同的情况，进行相应的账务处理。

采购费用包括专用发票、普通发票上的应税劳务、折扣，以及运费发票上的应税劳务。

- 溢余短缺结算：在采购结算时，如果入库数量与发票数量不一致，即为溢余短缺结算。如果入库数量小于发票数量，则确定其是否为合理损耗。如果是合理损耗，直接记入成本，即相应提高入库货物的单位成本；如果是非合理损耗，则根据业务选择相应的非合理损耗类型，并由存货核算系统依据结算时记录的非合理损耗类型自动生成凭证。
- 费用折扣分摊：费用折扣可以在手工结算时进行费用分摊，运费发票记录也可以单独进行费用结算。

自动结算和手工结算时，可以同时选择发票和运费与入库单进行结算，将运费发票的费用按数量或按金额分摊到入库单中，此时会将发票和运费分摊的费用，写入采购入库单的成本中。

运费发票进行费用分摊时，只有同时与采购发票一起与入库单结算，才能在采购入库单的单价中体现。如果运费发票开具时，对应的入库单已经与发票结算，则运费发票只能通过费用折扣结算将运费分摊到入库单中，此时运费发票分摊的费用不再记入入库单中，需要到存货核算系统中进行结算成本的暂估处理，系统会将运费金额分摊到成本中。

运费发票进行费用结算时，可以与已结算、未结算或部分结算的入库单同时结算，也可以与存货直接结算；可以将一张或多张运费发票分摊到多个仓库多张入库单的多个存货上；一张入库单可以多次分摊费用。

7. 存货成本凭证

存货核算系统的生成凭证功能，用于对本会计月已记账单据的凭证生成，并可对已生成的所有凭证进行查询显示。所生成的凭证可在账务系统中显示及生成科目总账。

记账即把未记账的单据记入存货明细账。单据记账是存货核算系统，按实际成本进行的入库成本核算和出库成本核算。

当以移动平均核算时，如果出库单记账时为零出库，系统自动按您设置的零成本出库方式，计算出库成本。如果选择手工输入，需要自己输入出库单价；如果不输入，则将不能记账。

生成凭证必须按整单制单，即一张单据必须所有记录全部记账，而且有成本(即单据上金额数据不能为空或为零)，才能生成凭证。

8. 应付记账凭证

应付制单即生成应付记账凭证，并将凭证传递至总账系统。常用的制单类型包括发票制单、收付款单制单、核销制单、票据处理制单、现结制单和转账制单，其中发票制单的结果是应付记账凭证，属于案例企业的转账凭证。

在 2.8 节，我们将案例企业的凭证类型设置了 3 种：收款凭证、付款凭证和转账凭证。其中收款凭证的借方必有科目为 1001(库存现金)和 1002(银行存款)，付款凭证的贷方必有科目为 1001 和 1002，转账凭证的凭证必无科目为 1001 和 1002。

9. 已付记账凭证

已付记账凭证，是付款单制单和现结制单生成的付款凭证。

10. 核销凭证

核销凭证是核销制单生成的凭证，是一种转账凭证。

11. 转账凭证

转账制单和票据处理制单生成的凭证是转账凭证，应付凭证和核销凭证也是转账凭证；另外，存货核算系统生成的凭证一般也是转账凭证。

4.1.3 采购单据状态与操作

1. 单据状态及其转换

单据，从业务上可分为 5 种状态：录入、未审核、已审核、已执行和关闭状态。在启用制造模块后，对于采购系统中的请购单和采购订单，需要根据单据是否处于锁定状态，来决定是否作为 MPS/MRP 运算时的数据来源。因此，应对请购单和采购订单设定锁定状态，并支持手工锁定和解锁，支持参照 MPS/MRP 采购计划或请购单生成单据的自动锁定。有关单据的锁定含义和作用，请参见生产制造相关的教程，本教程不设计相关业务和操作此状态。

单据的 5 种业务状态之间的转换关系及相关操作，请参见图 4-14。一般地，填制单据(即新增单据)在没有单击"保存"按钮前是录入状态，此时可单击"放弃"按钮结束该单据，也可单击"保存"按钮保存该单据。保存成功的单据状态为未审核状态，可单击"审核"按钮使该单据的状态变为已审核状态，也可单击"删除"按钮删除该单据。

在实际业务过程中，审核常常是对当前业务完成的确认。表 4-1 中所列单据，除了采购发票和采购结算单是不需要审核的单据(这些单据保存即为有效单据)，其他的单据只有经过审核，才是有效单据，才能进入下一流程，被其他单据参照或被其他功能、其他系统使用，如记账、制单等。

图 4-14　单据状态转换

在用友 ERP-U8 中，只有有效单据才可被其他单据、其他系统参照使用。有下游单据生成的单据，系统视该单据为已执行状态，此时不可修改、删除。

已审核的单据，可通过单击"弃审"按钮恢复为未审核的单据；可单击"关闭"按钮关闭该单据；也可被其他单据参照或被其他功能、其他系统使用，使该单据的状态变为已执行状态。已执行的单据不能弃审，但已执行的请购单、采购订单、到货单，可以进行变更。

对于单据关闭功能，可以在两种情况下使用：①单据执行完毕；②该单据执行了一部分，以后确实不再执行剩余的部分。如果单据已关闭，但以后又要执行，可以打开单据。采购管理系统中，需要关闭的单据有采购请购单、采购订单和采购到货单。

已执行状态的单据，可通过删除下游单据或取消下游操作，使该单据恢复为已审核状态。

已审核和已执行状态的单据，可以通过单击"关闭"按钮关闭该单据，也可通过单击"打开"或"还原"按钮恢复该单据为关闭之前的状态(已审核或已执行)。

2. 单据操作

(1) 审核/弃审单据。单据只能整张审核/弃审，不可拆单。若在单据列表中选择了单据的一条记录，系统将自动选取该记录所属单据的所有记录。

审核/弃审单据有 3 种方法：

- 在单据界面进行审核/弃审。
- 在单据列表界面双击单据记录，进入单据卡片界面进行审核/弃审。
- 在单据列表界面选择多张单据，进行批量审核/批量弃审。

提示：

- 审核没有数据修改功能，如果发现单据的数据有错误，可以先进行修改，然后再做审核。

- 只要该单据未审核，不管该单据是否记账或当月是否结账，均可对该单据进行审核。
- 已审核的单据不能再修改、删除；不能再审核。
- 已执行或已关闭的单据，不可弃审。
- 有下游单据生成或被其他系统使用的单据，不可弃审(可将生成的下游单据删除，或取消其他系统的相关操作，如记账、制单等，再弃审)。

(2) 关闭/打开单据。关闭/打开单据有 3 种方法：
- 在单据界面中进行关闭/打开。
- 在单据列表界面双击单据记录，进入单据卡片界面进行关闭/打开。
- 在单据列表界面选择多张单据，进行批量关闭/批量打开。

采购订单、到货单、请购单，可以按单据的明细行记录进行行关闭和行打开操作。对于已审核的明细记录(到货单关闭不受是否审核限制)，在单据表体的需要行关闭或行打开的明细行记录上，单击鼠标右键，然后在打开的菜单栏中单击相应的功能菜单项，进行行的关闭或打开操作。

提示：
- 要关闭的单据必须是有效单据，即已审核单据(到货单关闭不受是否审核限制)。
- 关闭的单据不能再执行，但并不影响其下游单据的继续执行。
- 关闭的单据数据不再结转到下年的年度账中。

(3) 拷贝单据。在填制单据时，可以拷贝系统中已有的单据，减少录入。在采购系统中，参照生单和单据拷贝都使用工具栏中的"生单"按钮。不同的是，单据拷贝时，在要拷贝的单据列表中，需要选择"显示已执行完的记录"选项；如果是参照生单，则在要拷贝的单据列表界面中，需要选择"执行所拷贝的记录"选项。

(4) 复制单据。如果您录入过与目前将要填制的单据类似或完全相同的单据，可用工具栏中的"复制"按钮，进行单据复制，以加快单据的录入速度。

4.2　请购与采购订货

采购请购是指企业内部向采购部门提出采购申请，或采购部门汇总企业内部采购需求提出采购清单。采购订货就是采购部门与供应商签订采购合同的过程。

4.2.1　业务概述与分析

4 月 1 日，生产部向采购部请购镜片树脂 1.5 千克，要求本月 5 号到货。采购员张新海请购，获得批准后与北京塑料二厂签订采购合同(合同编号 CG001)，订购镜片树脂 1.5 千克，无税单价 6000 元，增值税税率为 17%，约定本月 5 号到货。

本笔业务是采购管理中的请购与采购订货业务，需要填制并审核采购请购单和采购订单。

4.2.2　虚拟业务场景

人物：刘正——生产部主管
　　　刘静——采购部主管
　　　张新海——采购部职员
　　　席子君——北京塑料二厂销售部

场景一　生产部向采购部提出采购申请，要求订购镜片树脂 1.5 千克，5 日到货

刘正：喂，您好。这里是生产部。

张新海：您好，这里是采购部。

刘正：我们本月 5 号需要 1.5 千克镜片树脂。

张新海：好的，我马上请购(开始填写请购单)。

(张新海请采购主管刘静审核采购请购单)

张新海：主管，生产部要求请购的镜片树脂的请购单已经填好了。您给审核一下？

刘静：好的。(开始审核)

场景二　业务员打电话到北京塑料二厂询问价格并签订采购合同，采购主管刘静审核

张新海：您好！北京塑料二厂吗？

席子君：是的，您是？

张新海：我是亮康眼镜有限公司的采购员。

席子君：您好！

张新海：我们最近需要一批镜片树脂，你们厂镜片树脂的价格和质量怎么样？

席子君：质量可以保证，6000 元每千克。

张新海：那好吧，先定 1.5 千克，本月 5 号要货。

席子君：好的，再见！

张新海：再见！(开始请购转采购)

(张新海请采购主管刘静审核采购订单)

张新海：主管，我已经签了镜片树脂的采购合同了，请您审核。

刘静：好的。(开始审核)

备注：为简化操作，本实验以账套主管的身份进行，但在实际工作中需要根据员工的工作权限赋权。本系列教程之《场景式企业财务业务综合实践教程(用友 ERP-U8 V10.1)》中，是按照虚拟业务场景中人物的工作需要进行的功能权限设置和数据权限设置，并基于各自的权限在企业账套中操作。

4.2.3　操作指导

1. 操作流程(见图 4-15)

填制并审核请购单
"采购管理" → 填制并审核采购订单
"采购管理"

图 4-15　请购与采购的操作流程

请确认系统日期和业务日期为 2016 年 4 月 1 号。

2. 场景一的操作步骤

视频网址：http://www.mdmuke.com/mdmk/mod/page/view.php?id=976

任务说明：填制与审核请购单。

(1) 打开"采购请购单"窗口。在"企业应用平台"的"业务工作"页签中，依次点击"供应链/采购管理/请购/请购单"菜单项，系统打开"采购请购单"窗口。

(2) 填制请购单。单击工具栏中的"增加"按钮，新增一个请购单，然后做如下编辑。

① 表头编辑　参照生成"请购部门"为"生产部"，其他项不变。

② 表体编辑　参照生成表体的"存货编码"为"12220"(镜片树脂)，并在"数量"栏中填入"1.5"，修改"需求日期"为"4 月 5 号"，其他项不变。

③ 保存　单击工具栏中的"保存"按钮，保存该请购单，结果如图 4-16 所示。

图 4-16　业务 4.2 的请购单

(3) 审核。单击工具栏中的"审核"按钮，审核通过该请购单。

(4) 退出。单击"采购请购单"窗口右上角的"关闭"按钮，退出该窗口。

提示：

- 请购单可以修改、删除、审核、弃审、关闭、打开、锁定、解锁、复制、变更。录入时支持行复制和行拆分。
- 已审核未关闭的请购单，可以参照生成采购订单。
- 请购单的制单人(见表底栏目)是新增或修改该单据的操作员，审核人是审核该单据的操作员，关闭人是关闭该单据的操作员，锁定人是手工锁定或自动锁定该单据的操作员。
- 其他单据的制单人、审核人、关闭人、锁定人与请购单类似，从略。

3. 场景二的操作步骤

视频网址: http://www.mdmuke.com/mdmk/mod/page/view.php?id=977

任务说明: 参照生成与审核采购订单。

(1) 打开"采购订单"窗口。在"采购管理"子系统中,依次点击"采购订货/采购订单"菜单项,系统打开"采购订单"窗口。

(2) 参照请购单生成采购单。首先单击工具栏中的"增加"按钮以新增一张采购订单,然后做如下编辑。

① 打开"拷贝并执行"窗口 单击工具栏中的"生单/请购单"命令,系统打开"查询条件选择—采购请购单列表过滤"对话框,单击"确定"按钮,系统打开"拷贝并执行"窗口。

② 拷贝信息 在"拷贝并执行"窗口的上窗格,双击要选择的采购请购单所对应的"选择"栏,显示"Y"字样,此时单击工具栏中的"OK 确定"按钮,返回"采购订单"窗口,请购单资料会自动传递过来。

(3) 编辑并保存采购订单。在"采购订单"窗口,做如下编辑。

① 修改表头 编辑"订单编号"(即合同编号)为"CG001"、"采购类型"为"材料进货"、"供应商"为"北京塑料二厂"、"部门"为"采购部"、"业务员"为"张新海"、"备注"为"采购镜片树脂 1.5 千克",其他项默认。

② 修改表体信息 修改或确认表体的"原币单价"为"6 000",其他项默认。

③ 保存 单击工具栏中的"保存"按钮,保存该订单,结果如图 4-17 所示。

(4) 审核。单击工具栏的"审核"按钮,审核通过该订单。

(5) 退出。单击"采购订单"窗口右上角的"关闭"按钮,关闭并退出该窗口。

			采购订单		显示模版	8173 采购订单显示模版 ▼

表体排序 [▼]   合并显示 ☐

业务类型 普通采购	订单日期 2016-04-01	订单编号 CG001
采购类型 材料进货	供应商 塑料二厂	部门 采购部
业务员 张新海	税率 17.00	付款条件
币种 人民币	汇率 1	备注 采购镜片树脂1.5千克

	存货编码	存货名称	主计量	数量	原币含税单价	原币单价	原币金额	原币税额	原币价税合计	税率	计划到货日期 ▲
1	12220	镜片树脂	千克	1.50	7020.00	6000.00	9000.00	1530.00	10530.00	17.00	2016-04-05
2											

图 4-17 业务 4.2 的采购订单

提示:

● 采购订单可以修改、删除、审核、弃审、变更、关闭、打开、锁定、解锁。

● 审核采购订单可以有 3 种含义,您可根据业务需要选择其中一种。

■ 采购订单输入计算机后,交由供货单位确认后的订单。

■ 采购订单由专职录入员输入,由业务员进行数据检查,确定正确的订单。

■ 经过采购主管批准的订单(本案例企业的审核采购订单的含义)。

● 已审核未关闭的采购订单，可以参照生成采购到货单、采购入库单、采购发票、出口订单。

4.3　有询价降价和定金的采购订货

在实际操作中，采购业务管理、成本核算和应收应付都需要与实际情况相符。

通常，在采购合同订立的过程中，买卖双方对价格进行磋商后可能导致降价，也可能涉及预付定金等事项。采购的询价降价，在用友 ERP-U8 V10.1 中，需要通过采购询价计划单和采购询价单来记录。

定金，是指在合同订立或履行之前，支付一定数额的金钱作为担保的担保方式。在用友 ERP-U8 中，采购的定金通过"预付款"反映。

4.3.1　业务概述与分析

4 月 1 日，销售部夏于请采购员张新海采购女士高端太阳镜 1000 副，要求本月 7 号到货，张新海填制采购询价计划单。主管刘静审核通过后，张新海向大运公司咨询其价格，对方报价为无税单价 320 元/副，增值税为 17%，张新海填制采购询价单，刘静审核。经协商，对方同意降为 300 元/副，但要求支付定金 50 000 元。经张新海请示，采购主管刘静同意；张新海签订采购合同(合同编号 CG002)，约定本月 7 号到货。当天，出纳向大运公司预付定金 50 000 元，用转账支票支付，票号为 ZZ4567。

本笔业务是采购询价与降价、采购订货、采购定金支付的日常业务，需要填制并审核采购询价计划单、参照生成并审核采购询价单、填制并审核采购订单、填制并审核定金的付款单，以及付款单制单。

采购询价计划单是对需要采购的一批物料的详细需求的记录，如物料编码、规格、需求日期等，可通过请购单生成，也可以手动录入。它是询价的开始阶段，后续业务将根据此计划单进行采购询价。

采购询价单是记录向某一供应商进行一次询价议价的详细信息记录。询价的对象是某一采购询价计划单中的待采购物料，采购询价单记录特定供应商的具体报价等情况，可以是询价计划单中的某几条记录，也可以是全部。采购询价单仅可参照采购询价计划单生成，但可拷贝已经存在的采购询价单生成。采购询价单可以修改、删除、审核、弃审、查询关键行/查询所有行，已审核的采购询价单可以参照生成采购询价审批单。

应付款系统的付款单是用来记录企业支付的款项的。当您支付一笔款项时，应知道该款项是提前支付供应商的预付款，还是结算供应商货款，或是支付供应商的其他费用。系统用款项类型来区别不同的用途。在录入付款单时，需要指定其款项用途。如果同一张付款单包含不同用途的款项，应在表体记录中分行显示。

对于不同用途的款项，系统提供的后续业务处理也不同。对于冲销应付款，以及形成预付款的款项，需要进行付款结算，即将付款单与其对应的采购发票或应付单进行核销勾对，进行冲销企业债务的操作。对于其他费用用途的款项则不需要进行核销。

4.3.2　虚拟业务场景

人物：张新海——采购部职员

　　　刘静——采购部主管

　　　夏于——销售批发部职员

　　　刘小雨——大运公司销售部

　　　罗迪——财务部出纳

　　　张兰——财务部会计

　　　曾志伟——财务部主管

场景一　销售部请采购部做询价计划，填制并审核采购询价计划单

夏于：小张，您好！根据销售计划，我们本月 7 号需要女士高端太阳镜 1000 副。

张新海：好的，我们马上处理。

(张新海填制采购询价计划单)

张新海：刘总，今天销售部请购，我做了一个采购询价计划单，请您审核。

刘静：好的。(审核通过)

场景二　采购部向大运公司询价，填制并审核采购询价单

刘小雨：喂，您好。这里是大运公司销售部。

张新海：您好，我是亮康眼镜公司的采购员，请问贵公司女士高端太阳镜的价格？

刘小雨：我们公司的女士高端太阳眼镜每副 320 元。

张新海：320 有点儿贵，我们要定 1000 副，数量也不少，您看能不能便宜点儿？

刘小雨：这样的话，我得请示一下我们的主管。稍后给您回电话，您看怎么样？

张新海：那好的，我等您的电话。

(张新海填制采购询价单)

张新海：刘总，我刚咨询了女士高端太阳镜的价格，并做了一个采购询价单，请您审核。

刘静：好的。(审核通过)

场景三　大运公司同意降价，采购部填制并由刘静审核采购订单

刘小雨：喂，您好。我是大运公司销售部的业务员。

张新海：您好。

刘小雨：我们主管同意降价了，每副 300 元，但要求预付定金 5 万元。

张新海：我们订购 1000 副，要求 7 号到货，行吗？

刘小雨：没问题，希望我们下次能继续合作。

张新海：好的，再见。

刘小雨：再见。

(张新海填制采购订单)

张新海：刘总，请您审核一下和大运公司签订的采购订单。

刘静：好的。(审核)小张，你通知一下财务部，把这笔订单的预付定金给付了。

张新海：好的，刘总。

(刘静审核采购单)

场景四　财务部出纳支付定金，财务部主管审核付款单，会计进行付款单制单

张新海：小罗，我们与大运公司签订了采购订单，要求预付定金 5 万。

罗迪：好的，我马上支付。

(罗迪付款完成，并填制采购定金的付款单，然后请主管曾志伟审核)

罗迪：曾总，我已经完成给大运公司的采购定金 5 万的转账了，请您审核一下。

曾志伟：好的。

(曾志伟审核通过付款单，并请张兰制单)

曾志伟：小张，给大运公司的付款单，我已经审核通过了。

张兰：好的，我马上做财务处理。

(张兰做付款单的付款凭证)

4.3.3　操作指导

1. 操作流程(见图 4-18)

图 4-18　有询价降价和定金的采购订购操作流程

请确认系统日期和业务日期为 2016 年 4 月 1 号。

2. 场景一的操作步骤

视频网址：http://www.mdmuke.com/mdmk/mod/page/view.php?id=978

任务说明：填制并审核采购询价计划单。

(1) 打开"采购询价计划单"窗口。在"采购管理"子系统中，依次点击"采购询价/采购询价计划单"菜单项，系统打开"采购询价计划单"窗口。

(2) 填制并保存采购询价计划单。单击工具栏中的"增加"按钮，新增一张采购询价计划单，然后在表体的"存货编码"栏中参照生成"00002"(女士高端太阳镜)，在"计划采购数量"栏中输入"1000"、"需求日期"为"2016-04-07",其他项默认。

(3) 保存。单击工具栏中的"保存"按钮,保存该单据,结果如图 4-19 所示。

(4) 审核。单击工具栏中的"审核"按钮,审核通过该单据。

(5) 退出。单击"采购询价计划单"窗口右上角的"关闭"按钮,关闭并退出该窗口。

图 4-19　业务 4.3 的采购询价计划单

3. 场景二的操作步骤

视频网址:http://www.mdmuke.com/mdmk/mod/page/view.php?id=979

任务说明:参照生成并审核采购询价单。

(1) 打开"采购询价单"窗口。在"采购管理"子系统中,依次点击"采购询价/采购询价单"菜单项,系统打开"采购询价单"窗口。

(2) 打开"参照生单"窗口。单击工具栏中的"生单"按钮,系统弹出"查询条件选择"对话框,直接单击"确定"按钮,系统打开"参照生单"窗口。

(3) 拷贝信息。双击"参照生单"窗口上窗格记录所在行的"选择"栏,出现"Y"字样,结果如图 4-20 所示;单击工具栏中的"OK 确定"按钮,返回"采购询价单"窗口,采购询价计划单的信息自动带入。

图 4-20　业务 4.3 的"参照生单"窗口

(4) 编辑信息。参照生成表头的"供应商"为"大运公司",编辑表体的"原币单价"为"320",其他项默认,结果如图 4-21 所示。

图 4-21　业务 4.3 的"采购询价单"窗口

(5) 保存与审核。单击工具栏中的"保存"和"审核"按钮，保存并审核通过该单据。

(6) 退出。单击"采购询价单"窗口右上角的"关闭"按钮，关闭并退出该窗口。

4. 场景三的操作步骤

视频网址：http://www.mdmuke.com/mdmk/mod/page/view.php?id=980

任务说明：填制并审核采购订单。

(1) 打开"采购订单"窗口。在"采购管理"子系统中，依次点击"采购订货/采购订单"菜单项，系统打开"采购订单"窗口。

(2) 填制采购订单。在"采购订单"窗口中，首先单击工具栏中的"增加"按钮，新增一张采购订单，然后做如下编辑。

① 编辑表头　修改表头的"订单编号"栏(即合同编号)为"CG002"、"供应商"为"大运公司"、"部门"为"采购部"、"业务员"为"张新海"、"备注"为"采购女士高端 1 千副有定金"，其他项默认。

② 编辑表体　在表体的"存货编码"栏中参照生成为"00002"(女士高端太阳镜)，在"数量"栏中输入"1000"，确认或编辑"原币单价"为"300"，"计划到货日期"为"4月 7 号"，其他项默认。

(3) 保存。单击工具栏中的"保存"按钮，保存该单据，结果如图 4-22 所示。

(4) 审核。单击工具栏中的"审核"按钮，审核通过该单据。

(5) 退出。单击"采购订单"窗口右上角的"关闭"按钮，关闭并退出该窗口。

图 4-22　业务 4.3 的采购订单

5. 场景四的操作步骤

视频网址：http://www.mdmuke.com/mdmk/mod/page/view.php?id=981

任务说明：填制与审核付款单、付款单制单。

(1) 打开"收付款单录入"窗口。在"企业应用平台"的"业务工作"页签中，依次点击"财务会计/应付款管理/付款单据处理/付款单据录入"菜单项，系统打开"收付款单录入"窗口。

(2) 填制定金的付款单。在"收付款单录入"窗口中，单击工具栏中的"增加"按钮，新增一张付款单，然后做如下编辑。

① 表头编辑　在其表头依次编辑"供应商"为"大运公司"，"结算方式"为"转账支票"，"金额"为"50 000"，"票据号"为"ZZ4567"，"部门"为"财务部"，"摘要"为"付大运公司定金5万"，其他项默认。

② 表体编辑　首先在表体中单击，表体出现一行数据，然后在表体的"款项类型"中选择"预付款"(默认为应付款)，并确认"供应商"、"金额"与表头对应，结果如图4-23所示。

图 4-23　业务 4.3 的采购定金付款单

提示：

● 若一张付款单中，表头供应商与表体供应商不同，则视表体供应商的款项为代付款。

● 代付款的情景：您要付A单位的一笔款项，但该款项包括为B单位付的款。这时您有两种处理方式：一、将付款单位直接记录为B单位，金额为代付金额(即正常的付款单)；二、将付款单位仍然记录为A单位，但通过在表体输入代付供应商的功能处理代付款业务。

● 代付款方式的优点是既可以保留该笔付款业务的原始信息，又可以处理代多个单位付款的情况。

(3) 保存。单击工具栏中的"保存"按钮,保存该单据。

(4) 审核与制单。单击工具栏中的"审核"按钮,审核通过该单据;系统弹出提示信息"是否立即制单?",单击"是"按钮,系统打开"填制凭证"窗口,并默认显示了已生成的"收款凭证"信息(借记:预付账款,贷记:工行存款)。

(5) 修改凭证类型。单击凭证左上角的"收"字,再单击其右侧的参照按钮,在打开的列表中选择"付款凭证",以修改凭证的类型为"付款凭证"。

(6) 保存。单击"保存"按钮,以保存该凭证,结果如图4-24所示。

(7) 退出。单击"填制凭证"和"收付款单录入"窗口右上角的"关闭"按钮,关闭并退出窗口。

付 款 凭 证

已生成				
付　字 0001	制单日期: 2016.04.01	审核日期:	附单据数: 1	

摘　要	科目名称	借方金额	贷方金额
付大运公司定金5万	预付账款	5000000	
付大运公司定金5万	银行存款/工行存款		5000000

票号　202 - ZZ4567			
日期　2016.04.01	数量 单价	合　计	5000000 5000000

备注	项　目	部　门
	个　人	客　户
	业务员	

记账　　　　　审核　　　　　出纳　　　　　制单 赵技巩

图4-24　业务4.3的采购定金付款的付款凭证

【新增付款单据的业务规则】

- 新增单据时,若输入了供应商,则与供应商相关的内容,均由系统自动带出,如供应商的银行名称、银行账号等信息。

- 表头中必须录入的项目有供应商、单据日期、单据编码、结算方式、币种、原币金额。表体中必须输入的项目有款项类型、供应商、原币金额。

- 输入完表头数据后,直接单击"保存"按钮或者单击表体空白处,系统自动将表头信息带入表体中。表体中供应商、部门、业务员、原币金额全部等于表头的对应数据。用户可以对系统缺省的表体记录进行增删改处理。

- 缺省情况下,新增的表体记录款项类型为"应付款",供应商名称等信息均自动带出表头的内容,但可以修改;若修改了表体的供应商信息,则系统自动将该记录作为代付款处理。

- 款项类型允许选择"应付款"、"预付款"、"其他费用"等类型，默认缺省选择"应付款"，必须选择其中一种类型。
- 款项类型为"应付款"、"预付款"时，表体中对应输入的冲销科目必须是本系统的受控科目；款项类型为"其他费用"时，表体中对应输入的冲销科目不能是本系统的受控科目。

4.4 有代垫运费的采购业务

代垫运费，指本该由购货方承担的运费，由于承运人不便到购货方收款，而由销售方代购货方垫付给承运部门并取得运费发票，然后再向购货方收回代垫款项。

本笔业务的采购运费，将先由供应商垫付，形成本公司的应付款。因为有采购运费，所以本笔业务的采购结算需要进行手工结算，并在结算时将运费发票上的费用按数量或按金额分摊到入库单中。

4.4.1 业务概述与分析

4 月 1 日，采购员张新海与大运公司签订采购合同(合同编号 CG003)，订购男士普通太阳镜 4000 副，无税单价 90 元，增值税 17%。当日，收到这批货物和随货物发来的增值税发票(票号 CG0578、价税合计 421 200 元)及运费发票(票号为 YF001、运费 930 元，税率 11%，价税合计 1032.3 元)。太阳镜已验收并入大运公司仓库。款项尚未支付。

本笔业务是有供应商代垫运费的采购订货、到货、入库、开票(采购发票和运费发票)，以及采购结算的日常采购业务，需要填制并审核采购订单、到货单、入库单、参照生成采购专用发票和填制运费发票，进行采购结算、应付单据审核与制单及采购成本确认(即入库存货记账与制单)。

本笔业务的应付单据，包括采购发票和运费发票。应付款管理系统提供手工审核、自动批审的功能。在"应付单据审核"界面中显示的单据，可包括所有已审核、未审核的应付单据，包括从采购管理系统传入的单据。做过后续处理如核销、制单、转账等处理的单据在"应付单据审核"中不能显示。

应付制单即生成凭证，并将凭证传递至总账记账。应付款管理系统对不同的单据类型或不同的业务处理提供实时制单的功能，也可快速、成批生成凭证，并可依据规则进行合并制单等处理。

存货单据记账用于将用户所输入的单据登记存货明细账、差异明细账/差价明细账。使用先进先出、后进先出、移动平均、个别计价这 4 种计价方式的存货，在单据记账时进行出库成本核算；使用全月平均、计划价/售价法计价的存货在期末处理时进行出库成本核算。

　　系统在进行出入库核算后，下一步就要生成记账凭证。生成凭证用于对本会计月已记账单据生成凭证，所生成的凭证可在账务系统中显示及生成科目总账。

4.4.2　预备知识

　　本案例企业的存货计价方式均为移动平均法。移动平均法是每次收货后，立即根据库存存货总数量和总成本，计算出新的平均单位成本的一种方法。

　　对于入库业务，系统自动计算结存金额、结存数量和结存单价。

- 结存金额＝上一笔结存金额＋本次入库金额
- 结存数量＝上一笔结存数量＋本次入库数量
- 结存单价＝结存金额/结存数量。

　　按移动平均法计价的存货，在"单据记账"处进行成本计算。

- 入库成本按入库单上的单价、金额记账。若入库单上无成本，则按"核算方式选项"(参见 3.3.1 节)中所选的"入库单成本选择"选项进行处理。
- 如果在"控制方式选项"中选择了"账面为负结存时入库单记账自动生成出库调整"选项，则当入库单记账时，如果账面为负结存，系统将按入库的数量比例调整结存成本，并自动生成出库调整单。
- 如果本月暂估的入库单已记账，报销后需要对其进行暂估处理。对于本月暂估并报销的非受托代销采购业务，系统直接修改明细账中对应记录的入库成本，重新计算其以下的非自填的出库金额，并回填出库单；如果结余数量为零或单价为负，则出库单价取上一条记录的单价。

4.4.3　虚拟业务场景

　　人物：张新海——采购部职员

　　　　　刘巍巍——大运公司销售部

　　　　　刘静——采购部主管

　　　　　赵林——仓管部职员

　　　　　李莉——仓管部主管

　　　　　曾志伟——财务部主管

　　　　　张兰——财务部会计

场景一　采购员与大运公司签订采购合同，采购主管审核

张新海：我是亮康眼镜公司的采购员。

刘巍巍：您好！

张新海：我们需要采购男士普通太阳镜 4000 副，你们公司的价格和质量怎么样？

刘巍巍：质量可以保证，价格 90 元每副。

张新海：好的，今天能发货吗？运费我们来负担。

刘巍巍：没问题，马上能发货，请准备接货。

张新海：谢谢，再见！

刘巍巍：再见！

(张新海请采购主管刘静审核采购订单)

张新海：刘总，请您审核一下刚与大运公司签订的采购订单。

刘静：好的。(审核完成)小张，审核完了。

场景二　采购部收到货物，张新海填制到货单，并请主管刘静审核

(张新海填制采购到货单，完成之后……)

张新海：刘总，今天采购的男士普通太阳镜到货了，您审核一下。

刘静：好的，辛苦你了。

场景三　仓管部收货验收入库，仓库管理员赵林填制入库单，并请主管李莉审核

(赵林根据采购到货单填写入库单，完成之后……)

赵林：李总，采购大运公司的男士普通太阳镜，货物已经入库，麻烦您审核一下。

李莉：好的，辛苦了。

场景四　采购部职员张新海填制采购专用发票与运费发票

(张新海填制采购专用发票和运费发票，完成之后……)

张新海：刘总，今天采购的男士普通太阳镜的发票也到了，我已经填制好了。

刘静：好的，辛苦你了。

场景五　本笔业务完成，主管要求进行采购结算，张新海进行手工结算

刘静：小张，本笔业务完成了，你做一下采购结算吧。因为有运费，请手工结算。

张新海：明白，我这就去办。

场景六　财务主管曾志伟进行应付审核，张兰进行应付制单和采购成本确认

张新海：曾总，今天有一笔采购业务已经完成了，麻烦您进行应付审核。若没有问题，可以做采购成本确认了。

曾志伟：好的，我们尽快完成相关的财务处理。

(采购发票的应付审核通过)

曾志伟：小张，有一笔大运公司的采购业务，发票我已经审核通过了，你可以进行应付制单和采购成本确认了。

张兰：好的，我马上做。(开始应付制单和成本确认)

4.4.4　操作指导

1. 操作流程(见图 4-25)

图 4-25　业务 4.4 的操作流程

请确认系统日期和业务日期为 2016 年 4 月 1 号。

2. 场景一的操作步骤

视频网址：http://www.mdmuke.com/mdmk/mod/page/view.php?id=982

任务说明：填制与审核采购订单。

(1) 打开"采购订单"窗口。在"企业应用平台"的"业务工作"页签中，依次点击"供应链/采购管理/采购订货/采购订单"菜单项，系统打开"采购订单"窗口。

(2) 填制采购订单。在"采购订单"窗口中，首先单击工具栏中的"增加"按钮，新增一张采购订单，然后做如下编辑。

① 编辑表头　修改表头的"订单编号"(即合同编号)为"CG003"、"供应商"为"大运公司"、"部门"为"采购部"、"业务员"为"张新海"、"备注"为"采购男士普通 4 千副"，其他项默认。

② 编辑表体　在表体，参照生成"存货编码"为"00003"(男士普通太阳镜)、"数量"编辑为"4000"，其他项默认(默认"原币单价"为"90"，"计划到货日期"为"当日")。

(3) 保存。单击工具栏中的"保存"按钮，保存该单据，结果如图 4-26 所示。

(4) 审核。单击工具栏中的"审核"按钮，审核通过该单据。

(5) 退出。单击"采购订单"窗口右上角的"关闭"按钮，关闭并退出该窗口。

图 4-26　业务 4.4 的采购订单

3. 场景二的操作步骤

视频网址：http://www.mdmuke.com/mdmk/mod/page/view.php?id=983

任务说明：填制并审核采购到货单。

(1) 打开"到货单"窗口。在"企业应用平台"的"业务工作"页签中，依次点击"供应链/采购管理/采购到货/到货单"菜单项，系统打开"到货单"窗口。

(2) 参照订单生成采购到货单。首先单击工具栏中的"增加"按钮，新增一张采购到货单，然后做如下操作。

① 打开"拷贝并执行"窗口 在"到货单"窗口中，单击"生单/采购订单"命令，系统打开"查询条件选择-采购订单列表过滤"对话框，单击其"确定"按钮，系统退出对话框并打开"拷贝并执行"窗口，结果可参见图 4-27。

② 拷贝信息 在"拷贝并执行"窗口中，双击上窗格中订单号为 CG003 的采购订单所在行的"选择"栏(结果如图 4-27 所示)，再单击其工具栏中的"OK 确定"按钮，系统返回"到货单"窗口，此时相关的信息已经有默认值，不需要修改。

图 4-27 业务 4.4 的到货单拷贝订单的"拷贝并执行"窗口

(3) 保存。单击工具栏中的"保存"按钮，保存该单据，结果如图 4-28 所示。

(4) 审核。单击工具栏中的"审核"按钮，审核通过该单据。

(5) 退出。单击"到货单"窗口右上角的"关闭"按钮，关闭并退出该窗口。

图 4-28 业务 4.4 的采购到货单

4. 场景三的操作步骤

视频网址: http://www.mdmuke.com/mdmk/mod/page/view.php?id=984

任务说明: 填制并审核采购入库单。

(1) 打开库存管理的"采购入库单"窗口。在"企业应用平台"的"业务工作"页签中，依次点击"供应链/库存管理/入库业务/采购入库单"菜单项，系统打开"采购入库单"窗口。

(2) 参照到货单生成采购入库单。在"采购入库单"窗口中，首先单击工具栏中的"增加"按钮，新增一张采购入库单，然后做如下操作。

① 单击表头的"到货单号"的参照按钮，系统弹出"查询条件选择-采购到货单列表"对话框，直接单击该对话框的"确定"按钮，系统打开"到货单生单列表"窗口，结果可参见图4-29。

② 在"到货单生单列表"窗口中，双击要选择的采购到货单所对应的"选择"栏(即上一步骤完成的采购到货单，结果如图4-29所示)，再单击工具栏中的"OK确定"按钮，系统返回"采购入库单"窗口，此时相关的信息已经默认显示在入库单上。

图4-29　业务4.4的"到货单生单列表"窗口

③ 确认或参照生成表头的"仓库"为"大运仓库"，其他项默认。

(3) 保存。单击工具栏中的"保存"按钮，结果如图4-30所示。

(4) 审核。单击工具栏中的"审核"按钮，系统弹出信息框提示审核完成，单击"确定"按钮，完成审核工作。

(5) 退出。单击"采购入库单"窗口右上角的"关闭"按钮，关闭并退出该窗口。

图 4-30　业务 4.4 的采购入库单

5. 场景四的操作步骤

视频网址：http://www.mdmuke.com/mdmk/mod/page/view.php?id=985

任务说明：填制采购专用发票与运费发票。

【填制采购专用发票】

(1) 打开采购"专用发票"窗口。在"企业应用平台"的"业务工作"页签下，依次点击"供应链/采购管理/采购发票/专用采购发票"菜单项，系统打开"专用发票"窗口。

(2) 参照入库单生成采购专用发票。在"专用发票"窗口中，先单击工具栏中的"增加"按钮，新增一张采购专用发票，再做如下操作。

① 打开"拷贝并执行"窗口　单击工具栏中的"生单/入库单"命令，系统打开"查询条件选择-采购入库单列表过滤"对话框，直接单击"确定"按钮，系统打开"拷贝并执行"窗口，结果可参见图 4-31。

② 拷贝信息　在"拷贝并执行"窗口中，双击要选择的采购入库单(即上一步骤完成的采购入库单)所对应的"选择"栏(结果如图 4-31 所示)，然后单击工具栏中的"OK 确定"按钮，返回"专用发票"窗口。

图 4-31　业务 4.4 的发票拷贝入库单的"拷贝并执行"窗口

③ 编辑表头 修改"发票号"为"CG0578"，其他项默认。

(3) 保存。单击工具栏中的"保存"按钮，结果如图 4-32 所示。

(4) 退出。单击"专用发票"窗口右上角的"关闭"按钮，关闭并退出该窗口。

图 4-32 业务 4.4 的采购专用发票

提示：

● 采购发票可以修改、删除，可以现付、弃付。

● 采购发票与采购入库单可以进行采购结算。若启用了代管业务，则是代管挂账确认单与发票结算。

● 参照入库单或代管挂账确认单生成时，默认按"单据数量－累计开票数量"开票；如果是已进行红蓝入库单结算的记录，不需要开具发票，在参照生单时可选择不包括已结算完毕的单据。

● 在采购管理系统中，采购发票录入保存后，在应付款管理系统中对采购发票进行审核登记应付账，同时回填采购发票的审核人。

【填制运费的采购专用发票】

(1) 打开运费的采购"专用发票"窗口。在"企业应用平台"的"业务工作"页签下，依次点击"供应链/采购管理/采购发票/专用采购发票"菜单项，系统打开"专用发票"窗口。

(2) 编辑发票。在"专用发票"窗口中，单击工具栏中的"增加"按钮，新增一张发票，然后做如下编辑。

① 编辑表头 参照生成"供应商"为"大运公司"，编辑"发票号"为"YF001"、"税率"为"11"、"备注"为"采购男士普通 4 千副的运费"。

② 编辑表体 参照生成"存货编码"为"00005"(运输费)，编辑"数量"为"1"、"原币单价"为"930"，编辑或确认"税率"为"11"，其他项默认。

(3) 保存。单击工具栏中的"保存"按钮，保存该单据，结果如图 4-33 所示。

(4) 退出。单击"运费发票"窗口右上角的"关闭"按钮，关闭并退出该窗口。

图 4-33　业务 4.4 的运费发票

6. 场景五的操作步骤

视频网址：http://www.mdmuke.com/mdmk/mod/page/view.php?id=986
任务说明：采购的手工结算。

(1) 打开"手工结算"窗口。在"企业应用平台"的"业务工作"页签下，依次点击"供应链/采购管理/采购结算/手工结算"菜单项，系统打开"手工结算"窗口。

(2) 打开"结算选单"窗口并显示采购发票和入库单。在"手工结算"窗口中，单击工具栏中的"选单"按钮，系统弹出"结算选单"窗口；单击其工具栏中的"查询"按钮，然后在系统弹出的"查询条件选择-采购手工结算"对话框中，直接单击"确定"按钮，系统返回"结算选单"窗口并在上窗格显示发票列表，下窗格显示入库单列表，结果可参见图 4-34。

(3) 运费分摊。

① 选单　在"结算选单"窗口中，双击"选择"栏选中上窗格的采购专用发票和运费的专用发票，再选中下窗格对应的 1 张入库单("存货名称"为"男士普通太阳镜"，结果如图 4-34 所示)，然后单击工具栏中的"OK 确定"按钮，系统返回"手工结算"窗口。

图 4-34　业务 4.4 的结算选单

② 费用分摊　选择上窗格底部的"按数量"单选按钮(结果如图 4-35 所示)，然后单击工具栏中的"分摊"按钮，并在系统弹出的信息提示框中单击"是"和"确定"按钮，完成费用分摊，返回"手工结算"窗口。

图 4-35　业务 4.4 的手工结算窗口

(4) 完成采购结算。在"手工结算"窗口中，单击工具栏中的"结算"按钮，系统弹出"完成结算"提示框，单击"确定"按钮，完成采购结算。

(5) 查看结算单。在"采购管理"子系统中，依次点击"采购结算/结算单列表"菜单项，系统弹出"查询条件选择-采购结算单"对话框，直接单击其"确定"按钮，系统打开"结算单列表"窗口，结果如图 4-36 所示。

(6) 退出。单击"结算单列表"和"手工结算"窗口右上角的"关闭"按钮，退出窗口。

图 4-36　业务 4.4 的采购结算单列表

提示:

用户可以把某些运费、挑选整理费等费用按会计制度摊入采购成本。用友 ERP-U8 中有 2 种费用分摊方式，即按金额和按数量。系统可自动将存货发票记录、运费发票记录分摊到所选的入库单记录中，修改入库单记录的结算金额。

【业务规则】

- 采购如果没有期初记账，则不能进行采购结算。
- 采购结算时，如果入库单未在存货核算系统中记账，那么结算后入库单上的单价都被自动修改为发票上的存货单价,即发票金额作为入库单的实际成本。如果结算时入库单已经在存货核算系统中记账,则结算后入库单中原来记账的单价作为暂估单价,发票单价作为结算单价。

- 如果需要修改或删除入库单、采购发票等,必须先取消采购结算,即删除采购结算单,但以下情况不能取消结算。
  - 如果订单由专职录入员输入,则由业务员进行数据检查,确定正确的订单。
  - 非固定资产业务:已结算的采购入库单行已在存货核算系统中记账;先暂估再结算的入库单,已在存货核算系统中做暂估处理。
  - 固定资产业务:采购入库单行已生成固定资产卡片。
  - 如果存在一次入库、多次结算的情况,则入库单和发票上的项目(即项目档案的项目)不要求一致,可以均为空,也可以一方为空。结算单项目继承入库单项目;但如果入库单项目为空,发票项目非空,则继承发票项目。
  - 本月已做月末结账后,不能再做本月的采购结算,只能在下个月做。如果采购结算确实应核算在已结账的会计月内,那么可以先取消该月的月末结账,然后再做采购结算。
  - 可以跨月结算,不限制业务发生的日期。

7. 场景六的操作步骤

视频网址:http://www.mdmuke.com/mdmk/mod/page/view.php?id=987
任务说明:采购发票审核与制单、采购入库记账与制单。
【审核采购专用发票和运费的专用发票】
(1) 打开"单据处理"窗口。在"企业应用平台"的"业务工作"页签下,依次点击"财务会计/应付款管理/应付单据处理/应付单据审核"菜单项,系统弹出"应付单查询条件"对话框,直接单击该对话框的"确定"按钮,系统打开"单据处理"窗口。
(2) 审核应付单据。在"单据处理"窗口中,系统列出了本业务的采购专用发票和运费的专用发票,单击工具栏中的"全选"、"审核"按钮,系统提示审核成功;单击"确定"按钮,退出信息提示框,返回"单据处理"窗口,结果如图 4-37 所示。
(3) 退出。单击"单据处理"窗口右上角的"关闭"按钮,退出该窗口。

			应付单据列表							
选择	审核人	单据日期	单据类型	单据号	供应商名称	部门	业务员	制单人	原币金额	本币金额	备注
	赵扶巩	2016-04-01	采购专用发票	CQ0578	大运眼镜公司	采购部	张新海	赵扶巩	421,200.00	421,200.00	采购男士普通4千副
	赵扶巩	2016-04-01	采购专用发票	IF001	大运眼镜公司			赵扶巩	1,032.30	1,032.30	采购男士普通4千副的运费
合计									422,232.30	422,232.30	

图 4-37 业务 4.4 的应付单据列表

【业务规则】
- 当应付款管理系统的选项中设置单据审核日期依据为"单据日期"时,该单据的入账日期选用单据日期。审核时若发现该单据日期所在会计月已经结账，则系统将提示不能审核该张单据，除非将审核方式修改为按业务日期。

● 系统提供两种确认单据审核日期的依据，即单据日期和业务日期(参见图 3-3)。

　■　如果选择了"单据日期"，则在单据处理功能中进行单据审核时，自动将单据的审核日期(即入账日期)记为该单据的单据日期。

　■　如果选择了"业务日期"，则在单据处理功能中进行单据审核时，自动将单据的审核日期(即入账日期)记为当前业务日期(即登录日期)。

● 若是新用户，则采购系统启用第一年录入的期初发票不允许在应付系统中审核入账，对于应付系统的期初发票需要在应付的期初余额中输入；若是升级用户，即在使用该版本时已经有了采购系统的期初发票，则可以选择所需要的发票进行审核入应付账。

● 在采购系统中增加的日常发票均可在应付系统中审核入账，若是采购系统启用在前，应付系统启用在后，则可能有些采购发票已经不需要在应付系统中进行审核入账处理，所以此时审核时应该谨慎选择单据。

● 不能在已结账月份中进行审核/弃审处理。

● 已经审核过的单据不能进行重复审核。未经审核的单据不能进行弃审处理。已经做过后续处理(如核销、转账、汇兑损益等)的单据不能进行弃审处理。

【应付制单】

(1) 打开采购发票"制单"窗口。在"应付款管理"子系统中，双击"制单处理"菜单项，系统弹出"制单查询"对话框(如图 4-38 所示)，确认已选中"发票制单"，然后单击"确定"按钮，系统打开"制单"窗口，结果如图 4-39 所示。

图 4-38　"制单查询"对话框

图 4-39　业务 4.4 的"制单"窗口

(2) 制单。首先选择"制单"窗口左上角的"凭证类别"为"转账凭证",然后单击工具栏中的"全选"按钮以选中本业务中的采购专用发票和运费发票;再单击"制单"按钮,系统打开"填制凭证"窗口,并默认显示第一张凭证的信息为"借记:材料采购、进项税额","贷记:一般应付账款",结果可参见图 4-40。

(3) 保存采购专用发票的转账凭证。针对第一张凭证,直接单击工具栏中的"保存"按钮,结果如图 4-40 所示。

图 4-40　业务 4.4 的采购专用发票制单结果

(4) 编辑并保存运费专用发票的转账凭证。单击工具栏中的"下张凭证"按钮,系统将显示运费专用发票的制单信息,单击"保存"按钮,结果如图 4-41 所示。

(5) 退出。单击"填制凭证"和"制单"窗口右上角的"关闭"按钮,关闭并退出窗口。

图 4-41　业务 4.4 运费的专用发票制单结果

【业务规则】

- 对采购发票制单时，系统先判断控制科目依据，根据单据上的控制科目依据取"控制科目设置"中对应的科目(参见表 3-1)；然后系统判断采购科目依据，根据单据上的采购科目依据取"产品科目设置"中对应的科目；若没有设置，则取"基本科目设置"中设置的应付科目和采购科目；若无，则需要手工输入。
- 对应付单(如运费发票)制单时，贷方取应付单表头科目，借方取应付单表体科目。若应付单上的表头没有科目，则取"控制科目设置"中的应付科目；若表体没有科目，则需要手工输入科目。

【采购入库记账】

(1) 打开"未记账单据一览表"窗口。在"企业应用平台"的"业务工作"页签下，依次点击"供应链/存货核算/业务核算/正常单据记账"菜单项，系统弹出"查询条件选择"对话框，直接单击该对话框的"确定"按钮，系统打开"未记账单据一览表"窗口，结果如图 4-42 所示。

图 4-42　业务 4.4 的未记账单据一览表

(2) 入库记账。单击工具栏中的"全选"按钮,选中本业务生成的采购入库单,然后单击"记账"按钮,系统弹出信息框提示记账成功,单击其"确定"按钮,完成记账工作。

(3) 退出。单击"未记账单据一览表"窗口右上角的"关闭"按钮,退出当前窗口。

【核算说明】

● 蓝字入库单据记账时,取单据上的成本,若单据上无成本则取系统选项"入库单成本选择"中的选项成本记账。计划价/售价法核算的存货则取其计划价、售价记账。

● 正常单据记账时,仅对用户所选择的记录行进行记账的处理,记账的过程保持不变,但回写单据的记账人时,要将记账人记在单据表体中本次记账的记录行上,表头的记账人不再处理。

● 如果您选择单据审核后才能记账,则正常单据记账的过滤条件中的"包含未审核单据"选项就只能选择不包含,在显示要记账的单据列表时,未审核的单据不显示。

● 由于生成凭证只支持按整单制单,故在第12个会计月期末处理前,您一定要将未整单记账的单据中所有未记账记录全部记账,并且在月结前生成凭证;否则年结后,无法生成凭证。

【采购存货制单】

(1) 打开"生成凭证"窗口。在"存货核算"子系统中,依次点击"财务核算/生成凭证"菜单项,系统打开"生成凭证"窗口。

(2) 打开"选择单据"窗口。单击工具栏中的"选择"按钮,系统弹出"查询条件"对话框(结果如图 4-43 所示),直接单击"确定"按钮,系统打开"选择单据"窗口。

图 4-43 存货制单的"查询条件"对话框

(3) 拷贝信息。选中本业务生成的采购入库单,然后单击工具栏中的"确定"按钮,系统返回"生成凭证"窗口，结果如图 4-44 所示。

图 4-44　业务 4.4 的"生成凭证"窗口

(4) 生成存货凭证。首先选择"生成凭证"窗口左上角的"凭证类别"为"转账凭证"，然后单击工具栏中的"生成"按钮，系统打开"填制凭证"窗口，并默认显示了本业务入库单上的相关信息(借记：库存商品、贷记：材料采购)。

(5) 设置"库存商品"科目的辅助项的"项目名称"为"男士普通"。单击"库存商品"科目所在栏，然后将鼠标指针移至"项目"区域，待鼠标指针显示为"笔尖"图标时双击，系统将打开"辅助项"对话框，参照生成"项目名称"为"男士普通"，然后单击"确定"按钮返回"填制凭证"窗口。

(6) 保存存货凭证。单击工具栏中的"保存"按钮，结果如图 4-45 所示。

(7) 退出。单击"填制凭证"和"生成凭证"窗口右上角的"关闭"按钮，关闭并退出窗口。

图 4-45　业务 4.4 的存货凭证

提示：

● 使用生成凭证功能时，可以选择单据生成凭证的条件。

● 生成凭证按整单制单，即一张单据必须所有记录全部记账，而且必须有成本数据，才能生成凭证。

- 如果在总账系统中选择可以使用应收应付受控科目，则存货核算的暂估入库或结算单制单时，才能使用应付的受控科目。
- 如果没有定义该单据中的存货科目、差异科目和所对应的科目，则所生成的凭证没有科目，并且没有辅助账类。对没有科目的凭证，可在显示的凭证中填入科目，修改或增加辅助账类的分录。
- 在生成凭证的选择单据的列表中，如果选择结算单制单，则提供采购入库单联查结算单和对应采购发票的功能。
- 生成凭证中，当对方科目是暂估应付科目且暂估应付科目为外币核算时，则采购入库单制单时的汇率自动取暂估应付科目对应的记录所在单据表头的汇率，系统根据折算方式计算外币(直接汇率或间接汇率)。

【业务规则】

采购入库单制单时，借方取存货科目(参见表 3-11)，贷方取对方科目中收发类别对应的科目(参见表 3-12)。

4.5 采购到货与采购发票现付处理

现付业务指在采购业务发生时，填制保存采购发票后立即付款。在用友 ERP-U8 中，采购发票保存后可进行现付款处理。但在应付款管理中已审核的发票，不能再做现付处理。

4.5.1 业务概述与分析

4 月 5 日，北京塑料二厂发来本月 1 日采购的镜片树脂(合同编码为 CG001)，仓管部验收入原材料仓库；随货到达的采购专用发票(发票号 CG0055)上标明镜片树脂 1.5 千克，无税单价 6000 元，税率 17%，财务部当日开具银行承兑汇票(支票号 YHCD021)现付全部款项 10 530 元。

本业务有采购到货和对采购发票进行银行承兑汇票现付的业务，需要填制与审核采购到货单、入库单；填制现付采购发票；在发票窗口进行采购结算；审核现付发票；进行采购现付制单与采购成本确认(即入库存货的记账与制单)。

银行承兑汇票(Bank's Acceptance Bill，BA)是商业汇票的一种，是由在承兑银行开立存款账户的存款人出票，向开户银行申请并经银行审查同意承兑的、保证在指定日期无条件支付确定的金额给收款人或持票人的票据。对出票人签发的商业汇票进行承兑，是银行基于对出票人资信的认可而给予的信用支持。银行承诺到期付款的汇票称为银行承兑汇票；由实力雄厚、信誉卓著的企业承诺到期付款的汇票称为商业承兑汇票。

采购发票需要现付时，应该在发票单据界面，单击工具栏中的"现付"按钮，系统弹出现付窗口，录入现付内容，然后单击"确认"按钮，则对当前单据进行了现付，发票左上角注明"已现付"红色标记。

现付的发票可以弃付。弃付当前单据时，单击工具栏中的"弃付"按钮，系统将当前单据弃付。

4.5.2 虚拟业务场景

人物：张新海——采购部职员
刘静——采购部主管
赵林——仓管部职员
李莉——仓管部主管
罗迪——财务部出纳
张兰——财务部会计
曾志伟——财务部主管

场景一 到货单的填制和审核

(张新海先填制采购到货单，完成之后……)

张新海：刘总，1 号采购的镜片树脂到货了，您审核一下。

刘静：好的，辛苦你了。

场景二 仓管部验收入库，入库单的填制与审核

(赵林根据采购到货单填写入库单，完成之后……)

赵林：李总，北京塑料二厂发来的镜片树脂已经验收入库了，麻烦您审核一下。

李莉：好的，辛苦了。

场景三 采购专用发票的填制、现付与结算

张新海：小罗，北京塑料二厂的镜片树脂已经到货了，按合同今天需要支付货款。

罗迪：好的，我马上开张银行承兑汇票给你。

(递给张新海银行承兑汇票)

张新海：谢谢！

(张新海参照采购入库单完成采购专用发票的生成，然后用银行承兑汇票进行现付，并在发票窗口进行采购自动结算)

场景四 现付审核与制单，采购成本确认

张新海：曾总，今天有一笔现付的采购业务已经完成了，麻烦您审核一下。若没有问题，就可以做采购成本确认了。

曾志伟：好的，我们尽快完成相关的财务处理。

(曾志伟审核通过采购发票)

曾志伟：小张，今天现付的一笔采购业务，我已经审核通过了，你可以做现付制单和采购成本确认了。

张兰：好的，我马上做。

4.5.3 操作指导

1. 操作流程(见图 4-46)

图 4-46　业务 4.5 的操作流程

请确认系统日期和业务日期为 2016 年 4 月 5 号。

2. 场景一的操作步骤

视频网址: http://www.mdmuke.com/mdmk/mod/page/view.php?id=988
任务说明: 填制与审核采购到货单。

(1) 打开"到货单"窗口。在"企业应用平台"的"业务工作"页签中,依次点击"供应链/采购管理/采购到货/到货单"菜单项,系统打开"到货单"窗口。

(2) 参照订单生成采购到货单。首先单击工具栏中的"增加"按钮,新增一张采购到货单,再做如下操作。

① 打开"拷贝并执行"窗口　单击"生单/采购订单"命令,系统打开"查询条件选择-采购订单列表过滤"对话框,单击其"确定"按钮,系统打开"拷贝并执行"窗口。

② 拷贝信息　在"拷贝并执行"窗口的上窗格中,双击订单号为 CG001 的采购订单所在行的"选择"栏,再单击工具栏中的"OK 确定"按钮,系统返回"到货单"窗口,此时相关的信息已经有默认值,不需要修改。

(3) 保存。单击工具栏中的"保存"按钮,保存该到货单,结果如图 4-47 所示。

图 4-47　业务 4.5 的采购到货单

(4) 审核。单击工具栏中的"审核"按钮,审核通过该到货单。

(5) 退出。单击"到货单"窗口右上角的"关闭"按钮,关闭并退出该窗口。

3. 场景二操作步骤

视频网址：http://www.mdmuke.com/mdmk/mod/page/view.php?id=989

任务说明： 填制与审核采购入库单。

(1) 打开库存管理的"采购入库单"窗口。在"企业应用平台"的"业务工作"页签中，依次点击"供应链/库存管理/入库业务/采购入库单"菜单项，系统打开"采购入库单"窗口。

(2) 参照到货单生成采购入库单。在"采购入库单"窗口中，首先单击工具栏中的"增加"按钮，新增一张采购入库单，然后做如下操作。

① 打开"到货单生单列表"窗口　单击表头的"到货单号"的参照按钮，系统打开"查询条件选择-采购到货单列表"对话框；直接单击对话框的"确定"按钮，打开"到货单生单列表"窗口。

② 拷贝信息　在"到货单生单列表"窗口的上窗格中，双击要选择的采购到货单所对应的"选择"栏(即上一步骤完成的采购到货单)，再单击工具栏中的"OK 确定"按钮，系统返回"采购入库单"窗口，此时相关的信息已经默认显示在入库单上。

③ 参照生成或确认表头的"仓库"为"原材料仓库"，其他项默认。

(3) 保存。单击工具栏中的"保存"按钮，保存该单据，结果如图 4-48 所示。

图 4-48　业务 4.5 的采购入库单

(4) 审核。单击工具栏中的"审核"按钮，系统弹出信息框提示审核成功，单击其"确定"按钮，完成审核工作。

(5) 退出。单击"采购入库单"窗口右上角的"关闭"按钮，关闭并退出该窗口。

4. 场景三的操作步骤

视频网址：http://www.mdmuke.com/mdmk/mod/page/view.php?id=990

任务说明： 采购专用发票的填制、现付与结算。

(1) 打开"专用发票"窗口。在"企业应用平台"的"业务工作"页签下，依次点击"供应链/采购管理/采购发票/专用采购发票"菜单项，系统打开"专用发票"窗口。

(2) 参照入库单生成采购专用发票。在"专用发票"窗口中，单击工具栏中的"增加"按钮，新增一张采购专用发票；再单击工具栏中的"生单/入库单"命令，系统打开"查询条件选择-采购入库单列表过滤"对话框；直接单击该对话框的"确定"按钮，并在系统打开的"拷贝并执行"窗口中，双击上窗格中要选择的采购入库单(即上一步骤完成的采购入库单)所对应的"选择"栏；然后单击工具栏的"OK确定"按钮，返回"专用发票"窗口。

(3) 编辑并保存采购专用发票。在"专用发票"窗口中，编辑表头的"发票号"为"CG0055"，其他项默认，然后单击工具栏中的"保存"按钮，结果可参见图4-50。

(4) 打开"采购现付"对话框。在"专用发票"窗口中，单击工具栏中的"现付"按钮，系统打开"采购现付"对话框，结果可参见图4-49。

(5) 采购发票现付。在"采购现付"对话框的表体部分，选择"结算方式"为"银行承兑汇票"，录入相应的"原币金额"为"10530"，输入"票据号"为"YHCD021"(结果如图4-48所示)，然后单击对话框中的"确定"按钮返回"专用发票"窗口，此时窗口左上方出现"已现付"字样，结果可参见图4-50。

(6) 采购发票窗口结算。在"专用发票"窗口中，单击工具栏中的"结算"按钮，此时窗口左上方出现"已结算"字样，表示该发票已经采购结算了，结果如图4-50所示。

(7) 退出。单击"专用发票"窗口右上角的"关闭"按钮，关闭并退出该窗口。

图4-49 业务4.5的"采购现付"对话框

图4-50 业务4.5的采购专用发票(已现付、已结算)

5. 场景四的操作步骤

视频网址：http://www.mdmuke.com/mdmk/mod/page/view.php?id=991

任务说明：采购发票的现付审核、制单与采购成本确认。

【采购发票的现付审核】

(1) 打开"单据处理"窗口。在"企业应用平台"的"业务工作"页签下，依次点击"财务会计/应付款管理/应付单据处理/应付单据审核"菜单项，系统弹出"应付单查询条件"对话框，勾选"包含已现结发票"复选框(结果如图 4-51 所示)，然后单击该对话框的"确定"按钮，系统退出该对话框并打开"单据处理"窗口。

(2) 审核应付单据。在"单据处理"窗口中，系统列出了本业务的采购专用发票，选中该单据并单击工具栏中的"审核"按钮，系统提示审核成功，单击"确定"按钮，退出信息提示框，返回"单据处理"窗口。

(3) 退出。单击"单据处理"窗口右上角的"关闭"按钮，退出该窗口。

图 4-51　"应付单查询条件"对话框

【采购发票的现付制单】

(1) 打开应付"制单"窗口。在"应付款管理"子系统中，双击"制单处理"菜单项，在系统弹出的"制单查询"对话框中，勾选"现结制单"复选框，然后单击"确定"按钮，系统打开应付"制单"窗口。

(2) 生成并保存采购专用发票的应付凭证。选中本业务中的采购专用发票，设置"凭证类别"为"转账凭证"，然后单击工具栏中的"制单"按钮，系统打开"填制凭证"窗口，并默认显示凭证的信息为"借记：材料采购、进项税额，贷记：银行承兑汇票"。

(3) 保存。不需要修改凭证，直接单击工具栏中的"保存"按钮，结果如图 4-52 所示。

(4) 退出。单击"填制凭证"和"制单"窗口右上角的"关闭"按钮，关闭并退出窗口。

已生成	**转 账 凭 证**				
转 字 0004	制单日期：2016.04.05	审核日期：		附单据数：1	
摘 要	科目名称		借方金额	贷方金额	
采购镜片树脂1.5千克	材料采购		900000		
采购镜片树脂1.5千克	应交税费/应交增值税/进项税额		153000		
采购镜片树脂1.5千克	应付票据/银行承兑汇票			1053000	
票号 日期	数量 单价	合 计	1053000	1053000	
备注 项 目	部 门				
个 人	客 户				
业务员					
记账	审核	出纳	制单 赵技巩		

图 4-52 业务 4.5 的采购专用发票制单结果

【业务规则】

● 对现付或部分现付的采购发票制单时，借方取"产品科目设置"中对应的采购科目和应交增值税科目(详见3.1.1 节的表 3-1)，贷方取"结算方式科目"设置中结算方式对应的科目(详见表 3-1)。

● 完全现付时，借：材料采购、税金科目，贷：结算科目。

● 部分现付时，借：材料采购、税金科目，贷：结算科目、应付账款。

【采购入库记账】

(1) 打开"未记账单据一览表"窗口。在"企业应用平台"的"业务工作"页签下，依次点击"供应链/存货核算/业务核算/正常单据记账"菜单项，系统弹出"查询条件选择"对话框，直接单击该对话框的"确定"按钮，系统打开"未记账单据一览表"窗口。

(2) 入库记账。在"未记账单据一览表"窗口中，选中本业务生成的采购入库单，然后单击工具栏中的"记账"按钮，系统弹出信息框提示记账成功，单击其"确定"按钮，完成记账工作。

(3) 退出。单击"未记账单据一览表"窗口右上角的"关闭"按钮，退出当前窗口。

【采购存货制单】

(1) 打开"生成凭证"窗口。在"存货核算"子系统中，依次点击"财务核算/生成凭证"菜单项，系统打开"生成凭证"窗口。

(2) 打开"选择单据"窗口。单击工具栏中的"选择"按钮，在系统弹出的"查询条件"对话框中，直接单击"确定"按钮，系统打开"选择单据"窗口。

(3) 拷贝信息。在"选择单据"窗口中，选中本业务生成的采购入库单，然后单击工具栏的"确定"按钮，系统退出"选择单据"窗口返回"生成凭证"窗口。

(4) 生成存货凭证。先修改"凭证类型"为"转账凭证"，然后单击工具栏中的"生成"按钮，系统打开"填制凭证"窗口，并默认显示了本业务入库单上的相关信息(借记：原材料/镜片树脂、贷记：材料采购)，不需要修改。

(5) 保存。单击工具栏中的"保存"按钮，保存该凭证，结果如图 4-53 所示。

(6) 退出。单击"填制凭证"和"生成凭证"窗口右上角的"关闭"按钮，关闭并退出窗口。

图 4-53　业务 4.5 的存货凭证

4.6　实验报告内容

1. 请查看采购请购单列表，并将结果拷屏后粘贴在实验报告中。

2. 请查看采购订单列表，并将结果拷屏后粘贴在实验报告中。

3. 请查看采购到货单列表，并将结果拷屏后粘贴在实验报告中。

4. 请查看本月的采购入库单列表，并将结果拷屏后粘贴在实验报告中。

5. 请查看期初采购入库单窗口，并将结果拷屏后粘贴在实验报告中。

6. 请查看采购发票 CG0055 的发票窗口，并将结果拷屏后粘贴在实验报告中。

7. 请查看采购发票 CG0578 的发票窗口，并将结果拷屏后粘贴在实验报告中。

8. 请查看采购运费发票的填制窗口，并将结果拷屏后粘贴在下面。

9. 请查看采购发票列表，并将结果拷屏后粘贴在实验报告中。

10. 请打开采购合同 CG003 的采购结算结果窗口，并将结果拷屏后粘贴在下面。

11. 请查看采购结算单列表，并将结果拷屏后粘贴在实验报告中。

12. 请查看本月的出入库流水账，并将结果拷屏后粘贴在实验报告中。

13. 请查看所有存货截止到 4 月 5 号的现存量，并将结果拷屏后粘贴在实验报告中。

14. 请在存货核算系统中，查看所有存货截止到 4 月 5 号的收发存汇总表，并将结果拷屏后粘贴在实验报告中。

15. 请查看截止到 4 月 5 号的已记账单据的流水账,并将结果拷屏后粘贴在实验报告中。

16. 请查看截止到 4 月 5 号的应付业务明细账,并将结果拷屏后粘贴在实验报告中。

17. 请列出用友 ERP 中采购管理系统的主要功能。

18. 请列出采购业务中可能涉及的 3 个以上的部门名称，并说明各个部门在采购过程中扮演的角色。

19. 何时应该填制采购请购单？采购请购单有哪些作用？

20. 采购订单有哪些作用？

21. 已经审核通过的采购订单，若需要修改，应该如何操作？请详细列出操作步骤。

22. 采购结算有什么作用？

23. 用友 U8 中的采购结算，有哪几种操作方式？

24. 用友 ERP-U8 中，有哪些单据之间可以进行采购结算？

25. 请列出采购普通业务中 6 种以上的单据名称。

26. 根据本人的操作，列出能转换采购订单状态的操作按钮。

27. 用友 U8 中采购发票有哪 3 种类型？各有何作用和特点？

28. 用友 U8 中采购运费发票如何填制？请给出详细的操作步骤。

29. 用友 U8 中采购发票窗口的"结算"按钮，为什么有时显示的是灰色(不可用状态)？

30. 用友 U8 中的采购结算，在什么情况下必须使用手工结算？

31. 请详细列出采购手工结算的操作步骤。

32. 请解释有运费的男士普通太阳镜的采购"结算单价"，是 90.23 元，而不是 90 元的原因。

第 **5** 章

特殊采购业务

本章的特殊采购业务，包括采购暂估结算、采购到货拒收、采购退货业务，以及采购的预付冲应付转账和应付核销处理。

采购业务中，发票和货物存在 3 种情况，即货票同期、货到票未到(如上期货到本期票到)和票到货未到(如上期票到本期货到)，具体可参见图 5-1。

图 5-1　采购业务的货票关系

(1) 货票同期。此种情况可以在系统中当期完成入库和发票，并进行结算，当前确认采购成本和应付款。本教程的 4.4 节和 4.5 节中的采购业务，就是货票同期业务。

(2) 货到票未到，如上期货到本期票到。此种情况下，上期只能将入库单做暂估入库处理，等本期收到发票后进行结算，在存货核算系统中进行结算成本处理并确认采购成本，在应付款管理系统中确认应付款。本教程的 5.1 节，是暂估结算业务，属于期初货到本期票到。

(3) 票到货未到，如上期票到本期货到。此种情况下，上期先将发票录入到采购管理系统中，并在应付款管理系统中确认应付款、在存货核算系统中做在途处理，等本期货到入库后再与发票进行结算，确定入库成本。

对于货票不同期业务，本期结算时的操作流程如图 5-2 所示。

图 5-2 货票不同期采购业务的本期结算操作流程

图 5-2 中，若没有注明是上期(如"上期填制采购发票"、"上期采购入库")业务的，均为本期业务(如"入库单"、"发票"、"采购结算")。其中"月初回冲"、"单到回冲"和"单到补差"的暂估方式，详见 5.1.1 节的图 5-3 和表 5-1。

采购到货是采购订货和采购入库的中间环节。对于入库前的拒收作业，可以通过填制到货拒收单来实现，详见 5.2 节。

采购退货单表示入库后的退货，由采购业务员填退货通知单，仓库负责实物退库。此种业务的处理是：先参照原到货单或订单生成采购退货单，再根据采购退货单生成红字入库单。相应的业务处理参见 5.3 节。

预付账款指企业按照购货合同的规定，预先以货币资金或货币等价物支付供应单位的款项。在日常核算中，预付账款按实际付出的金额入账；预付冲应付时，将预付供应商的款项与所欠供应商的货款进行转账核销，相应的业务处理请参见 5.2 节。

应付单据核销，是指用付款来核销应付款的工作，相应的业务处理请参见 5.3 节。单据核销的作用是建立付款与应付款的核销记录，加强往来款项的管理。

本章的操作，请按照业务描述中的系统日期(如 4 月 5 日)，以账套主管赵技巩(或读者您本人)的身份，在第 4 章完成的基础上，在采购管理、库存管理、存货核算和应付款管理系统中进行。

如果您没有完成第 4 章的采购普通业务的操作，则可以到 360 云盘空间(云盘地址：https://yunpan.cn/crWIB4qYxNeUr，访问密码：7d82)的"实验账套数据"文件夹中，将"04日常采购.rar"下载到实验用机上，然后引入(操作步骤详见 1.3.5 节)到 ERP-U8 系统中。此外，本章完成的账套，其输出压缩的文件名为"05 特殊采购.rar"。

需要注意的是，因云盘中的账套备份文件均为"压缩"文件，所以在下载完成后引入之前，需要用解压缩工具进行解压(建议用 WinRAR 3.42 或以上版本)，得到相应可以引入的账套数据文件。

本章的所有业务实验操作，都有配套的微视频，您可以通过扫描二维码，或者到指定的网页地址去观看。本教程配套的微视频，均存放在北京神州明灯教育科技有限公司和合一集团的网站上，相应的访问说明请参见云盘中的"微视频访问说明.doc"。

本章的授课时间建议讲课 2～4 学时(主要讲解采购特殊业务类型和业务处理流程，内容可参见第 5.1 节至 5.3 节的相关讲解和本教程配套的课件)，实验 4～6 学时，实验目的与要求如下：

- 深入理解采购管理系统的作用及其与其他管理部门的关系。
- 理解采购特殊业务的业务流和数据流。
- 熟练掌握采购特殊业务之暂估结算的操作。
- 熟练掌握采购特殊业务之到货拒收和采购退货业务的操作。

5.1 采购暂估结算业务

存货暂估，是外购入库的货物发票未到，在无法确定实际的采购成本时，财务人员期末暂时按估计价格入账，后续按照选择的暂估处理方式进行暂估回冲处理。

用友 ERP-U8 的存货核算系统，提供了 3 种暂估回冲方式，即月初回冲、单到回冲和单到补差，其操作流程可参见图 5-3。

(1) 月初回冲。月初回冲是指月初时，系统自动生成红字回冲单；而在报销处理(即采购发票到了进行采购结算)时，系统自动根据报销金额生成采购报销入库单，即蓝字回冲(报销)单。

(2) 单到回冲。单到回冲是指本期发票到了并进行采购结算后，在结算成本处理时系统自动生成红字回冲单和采购报销入库单。

(3) 单到补差。单到补差是指本期发票到了并进行采购结算后，在结算成本处理时，系统自动生成一张出入库调整单，调整金额为实际金额与暂估金额的差额。

图 5-3 暂估业务的本期结算操作流程

案例企业采用单到回冲方式进行暂估处理(相关的设置请参见 3.3.1 节)。对于以前月份的暂估、本月全部报销的普通采购业务，用友 ERP-U8 的处理方法是首先查找存货明细账中对应的单据记录，依据其生成红字回冲单和蓝字报销单。红字回冲单的金额为原入库单据的暂估金额，方向与原暂估金额相反；蓝字报销单的金额为原入库单据的已报销金额(即相应的采购成本)。系统将自动生成的红字回冲单和蓝字报销单直接记入存货明细账，用户不能修改。

具体的，暂估业务的单到回冲方式处理参见表 5-1。

表 5-1　暂估业务的单到回冲方式处理

业务类型	业务描述	处 理
上月暂估	采购业务先到货，发票未到，上月末处理	暂估入库单记账，生成凭证 借：存货(如库存商品、塑料、硅胶) 　　　贷：暂估应付账款
本月不处理	本月发票未到	不需处理
本月全部结算	本月发票到，与采购入库单全部结算	进行暂估处理，生成红字回冲单并制单 借：存货(红字) 　　　贷：暂估应付账款(红字) 生成蓝字回冲(报销)单并制单 借：存货(如库存商品、塑料、硅胶) 　　　贷：一般应付账款
本月部分结算	本月发票到，与采购入库单部分结算	暂估处理时，如果结算单对应的暂估入库单本月未生成红字回冲单，则根据结算单对应的暂估入库单生成红字回冲单，根据结算数量、结算单价、结算金额生成已结算的蓝字回冲单；如果结算单对应的暂估入库单本月已生成红字回冲单，则根据结算数量、结算单价、结算金额生成已结算的蓝字回冲单。 期末处理时，根据暂估入库数与结算数的差额生成未结算的蓝字回冲单，即作为下期的暂估入库单

5.1.1　业务概述与分析

4 月 5 日，采购员张新海收到大运公司发来的专用发票(票号 CG0066)，发票上载明女士高端太阳镜 500 副，无税价格为 320 元/副，增值税为 17%，价税合计 187 200 元。经查，发票上载明的女士高端太阳镜，仓管部已于上月验收入库，暂估的入库价为 300 元/副。

本笔业务是上月暂估入库本月票到回冲的采购暂估结算业务，需要填制采购发票(即本月票到)，进行采购结算、结算成本处理、红蓝回冲单制单，以及应付单据的审核与制单。

本业务的采购结算是上期的入库单与本期的发票结算。由于上期在期末处理时已经将入库单做了暂估入库处理，即将没有采购结算的采购入库单进行了存货制单，所以本月需要进行结算成本处理，以生成红字回冲单和蓝字报销单。

5.1.2　虚拟业务场景

人物：张新海——采购部职员
　　　刘静——采购部主管
　　　曾志伟——财务主管
　　　张兰——财务部会计

场景一　采购专用发票的填制与结算

(张新海根据大运公司发来的专用发票，填制发票并结算，完成之后……)

张新海：刘总，我已经根据大运公司发来的专用发票，进行了采购发票填制和采购业务结算。

刘静：辛苦了。

场景二　应付审核与制单

张新海：曾总，今天有一笔票到回冲的采购业务已经完成了，麻烦您进行审核。若没有问题，请做暂估处理。

曾志伟：好的，我们尽快完成相关的财务处理。

(曾志伟做应付审核)

曾志伟：小张，今天有一笔票到回冲的采购业务，我已经审核通过了，你可以进行应付制单。

张兰：好的，我马上做。

(张兰做应付制单)

场景三　暂估处理

曾志伟：小张，今天有一笔票到回冲的采购业务，你别忘了做结算成本处理。

张兰：好的，我马上做。

(张兰做结算成本处理和生成存货凭证)

5.1.3　操作指导

1. 操作流程(见图 5-4)

图 5-4　采购暂估结算业务的操作流程

请确认系统日期和业务日期为 2016 年 4 月 5 号。

2. 场景一的操作步骤

视频网址： http://www.mdmuke.com/mdmk/mod/page/view.php?id=996

任务说明： 暂估业务的采购专用发票的填制与结算。

(1) 打开采购"专用发票"窗口。在"企业应用平台"的"业务工作"页签下，依次点击"供应链/采购管理/采购发票/专用采购发票"菜单项，系统打开"专用发票"窗口。

(2) 参照入库单生成采购专用发票。在"专用发票"窗口中，单击工具栏中的"增加"按钮，新增一张采购专用发票；再单击工具栏中的"生单/入库单"命令，系统打开"查询条件选择-采购入库单列表过滤"对话框；直接单击该对话框的"确定"按钮，并在系统打开的"拷贝并执行"窗口的上窗格中，双击要选择的采购入库单(即期初的采购入库单)所对应的"选择"栏，然后单击工具栏中的"OK确定"按钮，系统返回"专用发票"窗口。

(3) 编辑并保存采购专用发票。在"专用发票"窗口中，编辑表头的"发票号"为"CG0066"、"备注"为"暂估票到女士高端 500 副"，表体的"原币单价"为"320"，其他项默认，再单击工具栏中的"保存"按钮，结果可参见图 5-5。

(4) 采购发票窗口结算。在"专用发票"窗口中，单击工具栏中的"结算"按钮，此时窗口左上方出现"已结算"字样，表示该发票已经采购结算了，结果如图 5-5 所示。

(5) 退出。单击"专用发票"窗口右上角的"关闭"按钮，关闭并退出该窗口。

图 5-5　业务 5.1 的采购专用发票(已结算)

3. 场景二的操作步骤

视频网址： http://www.mdmuke.com/mdmk/mod/page/view.php?id=997

任务说明： 应付审核与制单。

【采购应付审核】

(1) 打开"单据处理"窗口。在"企业应用平台"的"业务工作"页签下，依次点击"财务会计/应付款管理/应付单据处理/应付单据审核"菜单项，系统弹出"应付单查询条件"对话框，直接单击其"确定"按钮，系统打开应付"单据处理"窗口。

(2) 审核应付单据。在"单据处理"窗口中，系统列出了本业务的采购专用发票，选中该单据并单击工具栏中的"审核"按钮，系统提示审核成功，单击"确定"按钮，退出信息提示框，返回"单据处理"窗口。

(3) 退出。单击"单据处理"窗口右上角的"关闭"按钮，退出该窗口。

【采购应付制单】

(1) 打开采购发票的"制单"窗口。在"应付款管理"子系统中，双击"制单处理"菜单项，在系统弹出的"制单查询"对话框中，确认已选中"发票制单"，然后单击"确定"按钮，系统打开"制单"窗口。

(2) 生成并保存应付转账凭证。选中本业务中的采购专用发票，修改"凭证类别"为"转账凭证"，然后单击工具栏中的"制单"按钮，系统打开"填制凭证"窗口，并默认显示凭证的信息为"借记：材料采购、进项税额，贷记：一般应付账款"，直接单击"保存"按钮，结果如图 5-6 所示。

(3) 退出。单击"填制凭证"和"制单"窗口右上角的"关闭"按钮，关闭并退出窗口。

图 5-6 业务 5.1 的采购专用发票制单结果

4. 场景三的操作步骤

视频网址：http://www.mdmuke.com/mdmk/mod/page/view.php?id=998

任务说明：结算成本处理和红蓝回冲单制单。

【结算成本处理】

(1) 打开"暂估处理查询"对话框。在"企业应用平台"的"业务工作"页签下，依次点击"供应链/存货核算/业务核算/结算成本处理"菜单项，系统打开"暂估处理查询"对话框，结果如图 5-7 所示。

图 5-7 "暂估处理查询"对话框

(2) 打开"结算成本处理"窗口。单击"暂估处理查询"对话框中的"全选"按钮选择所有的仓库，然后单击"确定"按钮，系统打开"结算成本处理"窗口，结果如图 5-8 所示。

图 5-8 业务 5.1 的结算成本处理

(3) 结算成本处理。在"结算成本处理"窗口中，选中相应的期初采购入库单，然后单击工具栏中的"暂估"按钮，系统自动完成暂估入库业务的结算成本处理并给出信息提示框，单击信息框的"确定"按钮，退出信息提示框并返回"结算成本处理"窗口。

(4) 退出。单击"结算成本处理"窗口右上角的"关闭"按钮，关闭并退出该窗口。

提示：

存货系统自动生成红字回冲单和蓝字报销单，并直接记入存货明细账，用户不能修改，但可以通过单击"供应链/存货核算/日常业务/单据列表/红字回冲单列表"菜单项，打开"红字回冲单列表"窗口并查阅红字回冲单。同理，也可以查阅蓝字报销单。

【红字回冲单制单】

(1) 打开"生成凭证"窗口。在"存货核算"子系统中，依次点击"财务核算/生成凭证"菜单项，系统打开"生成凭证"窗口。

(2) 打开"选择单据"窗口。单击工具栏中的"选择"按钮，在系统弹出的"查询条件"对话框中，仅选择"(24)红字回冲单"复选框(先"全消"再勾选"(24)红字回冲单")，然后单击"确定"按钮，系统打开"选择单据"窗口。

(3) 生成回冲凭证。

① 选择红字回冲单　在"选择单据"窗口中，选中本笔业务结算成本处理时系统自动生成的红字回冲单，然后单击工具栏中的"确定"按钮，系统返回"生成凭证"窗口。

② 生成凭证　在"生成凭证"窗口中，修改"凭证类别"为"转账凭证"，设置或确认"科目类型"为"存货"的"科目名称"为"库存商品(1405)"、"科目类型"为"应付暂估"的"科目名称"为"暂估应付账款"(220202)，然后单击工具栏中的"生成"按钮，系统打开"填制凭证"窗口，并显示默认生成的一张红字凭证(借记：库存商品，贷记：暂估应付账款)。

③ 修改凭证　单击第 1 笔分录"库存商品"所在栏，然后将鼠标指针移至"项目"区域，待鼠标指针显示为"笔尖"图标时双击，系统将打开"辅助项"对话框，参照生成项目为 102(女士高端)，然后单击"确定"按钮返回"填制凭证"窗口，其他项默认。

(4) 保存。单击工具栏中的"保存"按钮，以保存该凭证，结果如图 5-9 所示。

(5) 退出。单击"填制凭证"窗口和"生成凭证"窗口右上角的"关闭"按钮，关闭并退出窗口。

提示：

● 使用生成凭证功能时，您可以选择单据生成凭证的条件。

● 生成凭证中，当对方科目是暂估应付科目且暂估应付科目为外币核算时，则红字回冲单、暂估的蓝字回冲单在制单时，汇率取对应的采购入库单的表头汇率，系统根据折算方式计算外币(直接汇率或间接汇率)。

图 5-9　业务 5.1 的红字回冲单制单结果(借贷金额均为红字)

【蓝字回冲单制单】

(1) 打开"生成凭证"窗口。

(2) 打开"选择单据"窗口。单击工具栏中的"选择"按钮，在系统弹出的"查询条件"对话框中，仅选择"(30)蓝字回冲单(报销)"复选框，然后单击"确定"按钮，系统打开"选择单据"窗口。

(3) 生成报销凭证。

① 选择蓝字回冲单 在"选择单据"窗口中，选中本笔业务结算成本处理时系统自动生成的蓝字回冲(报销)单，然后单击工具栏中的"确定"按钮，系统返回"生成凭证"窗口。

② 生成凭证 在"生成凭证"窗口中，修改"凭证类别"为"转账凭证"，然后单击工具栏中的"生成"按钮，系统打开"填制凭证"窗口，并显示默认生成的一张蓝字凭证(借记：库存商品，贷记：材料采购)。

③ 修改凭证 单击第1笔分录"库存商品"，设置其"项目"为"102"(女士高端)，其他项默认。

(4) 保存。单击工具栏中的"保存"按钮，以保存该凭证，结果如图5-10所示。

(5) 退出。单击"填制凭证"和"生成凭证"窗口右上角的"关闭"按钮，关闭并退出窗口。

图 5-10 业务 5.1 的蓝字回冲单制单结果

5.2 到货拒收与预付冲应付业务

通常，对于采购到货之后入库之前的拒收作业，可以通过填制到货拒收单来实现。到货拒收单是采购到货单的红字单据。

如果在到货时能够直接确定拒收，则可将拒收数量填到到货单的"拒收数量"中，参照到货单的拒收数量生成到货拒收单；如果不能够确定是否拒收，则不录入拒收数量，参照到货单的到货数量减去已入库数量，生成到货拒收单。

值得注意的是，用友 ERP-U8 系统的处理逻辑是：如果到货单中录入了拒收数量，则只能在拒收数量的范围之内进行拒收。所以如果到货时只能部分确定拒收，则不要将拒收数量录入到货单中，可以先录入到货拒收单，待拒收情况全部确定之后，再修改这张到货拒收单或录入另外一张到货拒收单。

预付账款指企业按照购货合同的规定，预先以货币资金或货币等价物支付供应单位的款项。在日常核算中，预付账款按实际付出的金额入账；预付冲应付时，将预付供应商的款项与所欠供应商的货款进行转账核销。

5.2.1　业务概述与分析

4 月 7 日，收到大运公司发来合同编号为 CG002 的女士高端太阳镜 1000 副，到货验收时发现有不合格产品(数量暂时不确定)，要求退回。大运公司同意退货，经确认有10 副不合格的产品，大运公司发来 990 副女士高端太阳镜的购销专用发票，票号为 CG0101，单价为 300 元，税率为 17%。财务部将采购订单 CG002 的定金冲销相应的应付款，尾款尚未支付。

本笔业务是入库前的到货拒收业务，且填制到货单时不确定拒收数量，所以需要填制并审核采购到货单、到货拒收单和入库单；填制采购发票并进行采购结算；进行应付单的审核与制单；进行采购成本确认，以及预付冲应付的转账与制单。

5.2.2　虚拟业务场景

人物：张新海——采购部职员
　　　刘静——采购部主管
　　　赵林——仓管部职员
　　　李莉——仓管部主管
　　　曾志伟——财务部主管
　　　张兰——财务部会计

场景一　采购部收到货物，填制与审核到货单
(张新海先填制采购到货单，完成之后……)
张新海：刘总，本月 1 号我们采购的女士高端太阳镜 1000 副，今天到货了，我已做好到货单了，请您审核。
刘静：好的，辛苦你了。(审核完成)
场景二　到货拒收，填制与审核到货拒收单
张新海：刘总，刚到货的女式高端太阳镜，验收时发现有 10 副不合格，您看如何处理？

刘静：咱们拒收吧。你联系一下大运公司，协商退货的事情。

(张新海电话联系大运公司，对方同意退货，并寄出了合格品 990 副太阳镜的专用发票；张新海填制到货拒收单)

张新海：刘总，大运公司同意退货，我已经做好拒收单了，您审核一下。

刘静：好的。(审核完成)

场景三　仓管部验收入库，填制与审核采购入库单

(赵林根据采购到货单填写入库单，完成之后……)

赵林：李总，采购大运公司的女士高端太阳镜，990 副合格品已经入库了，麻烦您审核一下。

李莉：好的，辛苦了。(审核完成)

场景四　采购部填制采购发票，并进行采购结算

(张新海先填制采购发票，在发票窗口做结算，完成之后……)

张新海：刘总，今天到货并有部分拒收的采购女士高端太阳镜业务发票到了，我已经在 ERP 系统中填制并做了采购结算。

刘静：好的，辛苦你了。

场景五　应付审核与制单

张新海：曾总，今天有一笔采购业务已经完成了，麻烦您进行应付审核。若没有问题，就可以做采购成本确认了。

曾志伟：好的，我们尽快完成相关的财务处理。

(曾志伟审核应付单据)

曾志伟：小张，有一笔大运公司的采购业务，发票我已经审核通过了，你可以做应付制单了。

张兰：好的，我马上做。

(张兰进行应付制单)

场景六　采购成本确认

曾志伟：小张，今天有一笔大运公司的采购业务，记着进行采购成本确认。

张兰：好的，我马上做。

(张兰进行采购成本确认)

场景七　曾志伟提醒张兰对预收冲应收进行财务处理。

曾志伟：小张，编号为 CG002 的采购订单有一笔预付款，请将其冲销应付款。

张兰：好的。(开始预付冲应付)

5.2.3 操作指导

1. 操作流程(见图 5-11)

图 5-11 到货拒收与预付冲应付业务的操作流程图

请确认系统日期和业务日期为 2016 年 4 月 7 号。

2. 场景一的操作步骤

视频网址：http://www.mdmuke.com/mdmk/mod/page/view.php?id=999

任务说明：填制与审核采购到货单。

(1) 打开"到货单"窗口。在"企业应用平台"的"业务工作"页签中，依次点击"供应链/采购管理/采购到货/到货单"菜单项，系统打开"到货单"窗口。

(2) 参照订单生成采购到货单。首先单击工具栏中的"增加"按钮，新增一张采购到货单，再做如下操作。

① 打开"拷贝并执行"窗口 在"到货单"窗口中，单击"生单/采购订单"命令，系统打开"查询条件选择-采购订单列表过滤"对话框，单击其"确定"按钮，系统打开"拷贝并执行"窗口。

② 拷贝信息 在"拷贝并执行"窗口的上窗格，双击要选择的采购订单(订单编号为CG002)所在行的"选择"栏，再单击工具栏中的"OK 确定"按钮，系统返回"到货单"窗口，此时相关的信息已经有默认值，不需要修改(请注意，表体的"数量"为"1000")。

(3) 保存。单击工具栏中的"保存"按钮，保存该到货单。

(4) 审核。单击工具栏中的"审核"按钮，审核通过该到货单。

(5) 退出。单击"到货单"窗口右上角的"关闭"按钮，关闭并退出该窗口。

3. 场景二的操作步骤

视频网址：http://www.mdmuke.com/mdmk/mod/page/view.php?id=1000

任务说明：填制并审核到货拒收单。

(1) 打开"到货拒收单"窗口。在"采购管理"子系统中，依次点击"采购到货/到货拒收单"菜单项，系统打开"到货拒收单"窗口。

(2) 参照到货单生成到货拒收单。首先单击工具栏中的"增加"按钮，新增一张到货拒收单，再做如下操作。

① 打开"拷贝并执行"窗口　在"到货拒收单"窗口中，单击"生单/到货单"命令，系统打开"查询条件选择-采购退货单列表过滤"对话框，单击对话框中的"确定"按钮，系统打开"拷贝并执行"窗口。

② 拷贝信息　在"拷贝并执行"窗口的上窗格中，双击要选择的到货单(即上一步骤完成的采购到货单)所在行的"选择"栏，再单击工具栏中的"OK 确定"按钮，返回"到货拒收单"窗口。

③ 修改到货拒收单表体的"数量"为"-10"，其他项默认。

(3) 保存。单击工具栏中的"保存"按钮，保存该单据，结果如图 5-12 所示。

(4) 审核。单击工具栏中的"审核"按钮，审核通过该单据。

(5) 退出。单击"到货拒收单"窗口右上角的"关闭"按钮，关闭并退出该窗口。

图 5-12　业务 5.2 的到货拒收单

提示：

- 采购到货拒收单只能参照到货单生成。
- 已审核的到货单才能拒收，已关闭的到货单不允许再进行拒收。
- 到货拒收单保存时，向到货单填写"已拒收数量"。
- 一张到货单，允许多次进行拒收。

4. 场景三的操作步骤

视频网址：http://www.mdmuke.com/mdmk/mod/page/view.php?id=1001

任务说明：填制并审核采购入库单。

(1) 打开库存管理的"采购入库单"窗口。在"企业应用平台"的"业务工作"页签中，依次点击"供应链/库存管理/入库业务/采购入库单"菜单项，系统打开"采购入库单"窗口。

(2) 参照到货单生成并编辑采购入库单。首先单击工具栏中的"增加"按钮，新增一张采购入库单，然后做如下操作。

① 打开"到货单生单列表"窗口 单击表头"到货单号"的参照按钮，系统打开"查询条件选择-采购到货单列表"对话框，直接单击对话框的"确定"按钮，系统打开"到货单生单列表"窗口。

② 拷贝信息 在"到货单生单列表"窗口的上窗格中，双击要选择的采购到货单所在行的"选择"栏(即本业务中完成的采购到货单)，再单击"OK 确定"按钮，系统返回"采购入库单"窗口，此时相关的信息已经默认显示在入库单上。

③ 在"采购入库单"窗口中，确认表头的"仓库"为"大运仓库"、表体的"数量"为"990"，其他项默认。

(3) 保存。单击工具栏中的"保存"按钮，保存该单据，结果如图 5-13 所示。

图 5-13　业务 5.2 的采购入库单

(4) 审核。单击工具栏中的"审核"按钮，系统弹出信息框提示审核成功，单击其"确定"按钮，完成审核工作。

(5) 退出。单击"采购入库单"窗口右上角的"关闭"按钮，关闭并退出该窗口。

5. 场景四的操作步骤

视频网址：http://www.mdmuke.com/mdmk/mod/page/view.php?id=1002

任务说明：采购专用发票的填制与结算。

(1) 打开"专用发票"窗口。在"企业应用平台"的"业务工作"页签下，依次点击"供应链/采购管理/采购发票/专用采购发票"菜单项，系统打开"专用发票"窗口。

(2) 参照入库单生成与编辑采购专用发票。单击工具栏中的"增加"按钮，新增一张采购专用发票，然后做如下操作。

① 打开"拷贝并执行"窗口 单击工具栏中的"生单/入库单"命令，系统打开"查询条件选择-采购入库单列表过滤"对话框，直接单击该对话框的"确定"按钮，系统打开"拷贝并执行"窗口。

② 拷贝信息 在"拷贝并执行"窗口的上窗格中，双击要选择的采购入库单(即上一步骤完成的采购入库单)所在行的"选择"栏，然后单击工具栏中的"OK 确定"按钮，系统返回"专用发票"窗口。

③ 编辑 编辑表头的"发票号"为"CG0101"、"备注"为"采购女士高端 1 千拒收

"10 副",其他项默认。

(3) 保存。单击工具栏中的"保存"按钮,保存该单据,结果可参见图5-14。

(4) 采购发票窗口结算。单击工具栏中的"结算"按钮,此时窗口左上方出现"已结算"字样,表示该发票已经采购结算了,结果如图5-14所示。

(5) 退出。单击"专用发票"窗口右上角的"关闭"按钮,关闭并退出该窗口。

图 5-14 业务 5.2 的采购专用发票(已结算)

6. 场景五的操作步骤

视频网址: http://www.mdmuke.com/mdmk/mod/page/view.php?id=1003

任务说明: 采购应付审核与制单。

【应付审核】

(1) 打开"单据处理"窗口。在"企业应用平台"的"业务工作"页签下,依次点击"财务会计/应付款管理/应付单据处理/应付单据审核"菜单项,系统弹出"应付单查询条件"对话框,直接单击"确定"按钮,系统打开"单据处理"窗口。

(2) 审核应付单据。在"单据处理"窗口中,系统已列出本业务的采购专用发票,选中该单据并单击工具栏中的"审核"按钮,系统提示审核成功,单击"确定"按钮,退出信息提示框,返回"单据处理"窗口。

(3) 退出。单击"单据处理"窗口右上角的"关闭"按钮,退出该窗口。

【应付制单】

(1) 打开采购发票的"制单"窗口。在"应付款管理"子系统中,双击"制单处理"菜单项,在系统弹出的"制单查询"对话框中,确认已选中"发票制单",然后单击"确定"按钮,系统打开"制单"窗口。

(2) 生成并保存采购专用发票的应付转账凭证。先选中本业务中的采购专用发票,再修改"凭证类别"为"转账凭证",然后单击工具栏中的"制单"按钮,系统打开"填制凭证"窗口,并默认显示凭证的信息为"借记:材料采购、进项税额,贷记:一般应付账款",直接单击"保存"按钮,结果如图5-15所示。

(3) 退出。单击"填制凭证"和"制单"窗口右上角的"关闭"按钮,关闭并退出窗口。

图 5-15　业务 5.2 的采购发票制单结果

7. 场景六的操作步骤

视频网址：http://www.mdmuke.com/mdmk/mod/page/view.php?id=1004

任务说明： 采购成本确认。

【采购入库记账】

(1) 打开"未记账单据一览表"窗口。在"企业应用平台"的"业务工作"页签下，依次点击"供应链/存货核算/业务核算/正常单据记账"菜单项，系统弹出"查询条件选择"对话框，直接单击该对话框的"确定"按钮，系统打开"未记账单据一览表"窗口。

(2) 入库记账。在"未记账单据一览表"窗口中，选中本业务生成的采购入库单，然后单击工具栏中的"记账"按钮，系统弹出信息框提示记账成功，单击"确定"按钮，完成记账工作。

(3) 退出。单击"未记账单据一览表"窗口右上角的"关闭"按钮，退出当前窗口。

【采购存货制单】

(1) 打开"生成凭证"窗口。在"存货核算"子系统中，依次点击"财务核算/生成凭证"菜单项，系统打开"生成凭证"窗口。

(2) 打开"选择单据"窗口。单击工具栏中的"选择"按钮，在系统弹出的"查询条件"对话框中，直接单击"确定"按钮，系统退出对话框并打开"选择单据"窗口。

(3) 生成存货凭证。

① 选择采购入库单　在"选择单据"窗口中，选中本笔业务生成的采购入库单，然后单击工具栏中的"确定"按钮，系统返回"生成凭证"窗口。

② 生成凭证　先修改"凭证类别"为"转账凭证"，然后单击工具栏中的"生成"按钮，系统打开"填制凭证"窗口，并显示默认生成的本业务入库单上的相关信息(借记：库存商品，贷记：材料采购)。

③ 修改凭证　修改"摘要"为"采购女士高端 990 副"、第 1 笔分录"库存商品"的

项目为 102(女士高端)，然后单击"确定"按钮返回"填制凭证"窗口，其他项默认。

(4) 保存。单击工具栏中的"保存"按钮，以保存该凭证，结果如图 5-16 所示。

(5) 退出。单击"填制凭证"和"生成凭证"窗口右上角的"关闭"按钮，关闭并退出窗口。

图 5-16 业务 5.2 的存货凭证

8. 场景七的操作步骤

视频网址：http://www.mdmuke.com/mdmk/mod/page/view.php?id=1005

任务说明：预付冲应付的转账与制单。

(1) 打开"预付冲应付"对话框。在"企业应用平台"的"业务工作"页签下，依次点击"财务会计/应付款管理/转账/预付冲应付"菜单项，系统打开"预付冲应付"对话框。

(2) 预付设置。在"预付款"选项卡中，参照生成"供应商"为"大运公司"，然后单击其"过滤"按钮，系统列出相关信息；在其表体相应的行双击，使其"转账金额"等于其"原币余额"(50 000)，结果如图 5-17 所示。

图 5-17 业务 5.2 的预付冲应付的预付款设置

(3) 应付设置。在"应付款"选项卡中，先单击"过滤"按钮，再在表体双击单据编号为 CG0101 所在的行，使其转账金额为 50 000，结果如图 5-18 所示。

图 5-18　业务 5.2 的预付冲应付的应付款设置

提示：

- 在打开图 5-17 或图 5-18 时，可单击窗体上方的"自动转账"按钮，系统将自动进行成批的预付冲应付款工作，其原则是对有预付款和应付款的供应商逐一进行预付冲应付处理。
- 若对单个供应商进行预付冲应付处理，则在图 5-17 和图 5-18 中，单击"分摊"按钮，可对当前各单据的转账金额根据输入的转账总金额进行分摊和取消分摊处理。
- 无论是手工输入的单据转账金额还是自动分摊填入的转账金额，每一笔应付款的转账金额不能大于其余额，且最终确认的转账金额以单据上输入的转账金额为准。
- 应付款的转账金额合计应该等于预付款的转账金额合计。
- 输入完有关预付款和应付款的信息后，单击"确认"按钮，系统会自动将两者对冲；若单击"取消"按钮，系统将会取消上述操作。
- 单击"全选"按钮，可将当前显示的所有单据的余额全部写入"转账金额"一栏；单击"全消"按钮可将"转账金额"一栏清空。
- 若转换完成之后，需要取消转账操作，可在应付款管理系统中，单击"其他处理/取消操作"菜单项，然后在"操作类型"下拉框中选择要恢复的类型，在此选择"预付冲应付"(可选择的类型包括核销、选择付款、汇兑损益、票据处理、应付冲应付、预付冲应付、应付冲应收和红票对冲)。

(4) 转账完成。单击"确定"按钮，转账完成；此时系统弹出信息提示框，询问"是否立即制单？"

(5) 转账制单。单击信息提示框的"是"按钮，系统弹出"填制凭证"对话框，默认的凭证信息为"借记：预付账款(红字)、一般应付账款，贷记：(无)"。

(6) 修改与保存凭证。先单击凭证左上角的"收"字，然后再单击其右侧的参照按钮，在打开的列表中选择"转账凭证"，以修改凭证的类型为"转账凭证"；再单击红字的借方金额，然后按空格键，红字的借方自动移动到贷方；最后单击"填制凭证"对话框的"保存"按钮，结果如图 5-19 所示。

(7) 退出。单击"填制凭证"窗口对话框的"退出"按钮和"预付冲应付"对话框的"取消"按钮。

图 5-19　业务 5.2 的大运公司的预付冲应付制单结果

提示：

- 预付冲应付，可处理企业的预付款和应付款间的转账核销业务。
- 蓝字预付款冲销蓝字应付款，红字预付款冲销红字应付款，两者只能分开处理。要想进行红字预付款冲销红字应付款时，则选择类型为"收款单"即可。
- 当该供应商的预付款大于等于应付款时，则该供应商最终自动冲销的金额以应付款总额为准。
- 当该预付款小于应付款时，则该供应商最终自动冲销的金额以预付款总额为准。
- 进行红字预付款冲销红字应付款时，则上述比较加上绝对值进行。
- 自动进行预付冲应付后可以即时生成凭证，此时选择生成凭证，系统会将本次涉及的所有对冲记录合并生成一张凭证；若您不想生成一张凭证或者不想即时生成凭证，则可以在制单功能中进行该工作，在制单功能中系统允许合并生成一张凭证或者按供应商生成多张凭证。
- 成批进行自动对冲时，每次只对应一种币种。
- 若您输入了供应商、部门、业务员的范围，然后单击"自动转账"按钮，则系统做自动对冲的供应商、部门、业务员的范围在您所输入的范围之内。

5.3 采购退货与应付核销业务

采购退货单表示入库后的退货，由采购业务员填制退货通知单，仓库负责实物退库。

采购退货的结算，可以分为 3 种情况：结算前的部分退货和全额退货，以及结算后退货。下面分别说明这 3 种情况的主要操作及其单据，相应的业务流程可参见图 5-20。

图 5-20　采购退货的情况总结

(1) 结算前部分退货，即已录入采购入库单，但未进行采购结算，并且部分退货。其业务流程为：首先填制一张部分数量的红字采购入库单；然后填制一张相对应的采购发票，其中发票上的数量＝原入库单数量－红字入库单数量；再把红字入库单与原入库单、采购发票进行结算，冲抵原入库数据。图 5-21 是结算前部分退货业务的操作流程图。

(2) 结算前全额退货，即已录入采购入库单，但未进行采购结算，并且全额退货。其业务流程为：首先填制一张全额数量的红字采购入库单，然后把红字采购入库单与原入库单进行结算，冲抵原入库数据。图 5-22 是结算前全额退货业务的操作流程图。

图 5-21　结算前部分退货的操作流程　　图 5-22　结算前全额退货的操作流程

(3) 结算后退货，即已录入采购入库单、采购发票，并且已进行了采购结算，现在需要全额或部分退货。其业务流程为：首先填制一张红字采购入库单，再填制一张相应的红字发票，然后把红字采购入库单与红字发票进行结算。图 5-23 是结算后退货业务的操作流程图。

图 5-23　结算后退货的操作流程

应付核销处理是用对某个供应商的付款来核销其应付款的工作。若付款单的数额等于原有单据的核销数额，则付款单与原有单据完全核销；若付款单的数额大于原有单据的核销数额，则付款单仅用部分金额核销以前的单据，付款单的余额形成预付款，可再次核销应付款；若付款单的数额小于原有单据的数额，则单据仅得到部分核销。

单据核销的作用是用付款核销应付款，建立付款与应付款的核销记录，监督应付款及时核销，加强往来款项的管理。

5.3.1　业务概述与分析

4 月 7 日，采购部张新海与燕郊硅胶三厂签订采购合同(合同编号 CG004)，订购硅胶 5 公斤，无税单价 1600 元，增值税率 17%，当日到货并入库，同时收到燕郊硅胶三厂发来的采购专用发票(发票号 CG2345)。入库后发现 1 公斤的硅胶不合格，要求退货，与燕郊硅胶三厂取得联系，对方同意退货。当日晚些时候收到了相应的红字专用采购发票(票号为 CGTH02)，然后财务部开出转账支票(支票号为 ZZ8589)，向燕郊硅胶三厂支付本笔业务的全部货款 7488 元。

本笔业务是普通采购业务和采购结算后的部分退货业务，需要填制并审核采购订单、采购到货单、入库单，填制采购发票并进行现付、采购结算，填制并审核采购退货单、红字采购入库单，填制红字采购发票并进行采购结算，进行红蓝应付单的审核与合并制单，进行采购存货的记账与合并制单，进行付款单的填制、审核与制单，以及应付核销与制单。

5.3.2　虚拟业务场景

人物：张新海——采购部职员
　　　刘静——采购部主管
　　　刘新——硅胶三厂销售部
　　　赵林——仓管部职员

李莉——仓管部主管

曾志伟——财务主管

张兰——财务部会计

罗迪——财务部出纳

场景一　与燕郊硅胶三厂签订采购合同，并审核通过

张新海：您好！请问是燕郊硅胶三厂吗？

刘新：对，您是？

张新海：我是亮康眼镜公司的采购员。

刘新：您好！

张新海：我们需要硅胶 5 公斤，今天发货，行吗？

刘新：好的，不含税单价 1600 元。

张新海：可以。

刘新：那我们马上发货，请准备接货。

张新海：谢谢，再见！

刘新：再见！

(张新海请采购主管刘静审核采购订单)

张新海：刘总，请您审核一下刚与燕郊硅胶三厂签订的采购订单。

刘静：好的。(审核中……)小张，辛苦了。

场景二　采购部收到货物，填制与审核采购到货单

(张新海先填制采购到货单，完成之后……)

张新海：刘总，今天采购的硅胶到货了，您审核一下。

刘静：好的，辛苦你了。

场景三　仓管部收货验收入库，填制与审核采购入库单

(赵林根据采购到货单填写入库单，完成之后……)

赵林：李总，采购燕郊硅胶三厂的硅胶，货物已经入库了，麻烦您审核一下。

李莉：好的，辛苦了。

场景四　采购部填制采购发票并进行采购结算

(张新海先填制采购发票，并进行采购结算)

张新海：刘总，今天采购的硅胶的发票也到了，我已经填制好并进行了采购结算。

刘静：好的，辛苦你了。

场景五　仓管部发现不合格硅胶，请采购部协商退货，填制与审核采购退货单

赵林：小张你好，我们入库后发现有 1 公斤的硅胶不合格，你帮忙协商一下看能否退货。

张新海：好的，你稍等(给燕郊硅胶三厂的刘新打电话，对方同意退货)。小赵，对方同意退货了，你们把货发回去吧，我们马上填制审核退货单。

赵林：太好了，我们尽快发货。

场景六　仓管部从仓库发出不合格硅胶，填制与审核红字采购入库单

(赵林根据采购退货单填写红字入库单，完成之后……)

赵林：李总，燕郊硅胶三厂的硅胶有 1 公斤不合格，从仓库退货已经完成了，麻烦您审核一下。

李莉：好的，辛苦了。

场景七　采购部填制红字采购发票并进行采购结算

(张新海先填制红字采购发票，并进行采购结算，完成之后……)

张新海：刘总，今天退货的红字发票到了，我已经填制好并进行了采购结算。

刘静：好的，辛苦你了。

场景八　应付审核与制单

张新海：曾总，今天有一笔采购普通业务和采购退货业务已经完成了，麻烦您进行应付审核。若没有问题，可以做采购成本确认了。

曾志伟：好的，我们尽快完成相关的财务处理。

(曾志伟审核应付单)

曾志伟：小张，今天有一笔采购普通业务和采购退货业务，发票我已经审核通过了，你可以做应付制单了。

张兰：好的，我马上做。

(张兰进行红蓝应付单制单)

场景九　采购成本确认

曾志伟：小张，今天有一笔采购普通业务和采购退货业务，我们已经进行应付审核了，记着进行采购成本确认。

张兰：好的，我马上做。

(张兰进行普通采购与采购退货的成本确认)

场景十　罗迪完成本笔业务货款的支付，填制付款单并请主管审核、张兰制单

(罗迪填制付款单完毕，来到曾志伟的办公室)

罗迪：曾总，我已经支付了燕郊硅胶三厂的本月货款，并填制了付款单，请您审核一下。

曾志伟：好的。(开始付款单审核)

罗迪：小张，燕郊硅胶三厂的付款单，曾总已经审核通过了。

张兰：好的，我马上做账务处理。(开始生成凭证)

场景十一　曾志伟提醒张兰对应付账款进行核销

曾志伟：小张，燕郊硅胶三厂本月的货款已经支付了，请做应付核销。

张兰：好的，我马上做处理。

5.3.3　操作指导

1. 操作流程(见图 5-24)

图 5-24　采购退货与应付核销业务的操作流程图

请确认系统日期和业务日期为 2016 年 4 月 7 号。

2. 场景一的操作步骤

视频网址：http://www.mdmuke.com/mdmk/mod/page/view.php?id=1006
任务说明：填制与审核采购订单。

(1) 打开"采购订单"窗口。在"企业应用平台"的"业务工作"页签中，依次点击"供应链/采购管理/采购订货/采购订单"菜单项，系统打开"采购订单"窗口。

(2) 填制并保存采购订单。单击工具栏中的"增加"按钮，新增一张采购订单，然后做如下编辑。

① 编辑表头　编辑"订单编号"(即合同编号)为"CG004"，"采购类型"为"材料进货"，"供应商"为"硅胶三厂"，"部门"为"采购部"、"业务员"为"张新海"、"备注"为"采购硅胶 5 千克"，其他项默认。

② 编辑表体　参照生成"存货编码"为"12310(硅胶)"，编辑"数量"为"5"，确认"原币单价"为"1600"，其他项默认。

③ 保存　单击工具栏中的"保存"按钮，保存该单据，结果如图 5-25 所示。

(3) 审核采购订单。单击工具栏中的"审核"按钮，审核通过该采购订单。

(4) 退出。单击"采购订单"窗口右上角的"关闭"按钮，关闭并退出该窗口。

图 5-25　业务 5.3 的采购订单

3. 场景二的操作步骤

视频网址：http://www.mdmuke.com/mdmk/mod/page/view.php?id=1007

任务说明：填制与审核采购到货单。

(1) 打开"到货单"窗口。在"采购管理"子系统中，依次点击"采购到货/到货单"菜单项，系统打开"到货单"窗口。

(2) 参照订单生成采购到货单。单击工具栏中的"增加"按钮，新增一张采购到货单，然后做如下操作。

① 打开"拷贝并执行"窗口　单击"生单/采购订单"命令，系统打开"查询条件选择-采购订单列表过滤"对话框，直接单击其"确定"按钮，系统打开"拷贝并执行"窗口。

② 拷贝信息　在"拷贝并执行"窗口的上窗格中，双击要选择的采购订单(订单编号为CG004)所在行的"选择"栏，再单击其工具栏中的"OK确定"按钮，系统返回"到货单"窗口，此时相关的信息已经有默认值，不需要修改。

(3) 保存。单击工具栏中的"保存"按钮，保存该单据，结果如图 5-26 所示。

(4) 审核。单击工具栏中的"审核"按钮，审核通过该单据。

(5) 退出。单击"到货单"窗口右上角的"关闭"按钮，关闭并退出该窗口。

图 5-26　业务 5.3 的采购到货单

4. 场景三的操作步骤

视频网址：http://www.mdmuke.com/mdmk/mod/page/view.php?id=1008

任务说明：填制与审核采购入库单。

(1) 打开库存管理的"采购入库单"窗口。在"企业应用平台"的"业务工作"页签中，依次点击"供应链/库存管理/入库业务/采购入库单"菜单项，系统打开"采购入库单"窗口。

(2) 参照到货单生成采购入库单。首先单击工具栏中的"增加"按钮，新增一张采购入库单，然后做如下操作。

① 打开"到货单生单列表"窗口 单击表头"到货单号"的参照按钮，系统弹出"查询条件选择-采购到货单列表"对话框，直接单击该对话框的"确定"按钮，系统打开"到货单生单列表"窗口。

② 拷贝信息 在"到货单生单列表"窗口的上窗格中，双击要选择的采购到货单(即上一步骤完成的采购到货单)所在行的"选择"栏，再单击工具栏中的"OK 确定"按钮，系统返回"采购入库单"窗口，此时相关的信息已经默认显示在入库单上。

③ 参照生成或确认表头的"仓库"为"原材料仓库"，其他项默认。

(3) 保存。单击工具栏中的"保存"按钮，结果如图 5-27 所示。

(4) 审核。单击工具栏中的"审核"按钮，系统弹出信息框提示审核成功，单击其"确定"按钮，完成审核工作。

(5) 退出。单击"采购入库单"窗口右上角的"关闭"按钮，关闭并退出该窗口。

图 5-27 业务 5.3 的采购入库单

5. 场景四的操作步骤

视频网址：http://www.mdmuke.com/mdmk/mod/page/view.php?id=1009

任务说明：填制采购专用发票并结算。

(1) 打开"专用发票"窗口。在"采购管理"子系统中，依次点击"采购发票/专用采购发票"菜单项，系统打开"专用发票"窗口。

(2) 参照入库单生成采购专用发票。单击工具栏中的"增加"按钮，新增一张采购专用发票，然后做如下操作。

① 打开"拷贝并执行"窗口 单击工具栏中的"生单/入库单"命令，系统打开"查询条件选择-采购入库单列表过滤"对话框，直接单击其"确定"按钮，系统打开"拷贝并执行"窗口。

② 拷贝信息 在"拷贝并执行"窗口的上窗格中，双击要选择的采购入库单(即上一

步骤完成的采购入库单)所在行的"选择"栏，然后单击工具栏中的"OK 确定"按钮，系统返回"专用发票"窗口。

③ 编辑 编辑表头的"发票号"为"CG2345"，其他项默认。

(3) 保存。单击工具栏中的"保存"按钮，结果可参见图 5-28。

(4) 采购发票窗口结算。单击工具栏中的"结算"按钮，此时窗口左上方出现"已结算"字样，表示该发票已经采购结算了，结果如图 5-28 所示。

(5) 退出。单击"专用发票"窗口右上角的"关闭"按钮，关闭并退出该窗口。

图 5-28　业务 5.3 的采购专用发票(已结算)

6. 场景五的操作步骤

视频网址：http://www.mdmuke.com/mdmk/mod/page/view.php?id=1010

任务说明：填制并审核采购退货单。

(1) 打开"采购退货单"窗口。在"采购管理"子系统中，依次点击"采购到货/采购退货单"菜单项，系统打开"采购退货单"窗口。

(2) 参照到货单生成采购退货单。先单击工具栏中的"增加"按钮，新增一张采购退货单，然后做如下操作。

① 打开"拷贝并执行"窗口 单击"生单/到货单"命令，系统打开"查询条件选择-采购退货单列表过滤"对话框，直接单击其"确定"按钮，系统退出对话框并打开"拷贝并执行"窗口。

② 拷贝信息 在"拷贝并执行"窗口上窗格中，双击要选择的到货单(即本业务中完成的采购到货单)所在行的"选择"栏，再单击其工具栏中的"OK 确定"按钮，系统返回"采购退货单"窗口，此时相关的信息已经有默认值。

③ 修改采购退货单表体的"数量"为"-1"、表头的"备注"为"采购退货硅胶 1 千克"，其他项默认。

(3) 保存。单击工具栏中的"保存"按钮，保存该单据，结果如图 5-29 所示。

(4) 审核。单击工具栏中的"审核"按钮，审核通过该单据。

(5) 退出。单击"采购退货单"窗口右上角的"关闭"按钮，关闭并退出该窗口。

图 5-29 业务 5.3 的采购退货单

7. 场景六的操作步骤

视频网址:http://www.mdmuke.com/mdmk/mod/page/view.php?id=1011

任务说明: 填制并审核红字采购入库单。

(1) 打开库存管理的"采购入库单"窗口。在"企业应用平台"的"业务工作"页签中,依次点击"供应链/库存管理/入库业务/采购入库单"菜单项,系统打开"采购入库单"窗口。

(2) 参照退货单生成红字采购入库单。首先单击工具栏中的"增加"按钮,新增一张采购入库单,然后做如下操作。

① 打开"到货单生单列表"窗口 先单击窗口右上角的"红字"单选按钮,再单击表头的"到货单号"的参照按钮,系统弹出"查询条件选择-采购到货单列表"对话框,直接单击该对话框的"确定"按钮,系统打开"到货单生单列表"窗口。

② 拷贝信息 在"到货单生单列表"窗口的上窗格中,双击要选择的采购退货单(即本业务中完成的采购退货单)所在行的"选择"栏,再单击工具栏中的"OK确定"按钮,系统返回"采购入库单"窗口,此时相关的信息已经默认显示在入库单上。

③ 参照生成或确认表头的"仓库"为"原材料仓库",其他项默认。

(3) 保存。单击工具栏中的"保存"按钮,结果如图 5-30 所示。

(4) 审核。单击工具栏中的"审核"按钮,系统弹出信息框提示审核成功,单击其"确定"按钮,完成审核工作。

(5) 退出。单击"采购入库单"窗口右上角的"关闭"按钮,关闭并退出该窗口。

图 5-30 业务 5.3 的采购入库单(红字)

8. 场景七的操作步骤

视频网址：http://www.mdmuke.com/mdmk/mod/page/view.php?id=1012

任务说明：填制红字采购专用发票并结算。

(1) 打开红字"专用发票"窗口。在"企业应用平台"的"业务工作"页签下，依次点击"供应链/采购管理/采购发票/红字专用采购发票"菜单项，系统打开"专用发票"(红字)窗口。

(2) 参照红字入库单生成红字采购专用发票。先单击工具栏中的"增加"按钮，新增一张采购专用发票，再做如下操作。

① 打开"拷贝并执行"窗口 单击工具栏中的"生单/入库单"命令，系统打开"查询条件选择-采购入库单列表过滤"对话框，直接单击其"确定"按钮，系统打开"拷贝并执行"窗口。

② 拷贝信息 在"拷贝并执行"窗口的上窗格中，双击要选择的采购入库单(即本业务中完成的红字采购入库单)所在行的"选择"栏，并单击工具栏中的"OK 确定"按钮，系统返回"专用发票"窗口。

③ 编辑 编辑表头的"发票号"为 CGTH02，其他项默认。

(3) 保存。单击工具栏中的"保存"按钮，结果可参见图 5-31。

(4) 采购发票窗口结算。单击工具栏中的"结算"按钮，此时窗口左上方出现"已结算"字样，表示该发票已经采购结算了，结果如图 5-31 所示。

(5) 退出。单击"专用发票"窗口右上角的"关闭"按钮，关闭并退出该窗口。

图 5-31 业务 5.3 的红字采购专用发票(已结算)

9. 场景八的操作步骤

视频网址：http://www.mdmuke.com/mdmk/mod/page/view.php?id=1013

任务说明：采购应付审核与制单。

【应付审核】

(1) 打开应付系统的"单据处理"窗口。在"企业应用平台"的"业务工作"页签下，依次点击"财务会计/应付款管理/应付单据处理/应付单据审核"菜单项，系统弹出"应付单查询条件"对话框，直接单击该对话框的"确定"按钮，系统打开应付系统的"单据处理"窗口。

(2) 审核应付单据。在"单据处理"窗口中，系统已列出本业务的采购专用发票(2 张)，单击工具栏中的"全选"、"审核"按钮，系统提示审核成功，单击"确定"按钮，退出信息提示框，返回"单据处理"窗口。

(3) 退出。单击"单据处理"窗口右上角的"关闭"按钮，退出该窗口。

【应付合并制单】

(1) 打开应付系统的"制单"窗口。在"应付款管理"子系统中，双击"制单处理"菜单项，在系统弹出的"制单查询"对话框中，确认已选中"发票制单"，然后单击"确定"按钮，系统打开"制单"窗口。

(2) 生成并保存采购专用发票(2 张)的应付转账凭证。先修改"制单"窗口中的"凭证类别"为"转账凭证"，再单击工具栏中的"全选"按钮以选中本业务中的 2 张采购专用发票，然后单击"合并"、"制单"按钮，系统打开"填制凭证"窗口，并默认显示凭证的信息为"借记：材料采购、进项税额，贷记：一般应付账款"，保持数据项不变。

(3) 保存。单击工具栏中的"保存"按钮，保存该凭证，结果如图 5-32 所示。

(4) 退出。单击"填制凭证"和"制单"窗口右上角的"关闭"按钮，关闭并退出窗口。

转 账 凭 证

已生成					
转 字 0012	制单日期：2016.04.07	审核日期：		附单据数：2	
摘 要	科目名称			借方金额	贷方金额
采购退货硅胶1千克	材料采购			640000	
采购退货硅胶1千克	应交税费/应交增值税/进项税额			108800	
采购硅胶5千克	应付账款/一般应付账款				936000
采购退货硅胶1千克	应付账款/一般应付账款				187200
票号 日期	数量 单价	合 计		748800	748800
备注 项 目		部 门			
个 人		供应商 硅胶三厂			
业务员 张新海					
记账	审核	出纳		制单 赵技巩	

图 5-32 业务 5.3 的采购发票合并制单结果(第 4 笔分录的贷方金额是红字)

10. 场景九的操作步骤

视频网址：http://www.mdmuke.com/mdmk/mod/page/view.php?id=1014

任务说明： 采购成本确认。

【采购入库记账】

(1) 打开"未记账单据一览表"窗口。在"企业应用平台"的"业务工作"页签下，依次点击"供应链/存货核算/业务核算/正常单据记账"菜单项，系统弹出"查询条件选择"对话框，直接单击该对话框的"确定"按钮，系统打开"未记账单据一览表"窗口。

(2) 入库记账。在"未记账单据一览表"窗口中，选中本业务生成的红蓝采购入库单，然后单击工具栏中的"记账"按钮，系统弹出信息框提示记账成功，单击其"确定"按钮，完成记账工作。

(3) 退出。单击"未记账单据一览表"窗口右上角的"关闭"按钮，退出当前窗口。

【核算说明】

● 红字、蓝字入库单记账时取单据上的成本，若单据上无成本则取系统选项"入库单成本选择"中的选项成本记账。计划价/售价法核算的存货则取其计划价、售价记账。

● 红字出库单记账时取单据上的成本，若单据上无成本则计价方式为先进先出、后进先出的存货取系统选项"红字出库单成本选择"中的选项成本；若计价方式为移动平均、个别计价、全月平均、计划价/售价法核算的存货则依据其计价方式进行计算。全月平均与计划价/售价法计价的存货在期末处理处进行存货成本计算。

● 个别计价的红字采购入库单，必须全部未结算或全部结算才允许记账。

【采购存货的合并制单】

(1) 打开"生成凭证"窗口。在"存货核算"子系统中，依次单击"财务核算/生成凭证"菜单项，系统打开"生成凭证"窗口。

(2) 打开"选择单据"窗口。单击工具栏中的"选择"按钮，在系统弹出的"查询条件"对话框中，直接单击"确定"按钮，系统退出对话框并打开"选择单据"窗口。

(3) 生成并保存存货凭证。

① 选择采购入库单　在"选择单据"窗口中，选中本笔业务生成的 2 张采购入库单，然后单击工具栏中的"确定"按钮，系统返回"生成凭证"窗口。

② 生成并保存凭证　先修改"凭证类别"为"转账凭证"，然后单击工具栏中的"合成"按钮，系统打开"填制凭证"窗口，并默认显示了本业务入库单上的相关信息(借记：原材料/硅胶，贷记：材料采购)；信息审核无误后，单击"保存"按钮，结果如图 5-33 所示。

图 5-33　业务 5.3 的存货凭证

(4) 退出。单击"填制凭证"和"生成凭证"窗口右上角的"关闭"按钮，关闭并退出窗口。

11. 场景十的操作步骤

视频网址：http://www.mdmuke.com/mdmk/mod/page/view.php?id=1015

任务说明：付款单的填制、审核与制单。

(1) 打开"收付款单录入"窗口。在"企业应用平台"的"业务工作"页签中，依次点击"财务会计/应付款管理/付款单据处理/付款单据录入"，系统打开"收付款单录入"窗口。

(2) 编辑用转账支票 ZZ8589 支付硅胶三厂的付款单。单击工具栏中的"增加"按钮，新增一张付款单，然后做如下操作。

① 编辑表头　编辑"供应商"为硅胶三厂，"结算方式"为"转账支票"，"金额"为"7488"，"票据号"为"ZZ8589"，"部门"为"财务部"，"摘要"为"支付硅胶三厂 CG004 的货款(有退货)"。

② 编辑表体　单击表体部分，系统将自动生成一条记录，注意确认"款项类型"为"应付款"。

(3) 保存。单击工具栏中的"保存"按钮，结果如图 5-34 所示。

图 5-34　业务 5.3 的燕郊硅胶三厂 ZZ8589 的付款单

(4) 审核。单击工具栏中的"审核"按钮，系统完成审核工作并弹出信息框"是否立即制单？"。

(5) 编辑并保存付款凭证。单击信息框的"是"按钮，系统打开"填制凭证"窗口，直接单击工具栏中的"保存"按钮，保存该凭证，结果如图 5-35 所示。

(6) 退出。单击"填制凭证"和"收付款单录入"窗口右上角的"关闭"按钮，关闭并退出窗口。

图 5-35　业务 5.3 的燕郊硅胶三厂 ZZ8589 的付款凭证

12. 场景十一的操作步骤

视频网址: http://www.mdmuke.com/mdmk/mod/page/view.php?id=1016

任务说明: 应付核销和核销制单。

【应付核销】

(1) 打开"单据核销"窗口。在"企业应用平台"的"业务工作"页签下,依次点击"财务会计/应付款管理/核销处理/手工核销"菜单项,在系统弹出的"核销条件"对话框中,参照生成"供应商"为"硅胶三厂",然后单击"确定"按钮,系统打开"单据核销"窗口。

(2) 核销设置。在"单据核销"窗口的下窗格,双击单据编号为 CG2345 所在的行,系统自动在该行的"本次结算"栏中填入"7488"(与上窗格的"本次结算"栏数字一致),结果如图 5-36 所示。

单据日期	单据类型	单据编号	供应商	款项	结算方式	币种	汇率	原币金额	原币余额	本次结算	订单号
2016-04-07	付款单	0000000003	硅胶三厂	应付款	转账支票	人民币	1.000...	7,488.00	7,488.00	7,488.00	
合计								7,488.00	7,488.00	7,488.00	

单据日期	单据类型	单据编号	到期日	供应商	币种	原币金额	原币余额	可享受折扣	本次结算	订单号	凭证号
2016-04-07	采购专...	CG2345	2016-04-07	硅胶三厂	人民币	9,360.00	9,360.00	0.00	7,488.00	CG004	转-0012
合计						9,360.00	9,360.00	0.00	7,488.00		

图 5-36　业务 5.3 的燕郊硅胶三厂的应付核销设置结果

(3) 保存与核销。单击工具栏中的"保存"按钮,完成本笔业务的应付款核销。

(4) 退出。单击"单据核销"窗口的"关闭"按钮,退出该窗口。

【应付核销制单】

(1) 打开核销"制单"窗口。在"应付款管理"子系统中，双击"制单处理"菜单项，在系统弹出的"制单查询"对话框中，增加选中"核销制单"复选框，然后单击"确定"按钮，系统打开核销"制单"窗口。

(2) 编辑并保存核销凭证。

① 在"制单"窗口中，先修改"凭证类别"为"转账凭证"，然后选中本业务生成的核销单，再单击工具栏中的"制单"按钮，系统打开"填制凭证"窗口。

② 将光标定位在红字金额上，再按空格键，使其移动到对方科目并成为蓝字金额。

③ 单击工具栏中的"保存"按钮，保存凭证，结果如图 5-37 所示。

(3) 退出。单击"填制凭证"和"制单"窗口右上角的"关闭"按钮，关闭并退出窗口。

图 5-37　CG004 的核销凭证

5.4　实验报告内容

1. 请查看采购退货单列表，并将结果拷屏后粘贴在实验报告中(条件中设置单据类型)。

2. 请查看本月的采购入库单列表，并将结果拷屏后粘贴在实验报告中。

3. 请查看专用采购发票列表，并将结果拷屏后粘贴在实验报告中(设置过滤条件的"发票类型"为"专用发票")。

4. 请查看采购结算单列表，并将结果拷屏后粘贴在实验报告中。

5. 请查看女士高端太阳镜 990 副的存货凭证，并将结果拷屏后粘贴在实验报告中。

6. 请查看女士高端太阳镜的存货总账，并将结果拷屏后粘贴在实验报告中。

7. 请查看票号为 CGTH02 的发票信息，并将结果拷屏后粘贴在实验报告中。

8. 请查看由红字回冲单生成的存货凭证，并将结果拷屏后粘贴在实验报告中。

9. 请查看由蓝字回冲单(报销)生成的存货凭证，并将结果拷屏后粘贴在实验报告中。

10. 请查看所有应付单据的列表，并将结果拷屏后粘贴在实验报告中(可用应付款管理的"发票查询"功能)。

11. 请查看使用转账支票 ZZ8541 的付款单填制窗口，并将结果拷屏后粘贴在实验报告中。

12. 请查看核销单列表，并将结果拷屏后粘贴在实验报告中。

13. 请查看应付凭证列表，并将结果拷屏后粘贴在实验报告中。

14. 红字采购入库单与蓝字采购入库单有哪些异同(业务操作)？

15. 红字采购入库单可以与哪些单据进行采购结算？

16. 存货记账的作用有哪些？

17. 存货凭证有何作用？

18. 采购成本确认的作用是什么？

19. 在用友 ERP-U8 中，如何进行采购成本确认？

20. 请比较采购到货拒收与采购退货的异同点

21. 采购退货有哪 3 种情况？请比较它们在业务处理时的流程差异。

22. 请列出结算后的采购退货与普通采购业务操作的异同点。

23. 用友 ERP-U8 中，存货生成凭证时，其默认的科目是如何设置的？

24. 以采购女士高端太阳镜的存货凭证为例，说明如何修改"库存商品"的核算项目。

25. 暂估业务有哪几种暂估方式？请说明它们的异同点。

26. 用友 ERP 中，如何设置存货的暂估方式？

27. 采购期初业务包括哪 3 种情况？请解释各自的业务含义。

28. 请比较暂估业务与采购普通业务的操作流程。

29. 暂估入库单与普通采购入库单有何异同？

30. 在"单到回冲"暂估方式下，若本月相应的采购发票到了，如何进行采购成本确认？

31. 在进行暂估业务的"暂估成本处理"操作后，系统会自动生成哪 2 种单据？它们的作用是什么？

32. 已"现付"的采购发票，为什么还要进行应付确认？

33. 应付核销的作用是什么？何时应该进行应付核销？

34. 采购成本确认与应付确认，在操作流程上有何异同？

第 **6** 章

库存与存货核算

　　工业企业的库存业务，除了采购入库和销售出库业务外，还有领料出库、产成品入库业务，以及所有企业都需要的调拨业务和存货盘点等业务。

　　在用友 ERP-U8 中，库存管理系统是其供应链的重要产品和基础产品，能够满足采购入库、销售出库、产成品入库、材料出库、其他出入库、盘点管理等业务需要，提供仓库货位管理、批次管理、保质期管理、出库跟踪入库管理、可用量管理、序列号管理等全面的业务应用。用友 U8 的库存管理系统，既可以单独使用，也可以与采购管理、销售管理、委外管理、存货核算、主生产计划、需求规划、车间管理、生产订单、物料清单、设备管理、售后服务等集成使用，发挥更加强大的应用功能。

　　库存管理系统适用于各种类型的工商业企业，如制造业、医药、食品、批发、零售、批零兼营、集团应用及远程仓库等，可完成工商业企业的绝大部分库存管理工作。

　　存货是指企业在生产经营过程中为销售或耗用而储存的各种资产，包括商品、产成品、半成品、在产品以及各种材料、燃料、包装物、低值易耗品等。存货是保证企业生产经营过程顺利进行的必要条件。为了保障生产经营过程连续不断地进行，企业要不断地购入、耗用或销售存货。

　　存货是企业的一项重要的流动资产，其价值在企业流动资产中占有很大的比重，存货成本直接影响利润水平，所以企业领导层希望能及时了解存货的资金占用及周转情况，因而使得存货会计人员的核算工作量越来越大。

　　用友 ERP-U8 的存货核算系统，也是其供应链的重要产品，适用于工商业企业的各种存货核算形式，可极大地减轻材料会计的核算工作量。它从资金的角度来管理存货的出入库业务，主要用于核算企业的入库成本、出库成本、结余成本，可及时反映和监督存货的收发、领退和保管情况，可及时了解存货资金的占用情况。

　　本章的操作，请按照业务描述中的系统日期(如 4 月 7 日)，以账套主管赵技巩(或读者您本人)的身份，在第 5 章完成的基础上，在库存管理和存货核算系统中进行。

　　如果您没有完成第 5 章的特殊采购业务的操作，则可以到 360 云盘空间(云盘地址：https://yunpan.cn/crWIB4qYxNeUr，访问密码：7d82)的"实验账套数据"文件夹中，将"05

特殊采购.rar"下载到实验用机上，然后引入(操作步骤详见 1.3.5 节)到 ERP-U8 系统中。此外，本章完成的账套，其输出压缩的文件名为"06 库存存货.rar"。

需要注意的是，因云盘中的账套备份文件均为"压缩"文件，所以在下载完成后引入之前，需要用解压缩工具进行解压(建议用 WinRAR 3.42 或以上版本)，得到相应可以引入的账套数据文件。

本章的所有业务实验操作，都有配套的微视频，您可以通过扫描二维码，或者到指定的网页地址去观看。本教程配套的微视频，均存放在北京神州明灯教育科技有限公司和合一集团的网站上，相应的访问说明请参见云盘中的"微视频访问说明.doc"。

本章的授课时间建议讲课 2 学时(主要讲解库存业务的类型、流程和业务分析，存货业务与财务核算等，内容可参见本教程的 6.1～6.5 节和配套课件)、实验 2 学时，实验目的与要求如下：

- 理解库存管理系统的作用及其与其他管理部门的关系。
- 理解存货核算系统的作用及其与其他管理部门的关系。
- 理解库存业务中调拨、盘点等业务的业务流和数据流。
- 熟练掌握材料出库和产成品入库业务的操作。
- 熟练掌握调拨、盘点等库存业务的操作。
- 熟练掌握日常存货核算业务数据的编辑、成本核算和生成凭证。

6.1 预备知识

库存管理和存货核算系统，分别从实物和资金的角度来管理企业的存货。

库存管理中的单据，绝大部分需要审核，即只有审核的单据才为有效单据。需要的单据，从业务上可分为 3 种状态：录入、未审核和已审核。有些单据若有下游单据生成了，则为已执行状态，不可弃审。

需要审核的单据包括采购入库单、产成品入库单、其他入库单、销售出库单、材料出库单、领料申请单、配比出库单、其他出库单、调拨单、调拨申请单、盘点单、限额领料单、组装单、拆卸单、形态转换单、不合格品记录单和不合格品处理单。本节将对常用的单据进行解释和说明。

不需要审核的单据包括货位调整单和序列号调整单，这 2 种单据保存即为有效单据。

需要关闭的单据包括限额领料单、调拨申请单和领料申请单。限额领料单只能整张关闭/打开，不可拆单；调拨申请单、领料申请单既可以整单关闭/打开，也可以单行关闭/打开。

本节将讲解库存管理和存货核算系统的基本概念、作用及常用操作。

6.1.1 库存管理基本概念

库存管理主要是管理企业存货的出入库业务。入库业务，是指仓库收到采购或生产的货物，仓库保管员验收货物的数量、质量、规格型号等，确认验收无误后入库，并登记库存账的管理过程；出库业务是指仓库进行的销售出库、材料出库等业务。

本节将对库存管理中的常用概念，包括仓库管理、批次管理、倒冲业务、条形码管理和再订货点法等内容进行讲解。

1. 仓库管理

用友 ERP-U8 中，可以按照仓库对存货进行管理，同一存货在不同仓库可设置不同的盘点周期、安全库存等参数。

企业可以根据实际需要设置仓库的属性：

- 如果需要对车间存放的存货进行管理，可以设置现场仓，现场仓可以做倒冲业务。
- 如果需要对委外商处存放的材料进行管理，可以设置委外仓(可以做倒冲业务)。
- 如果有代管采购业务，可以设置代管仓。
- 如果需要处理固定资产业务，可以设置资产仓。

2. 倒冲业务

对于因包装不可分割的或价值较低的材料，通常会存放在生产线或委外商处(将材料从普通仓库调拨到现场仓库或委外仓库)，在产品完工后由系统根据完工或入库产品耗用的材料自动倒扣现场仓或委外仓的材料数量。

倒冲类型可分为生产倒冲和委外(入库)倒冲，生产倒冲又分为工序倒冲和入库倒冲。

倒冲方式可分为自动倒冲和盘点补差，盘点业务详见 6.1.3 节。

(1) 生产倒冲的盘点补差。在对现场仓的材料进行盘点时，系统自动将倒冲料的盘点数量(手工填入)与仓库现存量进行比较，并将有差异的倒冲料，按盘点期间相应的材料出库单中的出库量进行分配，将倒冲料的差异量分摊到相应生产订单的各产品各工序上，生成新的材料出库单，将差异调平。

(2) 生产工序自动倒冲。在车间管理中进行工序转移单保存时，如果加工的产品在生产订单中有工序倒冲子件，则系统按规则自动生成材料出库单，倒扣现场仓材料数量。

(3) 生产入库自动倒冲。在库存管理中进行产成品入库单保存时，如果入库产品在生产订单中有入库倒冲子件，则系统按规则自动生成材料出库单。

(4) 委外入库自动倒冲。在库存管理中进行采购入库单(业务类型为"委外加工")保存时，如果入库产品在委外订单中有倒冲子件，则系统按规则自动生成材料出库单。

(5) 委外入库盘点补差。在对委外仓的材料进行盘点时，系统自动将倒冲料的盘点数量(手工填入)与仓库现存量进行比较，并将有差异的倒冲料，按盘点期间相应的材料出库单的出库量进行分配，将倒冲料的差异量分摊到相应委外订单的各产品上，生成新的材料出库单，将差异调平。

倒冲生成的材料出库单是否被自动审核，是根据系统选项"倒冲材料出库单自动审核"是否被勾选决定的，详见 3.3.1 节的图 3-9。

3. 批次管理

用友 ERP-U8 的批次管理功能，可通过存货的批号，记录需要跟随批号的跟踪信息，比如厂家生产批号、医药化工行业主要原辅料的相关重要检测指标等；可以对存货的收发存情况进行批次管理，以利于统计某一批次所有存货的收发存情况，或者某一存货所有批次的收发存情况，同时查询批号对应的跟踪信息。

在设置库存管理的选项时，若选中"有无批次管理"，即设置存货为有批次管理，则出入库时，批次管理的存货需要指定批号，也可设置为自动指定批号。

批次管理的存货，如果在编辑存货档案时没有选择"出库跟踪入库"，或者设置库存管理的选项时没有选中"自动出库跟踪入库"，则系统将相同批号的入库记录自动合并，否则批号不合并。

假设有自动指定批号的批次管理存货"三元罐装奶粉"，结存有 3 批(参见表 6-1)，结存数量分别为 100、20 和 50 罐。若本次出库数量为 150，则按批号先进先出(即按批号排序)的出库结果如表 6-2 所示，按近效期先出(即按失效日期排序)的出库结果如表 6-3 所示。

表 6-1　存货"三元罐装奶粉"结存

批　号	保　质　期	生产日期	失效日期	结存数量
9905	365 天	2015.04.11	2016.04.10	100
9906	365 天	2015.04.03	2016.04.02	20
9907	365 天	2015.06.09	2016.06.08	50

表 6-2　按批号先进先出的出库结果

批　号	保　质　期	生产日期	失效日期	出库数量	结存数量
9905	365 天	2015.04.11	2016.04.10	100	0
9906	365 天	2015.04.03	2016.04.02	20	0
9907	365 天	2015.06.09	2016.06.08	30	20

表 6-3　按近效期先出的出库结果

批　号	保　质　期	生产日期	失效日期	出库数量	结存数量
9906	365 天	2015.04.03	2016.04.02	20	0
9905	365 天	2015.04.11	2016.04.10	100	0
9907	365 天	2015.06.09	2016.06.08	30	20

4. 条形码管理

条形码(barcode)是将宽度不等的多个黑条和空白，按照一定的编码规则排列，用以表达一组信息的图形标识符，具有输入快、准确度高、成本低、可靠性强等优点。

条形码可以标出物品的生产国、制造厂家、商品名称、生产日期、图书分类号、邮件起止地点、类别、日期等许多信息,因而在商品流通、图书管理、邮电管理、银行系统等许多领域都得到了广泛的应用。

条码技术是实现 POS 系统、EDI、电子商务、供应链管理的技术基础,是物流管理现代化的重要技术手段。条码技术包括条码的编码技术、条码标识符号的设计、快速识别技术和计算机管理技术,它是实现计算机管理和电子数据交换的必不可少的前端采集技术。

条码的种类很多,常见的有二十多种码制。国际广泛使用的条码种类有 EAN(European Article Number,国际商品条形码)、UPC 码(Universal Product Code,通用产品条形码)、Code39 码(可表示数字和字母,在管理领域应用最广)、ITF25 码(在物流管理中应用较多)、Codebar 码(多用于医疗、图书领域)、Code93 码、Code128 码等。

其中,EAN 码是当今世界上广为使用的商品条码,已成为电子数据交换(EDI)的基础;UPC 码主要为美国和加拿大使用;在各类条码应用系统中,Code39 码因其可采用数字与字母共同组成的方式而在各行业内部管理上被广泛使用;在血库、图书馆和照相馆的业务中,Codebar 码也被广泛使用。

图 6-1 是 EAN 条码,它是一种超市最常使用的一维条码,其组成包括两侧空白区、起始符、数据字符、校验字符(可选)和终止符,以及供人识读的字符。

图 6-2 是 UPC 码,商品编码为 12 位(UPC-A)、8 位(UPC-E),UPC-B 为医药卫生 12 位,UPC-C 为产业部门 14 位,UPC-D 为仓库批发 14 位。

图 6-1　EAN 条码(13 位和 8 位码)

图 6-2　UPC 条码(12 位和 8 位码)

以上列举的均为一维条码,目前二维条码也在迅速发展,图 6-3 所示是堆积或层排式的二维码,图 6-4 所示是棋盘或矩阵式二维码。

图 6-3　层排式二维码

图 6-4　矩阵式二维码

二维条码可把照片、指纹编制于其中，可有效地解决证件的可机读和防伪问题。因此，可广泛应用于护照、身份证、行车证、军人证、健康证、保险卡等。

用友 ERP-U8 的库存管理系统中，可使用常用条码，也可以自定义条码。一个存货一般对应一个条形码，也可一个存货对应多个条形码，如可按存货的包装、颜色、尺寸、批号、货位、供应商、单价等信息设置存货的条形码。

增加存货的条形码时，可以直接录入条形码，也可根据规则输入规则内容，然后由系统自动生成条形码。条形码可以修改、删除、封存、重用，未封存的条形码可以用于填制单据。

条形码一旦使用，就不能再修改或删除了，已封存的条形码在单据录入时不能再使用。

5. ROP(再订货点法)

ROP(Re-Order Point，再订货点法)是一种传统的库存规划方法，现在主要用于低值易耗品、劳保用品等的采购计划编制。

再订货点法，是当某个物料的可用库存降至再订货点时，按照批量规则进行订购。即当存货的可用库存≤再订货点时，库存管理系统根据批量规则提出计划订货量。下面将详细讲解可用库存、再订货点和批量规则。

(1) 可用库存。可用库存＝可用量＋接收数量(ROP 采购计划未下达、请购单未完成、采购订单未完成、采购到货单未填仓库或批次存货未填批次部分)。

可用量＝现存量＋预计入库量－预计出库量－冻结量。在用友 ERP-U8 中，可设置更改现存量的时点(详见 3.3.1 节的图 3-9)，现存量是在单据保存时更新还是审核时更新，会影响现存量、可用量、预计入库量、预计出库量的变化。

- 可用量：企业实际上可以使用的存量。
- 现存量：指仓库的实际库存量。每次办理实物出入库后，根据"修改现存量时点"设置，更改现存量。
- 冻结量：冻结分为两种情况，一是整批冻结，即对已入库但因各种原因不能继续进行出入库业务的存货，暂时进行冻结，待原因查明后再解冻；二是因质量检验而进行的部分冻结。

- 整批冻结，只能对批次管理的存货进行冻结；部分冻结可以对批次或非批次管理存货进行冻结。
- 已冻结的量，必须从现存量中扣除再计算可用量，即冻结量不能被使用，不能作为可用量。

- 预计入库量：指采购业务或调拨业务已发生或生产订单已下达，实物还未入库但在可预见的未来将要入库的量。包括已请购量、采购在途量、生产订单量、委外订单量、到货/在检量、调拨在途量等。
  - 已请购量：指已审核未关闭的采购请购单未生成采购订单的量。
  - 采购在途量：指已审核未关闭的采购订单未入库或未到货量，以及已审核未关闭的进口订单未到货或未入库的量。
  - 生产订单量：已审核未关闭的生产订单未入库的量。实际业务中，指企业已下达生产订单，准备生产或正在生产过程中但还未完工入库的量(包括产出品)。
  - 委外订单量：已审核未关闭的委外订单未入库的量。实际业务中，指企业已下达委外订单，但还未入库或未到货的量。
  - 到货/在检量：到货单未入库的量，及红字发货单、发票、出口退货单未出库的量。实际业务中，采购或销售退货的商品已到达企业，但还未检验或未办理实物入库的量。
  - 调拨在途量：未审核调拨单针对转入仓库的量,其他出入库单审核时改现存量，已审核的调拨单对应的其他入库单或红字其他出库单未审核的量。实际业务中，是企业已开具调拨单，调拨存货已发出正在运输途中，调拨入库方还未收到的存货的量。

- 预计出库量：指销售或调拨业务已发生，实物还未出库但在可预见的未来将要出库的量。包括销售订单量、备料计划量、生产未领量、委外未领量、待发货量、调拨待发量等。
  - 销售订单量：指已开具销售订单或出口订单承诺给客户但还未发货的量。
  - 备料计划量：指已开具限额领料单但未实际领用(即出库)的量。
  - 生产未领量：已下达的生产订单对应子项材料未实际领用(即出库)的量。
  - 委外未领量：已下达的委外订单对应子项材料未实际领用(即出库)的量。
  - 待发货量：指已开具销售发货单但未实际出库的量(先发货为发货单、先开票为发票)或已开具出口销货单但未实际出库的量。
  - 调拨待发量：未审核调拨单针对转出仓库的量;其他出入库单审核时改现存量，已审核的调拨单对应的其他出库单或红字其他入库单未审核的量。实际业务中，已开具调拨单，但未发货的量。

(2) 再订货点。再订货点=日均耗量×固定提前期＋安全库存。
- 日均耗量＝历史耗量/计算日均耗量的历史天数，可修改。

- 历史耗量：历史天数内的销售出库单、材料出库单、其他出库单(不包括调拨单)的出库数量，包括未审核单据。
- 安全库存(Safety Stock，简称 SS)，也称安全存储量或保险库存，是指为了防止不确定性因素(如大量突发性订货、交货期突然延期、临时用量增加、交货误期等特殊原因)而预计的保险储备量(缓冲库存)。

库存管理系统支持手工输入再订货点，也可自动计算再订货点。

(3) ROP 批量规则。可在"存货档案"的"计划"选项卡中，通过"ROP 批量规则"设置如下批量规则。

- 补充至最高库存：如果可用库存>安全库存，则计划订货量＝最高库存－安全库存。如果可用库存≤安全库存，则计划订货量=最高库存-可用库存。
- 固定批量：计划订货量＝固定批量。
- 历史消耗量：计划订货量＝日均耗量×保证供应天数。

6.1.2 库存管理业务类型

用友 ERP-U8 的库存管理系统中，其商业版和工业版的业务类型有所不同。商业版的不能使用产成品入库、委外加工入库、材料出库相关的功能，但可以设置受托代销业务。工业版的可以使用产成品入库、材料出库、领料申请、限额领料等，但不能使用受托代销业务。

1. 商业版的业务类型

用友 ERP-U8 的库存管理系统中，商业版的业务类型可分为 4 种，具体如下。

(1) 采购入库单。库存管理的采购入库业务，在"采购入库单"的单据上支持的业务类型包括普通采购、受托代销、代管采购和固定资产。

- 普通采购，是适合大多数企业的一般采购业务。
- 受托代销业务，是一种"先销售后结算"的采购业务，仅适用于有受托代销业务的商业企业和医药流通企业。
- 代管采购，是一种"先使用再结算"的采购业务。
- 固定资产采购，用于企业采购固定资产时的采购管理。

(2) 销售出库单。库存管理的销售出库业务，在"销售出库单"的单据上支持的业务类型为普通销售、委托代销和分期收款业务。

- 普通销售出库业务，是库存管理的主要工作之一，您可以参照销售管理系统的发货单、销售发票、销售调拨单和零售日报，生成销售出库单。
- 委托代销业务，指企业将商品委托他人进行销售，但商品所有权仍归本企业的销售方式。委托代销商品销售后，受托方与企业进行结算，并开具正式的销售发票，形成销售收入，商品所有权转移。只有库存管理系统与销售管理系统集成使用时，才能在库存管理系统中应用委托代销业务。

- 分期收款发出商品业务，类似于委托代销业务，货物提前发给客户，分期收回货款，收入与成本按照收款情况分期确认。分期收款销售的特点是：一次发货，当时不确认收入，分次确认收入，在确认收入的同时配比结转成本。

(3) 其他入库单。库存管理的其他入库业务，包括调拨入库、盘盈入库、组装入库、拆卸入库、转换入库等。

其他入库单，是指除采购入库、产成品入库之外的其他入库业务形成的入库单。一般地，其他入库单是由系统根据其他的业务单据自动生成的，业务类型为相应的业务，但也可以手工填制。

(4) 其他出库单。其他出库单指除销售出库、材料出库之外的其他出库业务，如调拨出库、盘亏出库、组装拆卸出库、形态转换出库、不合格品记录等业务形成的出库单。

其他出库单一般由系统根据其他业务单据自动生成，业务类型为相应的业务；还可参照设备作业单生成，实现备件的领用；参照服务单生成，实现服务配件的领用；也可手工填制。

2. 工业版的业务类型

工业版的业务类型，可分为6种，具体如下。

(1) 采购入库单。与商业版相比，工业版的采购入库单支持的业务，除了普通采购、代管采购、固定资产外，增加了委外加工入库类型，但不支持受托代销业务。

委外加工业务指由发包厂商提供委外品零部件或原材料，委外供应商负责加工，发包厂商支付加工费的业务。

用友 ERP-U8 支持的委外业务，以委外订单为核心，支持参照委外订单进行收发料以及材料核销，支持参照委外订单开具委外加工费发票以及委外结算，暂不支持无订单的委外到货、入库、发料、开票等委外业务。

(2) 销售出库单，与商业版相同。

(3) 其他入库单，与商业版相同。

(4) 其他出库单，与商业版相同。

(5) 材料出库单。对于工业企业，材料出库单是领用材料时所填制的出库单据，当从仓库中领用材料用于生产或委外加工时，就需要填制材料出库单。对于生产倒冲或委外倒冲的材料，在进行产成品入库或委外入库(指业务类型为委外加工的采购入库)保存时，系统按规则自动生成材料出库单。

(6) 产成品入库单。产成品入库是工业版特有的入库业务。产成品入库单，一般指产成品验收入库时所填制的入库单据，是工业企业入库单据的主要部分。

6.1.3 库存调拨与盘点

1. 调拨业务

调拨业务，是仓库管理员根据企业内部的门店或分支机构的要货申请，在依据库存状况批复后执行的调拨处理，其应用模型可参见图6-5。

图 6-5 调拨业务的应用模型

由图6-5可知，调拨业务的主要单据为调拨申请单和调拨单。

调拨申请单用于录入门店或分支机构的要货情况，或录入企业配货指令，仓库可以根据调拨申请分次调拨。

调拨单是用于仓库之间存货的转库业务，或部门之间的存货调拨业务的单据。同一张调拨单上，如果转出部门和转入部门不同，表示为部门之间的调拨业务；如果转出部门和转入部门相同，但转出仓库和转入仓库不同，表示为仓库之间的转库业务。

2. 盘点业务

为了保证企业库存资产的安全和完整，做到账实相符，企业必须对存货进行定期或不定期的清查，查明存货盘盈、盘亏、损毁的数量以及造成的原因，并据以编制存货盘点报告表，按规定程序，报有关部门审批。经有关部门批准后，进行相应的账务处理，调整存货账的实存数，使存货的账面记录与库存实物核对相符。图6-6所示是盘点业务的应用模型。

(1) 盘点方式。盘点时，库存管理系统提供多种盘点方式，如按仓库盘点、按批次盘点、按存货大类盘点等，还可以对各仓库或批次中的全部或部分存货进行盘点。盘盈、盘亏的结果自动生成其他出入库单。

按仓库盘点是将盘点单表头仓库的全部存货带入盘点单的表体，以利于盘点数据的编辑。

按批次盘点是将盘点单表头"仓库+表头批号"的全部存货带入盘点单的表体。

按存货大类盘点是将盘点单表头"仓库＋指定大类"的全部存货带入盘点单的表体。

(2) 盘点类型。按盘点的仓库类别，盘点可以分为普通仓库盘点和倒冲仓库盘点。

① 普通仓库盘点。普通仓库盘点的盘点单在审核时，根据盘点表生成其他出入库单。所有盘盈的存货生成一张其他入库单，业务类型为盘盈入库；所有盘亏的存货生成一张其他出库单，业务类型为盘亏出库。

② 倒冲仓库盘点，指对现场仓或委外仓进行的盘点。

倒冲仓库盘点的盘点单在审核时，盈亏量不为 0 的记录生成材料出库单或其他出入库单。

- 盈亏量不为 0 且盘点会计期间内有材料耗用时，将盈亏量分摊到生产订单、委外订单上，按正数、负数且部门相同的分别生成不同的材料出库单：正数的生成红字材料出库单，负数的生成蓝字材料出库单。
- 盈亏量不为 0 且盘点会计期间内没有材料耗用时，则与普通仓库盘点相同，即审核时生成其他出入库单。

图 6-6　盘点业务的应用模型

6.1.4　存货核算概论

存货的核算是企业会计核算的一项重要内容。用友 ERP-U8 的存货核算系统，主要针对企业存货的收发存业务进行核算，以掌握存货的耗用情况，及时准确地把各类存货成本归集到各成本项目和成本对象上，为企业的成本核算提供基础数据；并可动态反映存货资金的增减变动情况，提供存货资金周转和占用的分析，从而可以在保证生产经营的前提下，降低库存量、减少资金积压、加速资金周转。

1. 存货核算的功能与特点

存货核算系统主要用于对企业存货的出入库业务，进行出入库存货成本的核算及计算结存余额，涉及的单据主要有采购入库单、产成品入库单、其他入库单，销售出库单、材料出库单、假退料单、其他出库单、入库调整单、出库调整单、计划价/售价调整单、产成品成本分配单等。财务账主要有存货明细账(总账)、受托代销商品明细账(总账)、发出商品明细账、差异明细账、差价明细账,系统自动按照所选核算方式计算成本并记账。

存货核算系统可对数量、金额均具备的出入库存货进行核算,也可对只有数量无金额的存货如赠品、附属物等存货进行核算;可按仓库进行核算,也可按部门(即多个仓库)或存货进行核算;可利用出入库调整单对本月已记账单据进行修改,并同时修改明细账或差异账/差价账;凡当时不能确定入库单价的,均可以暂估价入库,当与采购系统或委外系统集成使用时,可对暂估报销单据进行成本处理;当单独使用时,可填制调整单对金额进行调整。

存货核算系统与采购或委外系统集成使用时,对于跨月的暂估入库单,本月报销后可选择月初回冲暂估金额、单到回冲暂估金额或调整暂估金额进行成本处理(详见5.1节)。

存货核算系统中,可单独记录及核算受托代销的库存商品明细账和统计报表,以及发出商品业务的发出商品明细账和统计报表;支持工业和商业各6种计价方式,包括全月平均、移动平均(详见4.4.2节)、先进先出、后进先出、个别计价、计划价核算/售价核算;可对没有入库成本的产成品分配成本。

存货核算系统提供按仓库、存货或收发类别等多种口径统计,具有强大丰富的综合统计查询功能,可灵活输出各类报表;可按照指定存货和指定仓库查询与打印存货明细账、总账、差异明细账等;可提供存货资金的占用分析及周转分析,并可提供存货ABC分析(详见6.1.7节)。

2. 存货核算系统与其他子系统之间的关系

存货核算系统是企业供应链系统的一部分,与其他供应链产品有着密切的关系。

(1) 与采购管理系统集成使用时

- 可设置存货暂估入库的成本处理方式,包括月初回冲、单到回冲、单到补差。
- 采购入库单由采购管理系统(没有启用库存管理系统时)或库存管理系统生成,存货核算系统可修改采购入库单的单价和金额,并对采购入库单进行记账和生成凭证。
- 采购入库时,如果当时没有入库成本,采购系统可对所购存货暂估入库;报销(即票到结算)时,存货核算系统可根据用户所选的暂估处理方式进行不同的暂估结算处理。

(2) 与库存管理系统集成使用时

- 期初结存数量、结存金额,可从库存管理系统中取数,并与库存管理系统进行对账。
- 采购入库单、销售出库单、产成品入库单、材料出库单、其他入库单、其他出库单,由库存管理系统输入,存货核算系统不能生成以上单据,只能修改其单价、金额项。
- 库存管理系统的调拨单、盘点单、组装拆卸单、形态转换单生成的其他出入库单,由存货核算系统填入其单价、成本并记账。

(3) 与销售系统集成使用时

- 从销售系统中取分期收款发出商品期初数据、委托代销发出商品期初数据。
- 可对销售系统生成的销售发票、发货单进行记账和生成凭证。

(4) 与总账系统集成使用时

- 需要对存货科目、对方科目、税金科目等进行设置，以利于凭证科目的自动带入。
- 在本期进行月末结账之前，可对本期的记账单据生成凭证，并将生成的凭证传递到总账系统中。

6.1.5 存货核算日常业务

存货核算系统的日常业务，主要是进行日常存货核算业务数据的录入和成本核算。在与采购、销售、库存等子系统集成使用时，日常业务主要是对从其他子系统传过来的各种存货出入库单据和调整单据的查询、部分数据项的修改，以及成本计算；在单独使用时，完成各种出入库单据的增加、修改、查询和成本计算。

1. 入库成本核算

入库成本核算是对入库单据进行核算，入库单据包括企业外部采购物资形成的采购入库单、生产车间加工产品形成的产成品入库单，以及盘点、调拨、调整、组装、拆卸等业务形成的其他入库单据。

采购入库单，对于工业企业来讲，一般指采购原材料验收入库时所填制的入库单据；对于商业企业来讲，一般指商品进货入库时填制的入库单。无论是工业还是商业企业，采购入库单都是企业入库单据的主要单据，除了企业仅启用存货核算系统的情况外，采购入库单都是由其他系统(如库存管理系统、采购管理系统)传递过来的，但在存货核算系统中可以通过修改功能调整入库金额。

产成品入库单，是指工业企业生产的产成品、半成品入库时所填制的入库单据。在用友 ERP-U8 的存货核算系统中，"产成品入库单"功能可用于编辑正常产品入库和已入库的不合格产品红字退回的单据。

产成品入库单在填制时一般只填写数量，单价与金额既可以通过修改产成品入库单直接填入，也可以由成本分配功能自动计算填入。

2. 出库成本核算

出库成本核算是对出库单据进行的核算，其中销售业务的成本核算，可以通过销售发票或销售出库单进行出库成本核算(您可以在系统选项设置中选定，详见 3.3.1 节)。

出库单据包括销售出库形成的销售出库单、车间领用材料形成的材料出库单，以及盘点、调整、调拨、组装、拆卸等其他出库业务形成的其他出库单。

销售出库单，对于工业企业来讲，一般指产成品销售出库时所填制的出库单据；对于商业企业来讲，一般指商品销售(包括受托代销商品)出库时填制的出库单。无论是工业还是商业企业，销售出库单都是企业出库单据的主要部分，来源于销售管理系统和出口管理系统。所有销售出库单的单价、金额都可在存货核算系统中修改，但对数量的修改只能在该单据填制的系统中进行。

3. 调整业务

出入库单据记账后，发现单据金额错误时，如果是录入错误，通常采用修改方式进行调整。但若是因暂估入库后发生零出库业务等原因所造成的出库成本不准确，或库存数量为零而仍有库存金额的情况时，则只能使用入库调整单或出库调整单进行调整。

(1) 入库调整单。入库调整单是对存货的入库成本进行调整的单据，它只调整存货的金额，不调整存货的数量；它调整当月的入库金额，并相应调整存货的结存金额；可针对单据进行调整，也可针对存货进行调整。

提示：

- 已生成凭证的单据不允许调整。如果想进行调整，应先删除所生成的凭证。
- 记账标志。入库调整单在单据录入时仍按整单记账，但在正常单据记账中可拆单按行记账，因此记账标志存放在表体。
- 修改单据。由于可拆单按行记账，因此单据修改也需要按行处理。一张单据中，已记账的单据行不可修改，未记账的单据行可修改；只要表体有已记账的行记录，则单据的表头就不可修改。

【入库调整记账规则】

- 调整单记账时，在明细账中记录一笔只有金额没有数量的记录。
- 用实际价核算时，调整金额记入存货明细账中，形成一笔存货调整；用计划价或售价核算时，调整金额记入差异账或差价账中，形成一笔差异调整。
- 用全月平均方式核算时，系统自动调整本月对应入库单据上存货的入库成本，现入库成本=原入库成本+调整金额。
- 用移动平均方式核算时，系统自动调整本月对应入库单据上存货的入库成本，并重新计算明细账中调整记录以下的出库成本及结存成本，并回填出库单。
- 用先进先出或后进先出方式核算时，系统自动调整本月对应入库单据上存货的入库成本，并重新计算明细账中该入库单所对应的出库成本，并回填出库单。
- 用计划价或售价方式核算时，系统自动调整本月对应入库单据上存货的入库成本差异，现入库成本差异=原入库成本差异+调整差异。
- 用个别计价法核算时，系统自动调整本月对应入库单据上存货的入库成本，并重新计算明细账中该入库单所对应的出库成本，并回填出库单。注意，一笔出库单据指定多笔入库单据时，不调整对应出库成本。

(2) 出库调整单。出库调整单是对存货的出库成本进行调整的单据，它只调整存货的金额，不调整存货的数量；它调整当月的出库金额，并相应调整存货的结存金额；只能针对存货进行调整，不能针对单据进行调整。

提示：

- 记账标志。出库调整单在单据录入时仍按整单记账，但在正常单据记账中，可拆单按行记账，因此记账标志存放在表体。
- 修改单据。由于可拆单按行记账，因此单据修改也需要按行处理。一张单据中，已记账的单据行不可修改，未记账的单据行可修改；只要表体有已记账的行记录，则单据的表头就不可修改。

【出库调整记账规则】

- 调整单记账时，在明细账中记录一笔只有金额没有数量的记录。
- 用计划价方式核算时，调整金额记入差异账或差价账中，形成一笔差异调整。
- 用实际价核算时，调整金额记入存货明细账中，形成一笔存货调整。

(3) 系统调整单。系统调整单是存货核算系统自动生成的出入库调整单，它有以下3种来源。

- 单据记账：如果您在单据记账界面上，选择了"账面负结存时入库单记账自动生成出库调整单"，则当账面负结存时入库单记账，系统将自动生成出库调整单，您可在存货核算系统的"系统调整单"功能中修改。
- 存货结算成本处理：若结算成本处理时，暂估方式为"单到补差"且暂估入库单价和报销单价不一致，则系统自动生成入库调整单(报销单价>暂估单价)或出库调整单(报销单价<暂估单价)，可修改。
- 期末处理：若期末处理时，出现了"数量为零，金额不为零"的情况，则系统自动生成调整单，可修改。

4. 假退料业务

假退料业务的应用场景是：车间已领用的材料，在月末尚未消耗完，下月需要继续耗用，则可不办理退料业务，而制作假退料单进行成本核算。只有工业版的存货核算系统才有此功能。

假退料单记账或期末处理时，成本的核算方法同材料出库单。

月末结账时，根据当月已记账的假退料单自动生成假退料的蓝字回冲单，数量、金额的符号与假退料单完全相反，日期是下个月的第一天，单据号同原假退料单单号，其他内容完全相同。

假退料回冲单月末结账时自动记账，记账时成本的核算方法同材料出库单。恢复月末结账时，则将假退料单生成的蓝字回冲单一起恢复。

6.1.6　存货业务与财务核算

存货核算系统的业务核算，主要功能是对单据进行出入库成本的计算(记账)、结算成本的处理、产成品成本的分配，以及期末处理。

存货核算必须进行期初记账，否则不能出现业务核算内容。

存货核算系统的财务核算，主要是对已经执行业务核算的单据制单，即生成凭证，并将凭证传递至总账系统。

1. 单据记账与恢复记账

单据记账可将您输入的单据，登记到存货明细账、差异明细账/差价明细账、受托代销商品明细账、受托代销商品差价账等。

使用先进先出、后进先出、移动平均、个别计价这4种计价方式的存货，在单据记账时进行出库成本核算；使用全月平均、计划价/售价法计价的存货，在期末处理处进行出库成本核算。

单据记账主要包括正常单据记账、发出商品记账、特殊单据记账和直运销售记账。下面将在分别讲解这4种记账业务的基础上，说明恢复记账功能的作用。

(1) 正常单据记账。正常单据记账是对普通业务的红蓝出、入库单，其他出入库和出入库调整单进行记账。记账的过程如下：

- 先将被选择的满足记账条件的数据打上记账标志。
- 执行记账过程，将参与记账的数据记入存货明细账。
- 记账过程执行完成后，同步其他业务系统单据的单价、金额及相关数据项，并将业务单据上的记账标志更新为实际记账人，记账完毕。

【业务规则】

- 在记账过程中的采购入库单，不能做采购结算、委外核销、委外结算等业务。
- 查询存货的报表(流水账、收发存汇总表、入库汇总表、出库汇总表、暂估材料/商品余额表等)，在记账过程中的记录按已记账的记录查询。
- 如果在记账过程中增加本月的业务数据(出入库单据、结算单、委外核销等)，这些数据不会被记入存货明细账。
- 在记账过程中，为其他系统提供的成本，按已记入存货明细账和总账的成本为准，不含记账过程中的数据。

(2) 发出商品记账。发出商品记账，是对分期收款/委托代销商品的发货单记账(减少库存商品，增加分期收款/委托代销商品)和发票记账(减少分期收款/委托代销商品，并结转销售成本)。

提示：

- 只有销售系统启用时，存货核算系统才能对分期收款发出商品业务进行核算。
- 委托代销商品记账有两种处理方式，一是视同普通销售，二是按发出商品核算，可在存货核算的系统选项中选择(参见3.3.1节的图3-10)。若选择"按普通销售核算"，则在"正常单据记账"功能中进行单据记账和成本核算；若选择"按发出商品核算"，则在"发出商品记账"功能中进行单据记账和成本核算。
- 发出商品业务类型的销售出库单不能记账。

【业务规则】

- 分期收款发出商品的发货单记账时，是根据发货单中各存货或仓库、部门的计价方式，计算发货单的成本。使用计划价(售价)或全月平均计价方式的实际成本在期末处理时计算。
- 分期收款发出商品的发票记账时，取发票对应的发货单的出库成本单价计算发票的销售成本。如果发货单是计划价或全月平均计价时，发票可记账，但必须在发货单期末处理后有实际单价时，才能回写发票金额。发票记账时，如果发票对应的发货单未记账，则发票不能记账。恢复记账时，发货单对应的发票全部恢复记账后，才能恢复发货单的记账。
- 分期收款的发货单制单时，借方科目取分期收款发出商品对应的科目，贷方取存货对应的科目；发票制单时，借方科目取收发类别对应的科目，贷方取分期收款发出商品对应的科目。
- 委托代销发货单对应的销售出库单如果已记账，则委托代销发货单不能记账。
- 委托代销发出商品的发货单记账时，是根据发货单中各存货或仓库、部门的计价方式，计算发货单的成本的。
- 委托代销发出商品的发票记账时，取发票对应的发货单的出库成本单价计算发票的销售成本。每次记账后要将发票结转的数量和成本记在明细账的发货单上。如果发货单是计划价或全月平均计价时，发票也可记账，但必须在发货单期末处理后有实际单价时，发票才回写金额。发票记账时，如果发票对应的发货单未记账，则发票不能记账。恢复记账时，发货单对应的发票全部恢复记账后，才能恢复发货单的记账。

(3) 特殊单据记账。特殊单据记账是对调拨单、组装单和形态转换单等特殊单据的记账，以进行成本计算。这些特殊单据，也可以通过"正常单据记账"进行记账和成本计算。

- 调拨单：用于仓库之间存货的转库业务或部门之间的存货调拨业务。
- 组装单：组装指将多个散件组装成一个配套件的过程。组装单相当于两张单据，一个是散件出库单，一个是配套件入库单。配套件和散件之间是一对多的关系，应在产品结构中设置，需要在组装之前完成定义，否则无法进行组装。
- 形态转换单：由于自然条件或其他因素的影响，某些存货会由一种形态转换成另一种形态，如煤块由于风吹、雨淋，天长日久变成了煤渣，活鱼由于缺氧变成了死鱼等，从而引起存货规格和成本的变化。因此库管员需根据存货的实际状况填制形态转换单，或叫规格调整单，报请主管部门批准后进行调账处理。

(4) 直运销售记账。直运销售记账是对直运销售业务进行核算。只有销售系统启用时，存货才能对直运销售进行核算。根据直运采购发票或销售发票记入明细账时，仓库和所属部门均为空。

直运销售的业务模式和成本核算规则，请参见8.4节。

(5) 恢复记账。恢复记账是将已登记明细账的单据恢复到未记账状态。

恢复记账的业务规则如下：

- 对于全月平均、计划价/售价、个别计价核算方式，可选择任意一张单据进行恢复，但对于移动平均、先进先出、后进先出核算方式，如果单独恢复其中某个行记录时，易造成数据错误，所以应按记账顺序从后向前恢复。

- 在移动平均、先进先出、后进先出核算方式下，若按存货核算，恢复记账时可只对要恢复记账的存货按顺序恢复，不影响其他存货；若按仓库核算，恢复记账时可只对要恢复记账的仓库+存货按顺序恢复，不影响其他仓库的其他存货；若按部门核算，则恢复记账时可只对要恢复记账的所属部门+存货按顺序恢复，不影响其他所属部门的其他存货。

- 当与采购或委外系统集成使用，有暂估回冲处理时，恢复后单据成为暂估状态，您需要重新进行暂估回冲处理。

- 对于本月已生成凭证的单据，不能恢复记账，并且其之前的单据也不能恢复记账。如果想恢复记账，应先删除所生成的凭证。

- 分期收款发出商品的发货单恢复记账时，发货单对应的发票必须全部恢复记账后，才能恢复发货单的记账。

- 委托代销发货单恢复记账时，发货单对应的发票必须全部恢复记账后，才能恢复发货单的记账。

- 直运采购发票恢复记账时，要将已记账的对应直运销售发票的出库调整单一起删除。恢复直运销售发票时，要将直运销售发票对应的出库调整单删除。

2. 期末处理

当日常业务全部完成后，就可以进行期末处理了。期末处理时，系统自动计算按全月平均方式核算的存货的全月平均单价及其本会计月出库成本，计算按计划价/售价方式核算的存货的差异率/差价率及其本会计月的分摊差异/差价，并对已完成日常业务的仓库/部门/存货做处理标志。

提示：

- 由于存货核算系统可以处理压单不记账的情况，因此进行期末处理之前，您应仔细检查是否本月业务还有未记账的单据。

- 本月的单据如果您不记账，可以放在下个会计月记账，作为下个会计月的单据。

- 期末成本计算功能，每月只能执行一次，执行之后就不能再在本会计期间录入出入库单，若有则只能作为下个会计月的单据录入。

- 由于生成凭证只支持按整单制单，故在第12个会计月期末处理前，您一定要将未整单记账的单据中所有未记账记录全部记账，并且在月结前生成凭证。否则年结后，无法生成凭证。

【业务规则】

- 按仓库或按部门核算时，可以对整个仓库/所属部门进行期末处理或恢复期末处理，也可选择对仓库/所属部门中部分存货进行期末处理和恢复期末处理。
  - 期末处理时，如果您只选择了仓库/所属部门，而未选择存货，则默认要对仓库/所属部门中的所有未做期末处理的存货进行期末处理。

■ 恢复期末处理时，如果您只选择了仓库/所属部门，而未选择存货，则默认要对仓库/所属部门中的所有已做期末处理的存货恢复期末处理。

● 当所选仓库/部门/存货为计划价/售价核算时，系统自动计算此仓库/部门/存货中各存货的差异率/差价率，并形成差异/差价结转单，此单据您不可修改。如果您认为此单有误，可单击"取消"按钮取消此次处理；如果无误，可单击"确认"按钮以确认期末成本处理结果并记账。

● 当所选仓库/部门/存货为全月平均方式核算时，系统自动计算此仓库/部门/存货中各存货的全月平均单价，并计算本会计月的出库成本(不包括已填成本的出库单)，生成期末成本处理表，您可打印此表。如果出库成本不符合要求，您可单击"取消"按钮，然后对出库成本调整后再处理；如果您单击"确认"按钮，则系统将对明细账回填出库成本，完成后提示您"期末处理完成"。

● 按全月平均或计划价核算时，系统计算出的出库单价为负数或无单价时，按零出库成本选项处理。

● 期末处理自动生成的调整单，可在"系统调整单"中进行修改。

● 当所选仓库/部门/存货为移动平均、先进先出、后进先出或个别计价的计价方式时，系统将自动标识此仓库/部门/存货的期末处理标志。

● 本月已进行期末处理的仓库/部门/存货，不能再进行期末处理。

● 期末处理后，对于计划价或全月平均计价核算的委外出库单，存货核算回写委外出库单的实际成本后，如果委外出库单已进行数量核销，委外管理会自动将委外出库单的实际成本回写到委外出库单对应的核销单的核销金额中。

3. 存货财务核算

企业的存货，在存货核算日常业务中进行出入库核算后，就可以生成记账凭证了。存货核算的财务核算功能，其主要作用是生成凭证并传递至总账，以及与总账对账。

在财务核算功能模块中，可依据业务规则自动生成凭证，可将多张单据合并生成凭证，可将借贷方差异合并制单，还可联查单据。

生成凭证用于对本会计月已记账单据的制单，并可对已生成的所有凭证进行查询显示，所生成的凭证可在总账系统中显示及生成科目总账。

6.1.7 存货账簿与汇总分析

存货的账簿可分为明细账、总账和流水账，汇总表包括入库汇总表、出库汇总表和收发存汇总表，存货分析可进行存货周转率、ABC成本分析、库存资金占用规划和入库成本分析等分析。

1. 明细账

明细账是按末级存货设置的，用来反映存货的某段时间内收发存数量和金额的变化。

用友 ERP-U8 的明细账功能，可用于查询本会计年度各月份已记账的末级存货的明细账，可用于查询按计划价/售价核算的已记账存货、本会计年度各月份的差异/差价账，且可以查询差异/差价的汇总数据。存货数量是按库存单位显示辅计量单位的件数信息。若存货的计量有固定换算率，则不仅可查询主计量单位的数量信息，还可查询辅计量单位的件数信息。

用友 U8 的存货核算系统，提供 3 种存货核算方式：按仓库、按部门、按存货核算。核算方式对明细账的影响如下。

(1) 按仓库核算。按仓库核算时，在明细账查询的过滤条件中，仓库必须输入。系统显示每个仓库每种存货的明细账时，将该仓库每种存货期初余额作为该存货的期初余额，对该仓库每种存货的出入库单据进行排序并显示明细账。

按仓库核算时，可分别查询直运业务的存货明细账和非直运业务的存货明细账。

(2) 按部门核算。按部门核算时，在明细账查询的过滤条件中，部门必须输入。系统显示每个部门下每种存货的明细账时，将该部门每种存货期初余额作为该存货的期初余额，对该部门每种存货的出入库单据进行排序并显示明细账。

按部门核算时，可分别查询直运业务的存货明细账和非直运业务的存货明细账。

(3) 按存货核算。按存货核算，系统显示每种存货的明细账时，将该存货在所有仓库的期初余额加起来作为该存货的期初余额，对该存货在所有仓库的出入库单据进行排序并显示明细账。

按存货核算时，可分别查询直运业务的存货明细账和非直运业务的存货明细账，也可查询全部存货的明细账。

提示：

用友 ERP-U8 在显示或打印存货明细账时，对于有期初余额的存货，本年度的明细账是以有期初余额开始，也就是说从有期初余额的月份开始显示该存货的收入、发出、结存的数据；对于没有期初余额的存货，本年度的明细账以业务实际发生记账月份开始，也就是说该存货没有发生业务的月份不显示收入、发出、结存的数据。

2. 总账

总账账簿是存货的总分类账，它以借贷余的形式，反映各存货的各月份的收发余金额。

用友 ERP-U8 的总账功能，既可按存货分类，也可按存货，查询各个存货的各月份的收发余金额。

用友 U8 的 3 种存货核算方式，对总账的影响如下。

(1) 按仓库核算。按仓库核算时，在总账查询的过滤条件中，仓库必须输入。系统显示每个仓库每种存货的总账时，将该仓库每种存货期初余额的汇总，作为该存货的期初余额；对该仓库每种存货的出入库单据进行汇总，作为总账的发生额。

按仓库核算时，可分别查询直运业务的存货总账和非直运业务的存货总账。

(2) 按部门核算。按部门核算时，在总账查询的过滤条件中，部门必须输入。系统显示每个部门下每种存货的总账时，将该部门每种存货期初余额的汇总，作为该存货的期初余额；对该部门每种存货的出入库单据进行汇总，作为总账的发生额。

按部门核算时，可分别查询直运业务的存货总账和非直运业务的存货总账。

(3) 按存货核算。按存货核算，系统显示每种存货的总账时，将该存货在所有仓库的期初余额加起来，作为该存货的期初余额；对该存货在所有仓库的出入库单据进行汇总，作为总账的发生额。如果输入仓库，则只显示该仓库中该存货的总账期初余额和发生额。

按存货核算时，可分别查询直运业务的存货总账和非直运业务的存货总账，也可查询全部存货的总账。

3. 流水账

用友 ERP-U8 存货核算系统中的出入库流水账功能，可用于查询当年任意日期范围内存货的出入库情况，以利于进行出入库流水的对账和查账。

在该功能模块中，可查询已记账、未记账和全部单据的流水账，可显示暂估单据的流水账，可以联查单据，还可以联查凭证。

联查单据是查看流水账中某行记录的单据卡片，可先单击要查看的单据记录行，再单击工具栏中的"联查单据"按钮，以打开相应单据的卡片界面。

联查凭证是查看流水账中某行记录的凭证，可先单击要查看的单据记录行，再单击工具栏中的"联查凭证"按钮，以打开相应记录行的凭证窗口。

4. 汇总表

存货的汇总表，包括入库汇总表、出库汇总表、收发存汇总表等。

(1) 入库汇总表。入库汇总表用于对某期间的入库存货数量、金额进行统计汇总。

用友 ERP-U8 存货核算系统中的入库汇总表功能，既可提供已记账、未记账和全部单据的汇总数据，也可提供按不同口径统计汇总的数据，包括按仓库汇总、按存货汇总、按入库类别汇总、按部门汇总、按供应商汇总、按仓库和入库类别汇总、按存货和入库类别汇总、按供应商和入库类别汇总、按部门和入库类别汇总、按对方科目汇总、按销售订单号汇总、按采购订单号汇总等多种口径。

(2) 出库汇总表。出库汇总表用来对某期间的出库存货数量、金额进行统计，可以根据各种条件进行组合查询分析，提供已记账、未记账、全部单据的汇总数据。

(3) 收发存汇总表。收发存汇总表用于对某期间已记账存货的收发存数量、金额进行统计汇总。

5. 分析表

用友 ERP-U8 的存货核算系统，提供了存货周转率、ABC 成本分析、库存资金占用规划和入库成本分析等，下面主要说明存货周转率和 ABC 成本分析。

(1) 存货周转率。存货周转率是衡量和评价企业管理状况的综合性指标。

用友 ERP-U8 的存货核算系统,为您提供了对某一种存货、某一类存货或全部存货的存货周转率分析。

存货周转率可按金额和数量分析。按金额分析,可分析消耗成本、平均库存成本、每天的平均库存成本、存货周转率和存货周转天数。

- 消耗成本指用户所选择的期间内,存货的出库成本。
- 平均库存成本指查询期间内,存货每天的平均库存成本之和÷查询期间天数。
- 每天的平均库存成本=(当天的期初结存成本+当天的期末结存成本)÷2。
- 存货周转率=查询期间内已消耗存货成本÷查询期间内存货的平均库存成本。
- 存货周转天数=此期间内天数÷存货周转率。

按数量分析,分析消耗数量、平均库存数量、每天的平均库存量、存货周转率和存货周转天数。

- 消耗数量指用户所选择的期间内,存货的出库数量。
- 平均库存数量指查询期间内,存货每天的平均库存量之和÷查询期间天数。
- 每天的平均库存量=(当天的期初结存数量+当天的期末结存数量)÷2。
- 存货周转率=查询期间内存货的已消耗量÷查询期间内存货的平均库存量。
- 存货周转天数=此期间内天数/存货周转率。

(2) ABC 成本分析。

存货的 ABC 成本分析法,又称"存货控制 ABC 分类法",指对存货按重要性分类并分别对其进行控制和管理的方法。通常按各种材料耗用的金额占材料消耗总额的比重或各种产品计划成本占产品计划总成本的比重,并采用一定的标准,划分为 A、B、C 三类。其中 A 类最重要,其耗用总额最大,而且都是主要材料;B 类材料的品种、需用量、耗用总额、对生产的重要性均处于一般状态;C 类材料品种多、需用量小,耗用总额较少。通过 A、B、C 分析,对各类存货有区别地进行管理。如对 A 类材料,逐一对它的供应批量、运输批量等进行研究,并与供应单位具体协商,确定最佳经济批量等。

用友 ERP-U8 的存货核算系统中的 ABC 成本分析,是按成本比重高低,将各成本项目分为 A、B、C 三类。存货核算系统按您设定的分类范围(详见图 6-7,可设置成本比重和实物量比重),通过统计计算确定各存货的 ABC 分类(结果可参见图 6-8)。

图 6-7 "ABC 分类控制比例"设置对话框

图 6-8 ABC 成本分析结果(自动生成)

6.2 领料出库业务

领料出库涉及材料出库单的填制和审核。材料出库单是领用材料时所填制的出库单据，当从仓库中领用材料用于生产或委外加工时，就需要填制材料出库单。

只有工业企业才有材料出库单。对于工业企业，生产用的原辅料、包装材料的出库，研发用的试剂耗材、原料的出库，及设备维修所用的备品备件的出库，都可以由仓库根据材料出库单发料。

6.2.1 业务概述与分析

4 月 7 日，生产部因生产需要领出硅胶 5 公斤。

本笔业务是生产部领料出库业务，需要填制并审核材料出库单，进行领料出库成本确认。

6.2.2 虚拟业务场景

人物：赵林——仓管部职员
　　　李莉——仓管部主管
　　　刘正——生产部主管
　　　张兰——财务部会计

场景一 材料出库单的填制和审核

刘正：你好，我是生产部的刘正。根据生产规划及客户需求，我部现需硅胶 5 公斤，请帮忙安排材料出库。

赵林：好的，我们尽快将你需要的材料打包出库。

(赵林根据需求填写材料出库单，完成之后……)

赵林：李总，生产部需要的 5 公斤硅胶已经出库了，麻烦您审核一下。

李莉：好的，辛苦了。(审核出库单完成)

场景二　领料出库成本确认

赵林：小张你好，我是仓管部的赵林，今天出库了一些材料，请你做成本确认。

张兰：好的，我马上做。

6.2.3　操作指导

1. 操作流程(见图 6-9)

图 6-9　领料出库业务的操作流程

请确认系统日期和业务日期为 2016 年 4 月 7 号。

2. 场景一的操作步骤

视频网址：http://www.mdmuke.com/mdmk/mod/page/view.php?id=1021

任务说明：填制与审核材料出库单。

(1) 打开"材料出库单"窗口。在"企业应用平台"的"业务工作"页签下，依次点击"供应链/库存管理/出库业务/材料出库单"菜单项，系统打开"材料出库单"窗口。

(2) 编辑材料出库单。单击工具栏中的"增加"按钮，新增一张材料出库单，然后做如下编辑。

① 表头编辑　参照生成"仓库"为"原材料仓库"，"出库类别"为"领料出库"，"部门"为"生产部"，"备注"为"生产领料硅胶 5 公斤"。

② 表体编辑　参照生成"材料名称"为"硅胶"，编辑"数量"为"5"，"单价"为"1600"，其他项默认。

(3) 保存。单击工具栏中的"保存"按钮，保存该单据，结果如图 6-10 所示。

图 6-10　业务 6.2 的材料出库单

(4) 审核。单击工具栏中的"审核"按钮，系统弹出信息框提示审核成功，单击"确定"按钮，完成审核工作。

(5) 退出。单击"材料出库单"窗口右上角的"关闭"按钮，关闭并退出该窗口。

提示：

● 材料出库单可以手工增加，可配比出库，可参照生产订单系统的生产订单用料表和补料申请单生成，可参照委外管理系统的委外订单用料表生成，或根据限额领料单、领料申请单生成。

● 材料出库单可以在产成品入库单、采购入库单和生产订单工序转移单保存后，由系统自动生成。

● 倒冲仓库盘点的盘点单，审核后可自动生成材料出库单。

3. 场景二的操作步骤

视频网址：http://www.mdmuke.com/mdmk/mod/page/view.php?id=1022

任务说明：材料出库的成本确认。

【材料出库记账】

(1) 打开"未记账单据一览表"窗口。在"存货核算"子系统中，依次点击"业务核算/正常单据记账"菜单项，系统弹出"查询条件选择"对话框，直接单击该对话框的"确定"按钮，系统打开"未记账单据一览表"窗口。

(2) 材料出库记账。在"未记账单据一览表"窗口中，选中本业务生成的材料出库单，然后单击工具栏中的"记账"按钮，系统弹出信息框提示记账成功，单击"确定"按钮，完成记账工作。

(3) 退出。单击"未记账单据一览表"窗口右上角的"关闭"按钮，退出当前窗口。

【材料出库的存货制单】

(1) 打开"生成凭证"窗口。在"存货核算"子系统中，依次点击"财务核算/生成凭证"菜单项，系统打开"生成凭证"窗口。

(2) 打开"选择单据"窗口。单击工具栏中的"选择"按钮，在系统弹出的"查询条件"对话框中，直接单击"确定"按钮，系统退出对话框并打开"选择单据"窗口。

(3) 生成并保存存货凭证。

① 选择材料出库单　在"选择单据"窗口中，选中本笔业务生成的材料出库单，然后单击工具栏中的"确定"按钮，系统返回"生成凭证"窗口。

② 编辑　在"生成凭证"窗口，先修改"凭证类别"为"转账凭证"，然后在"科目类型"为"对方"的行，参照生成或直接录入"科目编码"为"50010102"(生产成本/直接生产成本/直接材料)，其他项默认。

③ 生成并保存凭证　单击工具栏中的"生成"按钮，系统打开"填制凭证"窗口，并默认显示了相关信息(借记：生产成本/直接生产成本/直接材料，贷记：原材料/硅胶)；信息审核无误后，单击"保存"按钮，结果如图 6-11 所示。

(4) 退出。单击"填制凭证"和"生成凭证"窗口右上角的"关闭"按钮，关闭并退出窗口。

图 6-11　业务 6.2 的存货凭证

【业务规则】

材料出库单制单时，借方取对方科目中收发类别对应的科目(参见表 3-12)，贷方取存货科目(参见表 3-11)。

6.3　产成品入库业务

对于工业企业，产成品入库单一般指产成品验收入库时所填制的入库单据。

6.3.1　业务概述与分析

4 月 11 日，仓管部收到生产部生产完工的眼镜 400 副，验收入产成品仓库，核算的入库单价为 160 元，相应的直接材料为 44 000 元，直接人工为 20 000 元。

本笔业务是产成品入库业务，需要填制并审核产成品入库，进行产成品入库成本确认。

6.3.2　虚拟业务场景

人物：赵林——仓管部职员
李莉——仓管部主管
刘正——生产部职员
张兰——财务部会计

场景一　产成品入库单的填制和审核

刘正：你好，我是生产部的刘正，这是刚生产完毕的 400 副眼镜，请验收并入库。

赵林：好的，我会尽快验收这批产品。

(赵林验收产品并填写产成品入库单，完成之后……)

赵林：李总，生产部生产的 400 副眼镜已经验收入库了，麻烦您审核一下。

李莉：好的，辛苦了。

场景二　入库成本确认

赵林：小张你好，我是仓管部的赵林，今天有一批刚生产的眼镜入库，请你做一下成本确认。

张兰：好的，我马上做(开始成本确认)。

6.3.3　操作指导

1. 操作流程(见图 6-12)

图 6-12　产成品入库业务的操作流程

请确认系统日期和业务日期为 2016 年 4 月 11 号。

2. 场景一的操作步骤

视频网址：http://www.mdmuke.com/mdmk/mod/page/view.php?id=1023

任务说明：产成品入库单的填制与审核。

(1) 打开"产成品入库单"窗口。在"企业应用平台"的"业务工作"页签下，依次点击"供应链/库存管理/入库业务/产成品入库单"菜单项，系统打开"产成品入库单"窗口。

(2) 编辑产成品入库单。单击工具栏中的"增加"按钮，新增一张产成品入库单，然后做如下编辑。

① 编辑表头　参照生成"仓库"为"产成品仓库"，"部门"为"生产部"，"入库类别"为"产成品入库"，"备注"为"生产完工亮康眼镜 400 副"，其他项默认。

② 编辑表体　参照生成"产品名称"为"亮康眼镜"，编辑"数量"为"400"副，"单价"为"160"元，其他项默认。

(3) 保存。单击工具栏中的"保存"按钮，保存该单据，结果如图 6-13 所示。

(4) 审核。单击工具栏中的"审核"按钮，系统弹出信息框提示审核成功，单击"确定"按钮，完成审核工作。

(5) 退出。单击"产成品入库单"窗口右上角的"关闭"按钮，关闭并退出该窗口。

	产品编码	产品名称	规格型号	主计量单位	数量	单价	金额
1	10000	亮康眼镜		副	400.00	160.00	64000.00
2							

图 6-13　业务 6.3 的产成品入库单

3. 场景二的操作步骤

视频网址：http://www.mdmuke.com/mdmk/mod/page/view.php?id=1024

任务说明：产成品入库的记账与生成凭证。

【产成品入库记账】

(1) 打开"未记账单据一览表"窗口。在"存货核算"子系统中，依次点击"业务核算/正常单据记账"菜单项，系统弹出"查询条件选择"对话框，直接单击该对话框的"确定"按钮，系统打开"未记账单据一览表"窗口。

(2) 产成品入库记账。在"未记账单据一览表"窗口中，选中本业务生成的产成品入库单，然后单击工具栏中的"记账"按钮，系统弹出信息框提示记账成功，单击"确定"按钮，完成记账工作。

(3) 退出。单击"未记账单据一览表"窗口右上角的"关闭"按钮，退出当前窗口。

【产成品入库的存货制单】

(1) 打开"生成凭证"窗口。在"存货核算"子系统中，依次点击"财务核算/生成凭证"菜单项，系统打开"生成凭证"窗口。

(2) 打开"选择单据"窗口。单击工具栏中的"选择"按钮，在系统弹出的"查询条件"对话框中，直接单击"确定"按钮，系统退出对话框并打开"选择单据"窗口。

(3) 生成并保存存货凭证。

① 选择产成品入库单　在"选择单据"窗口中，选中本笔业务生成的产成品入库单，然后单击工具栏中的"确定"按钮，系统返回"生成凭证"窗口。

② 编辑　在"生成凭证"窗口中，先修改"凭证类别"为"转账凭证"；然后在"科目类型"为"对方"的行中，参照生成或直接录入科目编码为"50010102"(生产成本/直接生产成本/直接材料)；其他项默认。

③ 生成凭证　单击工具栏中的"生成"按钮，系统打开"填制凭证"窗口，并默认显示了相关信息(借记：库存商品，贷记：生产成本/直接生产成本/直接材料)。

④ 修改第 1 条分录"库存商品"的辅助项的"项目名称"为亮康眼镜　单击第 1 笔分录"库存商品"，并将鼠标指针移至"项目"区域，待鼠标指针显示为"笔尖"图标时

双击，系统将打开"辅助项"对话框；参照生成"项目名称"为"亮康眼镜"，然后单击"确定"按钮返回"填制凭证"窗口；其他项默认。

⑤ 修改第 2 条分录(即直接材料)的贷方金额为"44 000.00"，按 Enter 键。

⑥ 增加第 3 条分录，编辑其"科目名称"为"直接人工"(50010101)；在其"贷方金额"栏按"="键，或输入贷方金额为"20 000.00"。

⑦ 确认信息无误后，单击"填制凭证"窗口的"保存"按钮，结果如图 6-14 所示。

(4) 退出。单击"填制凭证"和"生成凭证"窗口右上角的"关闭"按钮，关闭并退出窗口。

图 6-14 业务 6.3 的存货凭证

【业务规则】

产成品入库单制单时，借方取存货科目(参见表 3-11)，贷方取对方科目中收发类别对应的科目(参见表 3-12)。

6.4 调拨业务

调拨业务主要是因为某些仓库涉及维修必须将其中商品转移到另外的仓库产生的，在这一过程中要生成调拨申请单、调拨单、出库单、入库单等单据，并进行相应成本确认和凭证生成。

6.4.1 业务概述与分析

4 月 11 日，由于原材料仓库进行维修，仓管部赵林申请将原材料仓库的所有存货全部调入半成品仓库，仓管部李东经核查该方案可行并批复，仓管部主管审批通过。赵林负责完成了调拨工作。

本笔业务是仓库调拨业务，应该进行实物和财务的调拨处理，所以需要填制、批复与审核调拨申请单，填制与审核调拨单，进行调拨出、入库单的记账与生成凭证。

6.4.2　虚拟业务场景

　　人物：赵林——仓管部职员
　　　　　李东——仓管部职员
　　　　　李莉——仓管部主管
　　　　　张兰——财务部会计

场景一　调拨申请单的填制、批复与审核

(因为原材料仓库需要维修，赵林希望将原材料仓库的所有存货调拨到半成品仓库，所以赵林查询了原材料仓库的存货现存量，并填写了调拨申请单……)

赵林：李东，因为原材料仓库需要维修，我填写了调拨申请单，计划把原材料仓库的存货调拨到半成品仓库，请你批复一下。

李东：好的。(开始查询调拨申请单，并根据半成品仓库的存储能力判断……)我已经批复了，没有问题。

赵林：谢谢！

(赵林请主管李莉进行调拨申请单审核)

赵林：李总，因为原材料仓库需要维修，这个仓库的所有存货都需要调拨到半成品仓库，我们已经做好调拨申请单了，请您审核。

李莉：好的。(审核通过……)你做个调拨单，准备仓库调拨吧。

赵林：好的。

场景二　调拨单的填制与审核

(赵林填写调拨单后……)

赵林：李总，申请将原材料仓库的存货调拨到半成品仓库，我已经填好调拨单了，请您审核。

李莉：好的。(审核完成，系统自动生成其他出、入库单)

场景三　调拨完成，仓管部主管审核出入库单并查询与填写单价

(赵林完成调拨出库……)

赵林：李东，原材料仓库的存货已经全部调拨出库了，请准备接收。

李东：好的。(验收调拨来的存货，并全部存放于半成品仓库……)我们已经接收完成，请放心。

(赵林来到李莉的办公室……)

赵林：李总，我们已经完成从原材料仓库到半成品仓库的调拨任务了，而且实物品种数量与调拨单上的一致，请您审核调拨出入库单。因为我们不知道存货单价，所以请您审核时填写一下单价。

李莉：知道了，谢谢提醒！

(李莉查询存货单价，修改并审核调拨出、入库单……)

场景四　调拨的记账与生成凭证

赵林：小张你好，我是仓管部的赵林，今天有一批货物从原材料仓库调拨到半成品仓库，请你记账。

张兰：好的，我马上做。

6.4.3　操作指导

1. 操作流程(见图 6-15)

图 6-15　调拨业务的操作流程

请确认系统日期和业务日期为 2016 年 4 月 11 号。

2. 场景一的操作步骤

视频网址：http://www.mdmuke.com/mdmk/mod/page/view.php?id=1025

任务说明：在查阅仓库现存量的基础上，填制、批复与审核调拨申请单。

【查询原材料仓库所有存货的现存量】

(1) 打开"现存量查询"窗口。在"企业应用平台"的"业务工作"页签下，依次点击"供应链/库存管理/报表/库存账/现存量查询"菜单项，系统弹出"查询条件选择-现存量查询"对话框。

(2) 设置查阅仓库。在对话框中，参照生成"仓库编码"为"0020"(原材料仓库)，结果如图 6-16 所示。

(3) 单击对话框的"确定"按钮，系统打开"现存量查询"窗口，并列出原材料仓库的存货，其中塑料 10 千克，镜片树脂 1.5 千克，硅胶为 9 千克，结果如图 6-17 所示。

图 6-16 业务 6.4 的现存量查询设置

现存量查询

仓库编码	存货编码	现存数量	其中冻	到货/在检	预计入库数量合计	待发货数	调拨	预计出库	不合格品数量	可用数量
0020	12210	10.00								10.00
0020	12220	1.50								1.50
0020	12310	9.00								9.00
总计		20.50								20.50

图 6-17 业务 6.4 的现存量查询结果

(4) 退出。单击"现存量查询"窗口的"退出"按钮,退出该窗口。

【填制、批复与审核调拨申请单】

(1) 打开"调拨申请单"窗口。在"库存管理"子系统中,依次点击"调拨业务/调拨申请单"菜单项,系统打开"调拨申请单"窗口。

(2) 编辑调拨申请单。单击工具栏中的"增加"按钮,新增一张调拨申请单,然后做如下编辑。

① 编辑表头 参照生成"转出部门"和"转入部门"为"仓管部","转出仓库"为"原材料仓库","转入仓库"为"半成品仓库","入库类别"为"调拨入库","出库类别"为"调拨出库"。

② 编辑表体 在第 1 行,参照生成"存货名称"为"塑料"、编辑"数量"为"10";第 2 行的"存货名称"为"镜片树脂","数量"为"1.5";第 3 行的"存货名称"为"硅胶","数量"为"9"。

提示：

在此没有给出单价，是为后面的查询存货单价和对审核后出入库的修改，设计场景。

(3) 保存。单击工具栏中的"保存"按钮，保存该单据，结果可参见图 6-18。

(4) 批复并保存。单击工具栏中的"批复"按钮，表体中"批复数量"栏自动填充为调拨"数量"栏的数字，再单击"保存"按钮，完成批复工作，结果如图 6-18 所示。

(5) 审核调拨申请单。单击工具栏的"审核"按钮，系统弹出信息框提示审核成功，单击"确定"按钮，完成审核工作。

(6) 退出。单击"调拨申请单"窗口右上角的"关闭"按钮，关闭退出该窗口。

调拨申请单

	存货编码	存货名称	规格型号	主计量单位	批复数量	数量	单价	金额
1	12210	塑料		千克	10.00	10.00		
2	12220	镜片树脂		千克	1.50	1.50		
3	12310	硅胶		千克	9.00	9.00		

单据号 0000000001　日期 2016-04-11　转出部门 仓管部
转入部门 仓管部　转出仓库 原材料仓库　转入仓库 半成品仓库
入库类别 调拨入库　出库类别 调拨出库　申请人
审核日期　备注

图 6-18　业务 6.4 的调拨申请单(已批复)

3. 场景二的操作步骤

视频网址：http://www.mdmuke.com/mdmk/mod/page/view.php?id=1026

任务说明： 填制与审核调拨单。

(1) 打开"调拨单"窗口。在"库存管理"子系统，依次点击"调拨业务/调拨单"菜单项，系统打开"调拨单"窗口。

(2) 编辑调拨单。单击工具栏中的"增加"按钮，新增一张调拨单，然后做如下操作。

① 打开"调拨申请单生单列表"窗口　单击工具栏中的"生单/调拨申请单"命令，系统打开"查询条件选择-调拨申请单生单列表"对话框，直接单击对话框中的"确定"按钮，系统打开"调拨申请单生单列表"窗口。

② 拷贝信息　在"调拨申请单生单列表"窗口的上窗格，双击要选择的调拨申请单所对应的"选择"栏，再单击工具栏中的"OK 确定"按钮，系统返回"调拨单"窗口，此时相关的信息已经有默认值。

(3) 保存。单击工具栏中的"保存"按钮，保存该单据，结果如图 6-19 所示。

(4) 审核。单击工具栏中的"审核"按钮，系统弹出信息框提示审核成功，单击"确定"按钮，完成审核工作。

(5) 退出。单击"调拨单"窗口右上角的"关闭"按钮，关闭并退出该窗口。

	调拨单		调拨单打印模版

表体排序 [　　　　　▼]　　　　　　　　　　　　　　　　　　合并显示 □

单据号 0000000001　　　　　　日期 2016-04-11　　　　　　调拨申请单号 0000000001
转出部门 仓管部　　　　　　　　转入部门 仓管部　　　　　　转出仓库 原材料仓库
转入仓库 半成品仓库　　　　　　出库类别 调拨出库　　　　　入库类别 调拨入库
经手人　　　　　　　　　　　　　审核日期　　　　　　　　　备注

	存货编码	存货名称	规格型号	主计量单位	数量	单价	金额	生产批号
1	12210	塑料		千克	10.00			
2	12220	镜片树脂		千克	1.50			
3	12310	硅胶		千克	9.00			
4								

图 6-19　业务 6.4 的调拨单

提示：

- 调拨单可手工增加，也可以参照生产订单、委外订单或调拨申请单填制。
- 调拨单可以修改、删除、审核、弃审。
- 调拨单审核时，系统自动生成其他出库单和其他入库单。
- 此案例中没有编辑调拨单上的"单价"，所以生成的其他出、入库单中，其"单价"为空，需要查询相应的存货单价并修改其他出、入库单，才能进行出入库的存货记账与制单。

自动生成的其他出库单和其他入库单，在库存管理系统中不允许修改，但可以在存货核算系统的"日常业务"的相应功能模块中修改。

【业务规则】

- 参照调拨申请单生成调拨单。
  - 同一调拨申请单可多次被调拨单参照。
  - 参照调拨申请单生成调拨单，不允许增行(但可拆分记录行)，允许删行。
  - 调拨单保存后回写对应调拨申请单的已调拨量，按入库上限控制累计调拨量与对应调拨申请批复量间的关系。如不允许超调拨申请调拨，累计调拨量将不能大于批复量；如允许超调拨申请调拨，则不能超过对应存货的入库上限。
- 参照生产订单、委外订单生成调拨单。
  - 根据生产订单、委外订单生成调拨单，可以解决将车间、委外商作为虚拟仓库进行处理的业务。即从仓库领料时，先作调拨单，将材料调拨到车间或委外商的仓库，当车间、委外商用料时再从现场仓库或委外仓库作材料出库单或限额领料单进行领料。
  - 生产订单或委外订单中非生产耗用的子件，不可生单。
- 反向调拨表示调拨退回的业务，将生成红字其他入库单和红字其他出库单，调出仓库和调入仓库的录入与实物流向相同。比如将原来调拨到现场仓的材料退回到原材料仓，则可以在调拨单的"调拨方向"中选择"反向"，调出仓库选择现场仓，调入仓库选择原材料仓，调拨单审核之后系统将生成现场仓的红字其他入库单和原材料仓的红字其他出库单。

4. 场景三的操作步骤

视频网址：http://www.mdmuke.com/mdmk/mod/page/view.php?id=1027

任务说明：在查询原材料仓库存货单价的基础上，修改调拨出、入库单上的存货单价并审核调拨出、入库单。

【查询原材料仓库存货的库存单价】

(1) 打开"明细账查询"窗口。在"企业应用平台"的"业务工作"页签下，依次点击"供应链/存货核算/账表/账簿/明细账"菜单项，系统弹出"明细账查询"对话框。

(2) 设置原材料仓库的存货单价。在"明细账查询"对话框中，参照生成"仓库"为"原材料仓库"、"存货分类"为"原材料"，结果如图 6-20 所示。

(3) 查阅存货单价。单击对话框的"确定"按钮，系统打开"明细账"窗口，结果如图 6-21 所示，默认显示"存货"为"塑料"的明细账，其结存的单价为"1000"。

(4) 依次参照生成"存货"为"镜片树脂"、"硅胶"，并记录其结存的单价(分别为 6000 和 1600)。

(5) 退出。单击"明细账"窗口右上角的"关闭"按钮，关闭并退出该窗口。

图 6-20 "明细账查询"对话框

图 6-21 存货"塑料"的"明细账"窗口

【修改调拨出库单上的存货单价】

(1) 打开"其他出库单"窗口。在"存货核算"子系统中，依次点击"日常业务/其他出库单"菜单项，系统打开"其他出库单"窗口，并默认显示了本业务自动生成的其他出库单。

(2) 修改其他出库单的存货单价。单击工具栏中的"修改"按钮，分别修改表体中 3 种存货的单价，然后单击工具栏中的"保存"按钮，结果如图 6-22 所示。

图 6-22　业务 6.4 的其他出库单

(3) 退出。单击"其他出库单"窗口右上角的"关闭"按钮，关闭并退出该窗口。

提示：

- 只能修改、删除业务类型为其他出库、调拨出库、备件领用、服务配件领用、维修产品发出的单据；由其他单据或其他业务形成的其他出库单，不能修改、删除。
- 业务类型为签回损失(及发货签回)自动生成的其他出库单不能修改，但可以删除。
- 如果您需要修改、删除其他单据或其他业务形成的其他出库单，应通过其他业务(盘点、组装、拆卸、形态转换业务、不合格品记录)修改、删除。

【修改调拨入库单上的存货单价】

(1) 打开"其他入库单"窗口。在"存货核算"子系统中，依次点击"日常业务/其他入库单"菜单项，系统打开"其他入库单"窗口，并默认显示了本业务自动生成的其他入库单。

(2) 修改其他入库单的存货单价。单击工具栏中的"修改"按钮，分别修改表体中 3 种存货的单价，然后单击工具栏中的"保存"按钮，结果如图 6-23 所示。

图 6-23　业务 6.4 的其他入库单

(3) 退出。单击"其他入库单"窗口右上角的"关闭"按钮，关闭并退出该窗口。

【审核调拨出库单】

(1) 打开"其他出库单"窗口。在"库存管理"子系统中，依次点击"出库业务/其他出库单"菜单项，系统打开"其他出库单"窗口。

(2) 查阅并审核其他出库单。单击工具栏中的"末张"按钮查阅相应的其他出库单，然后单击工具栏中的"审核"按钮，系统弹出信息框提示审核成功，单击"确定"按钮，完成审核工作。

(3) 退出。单击"其他出库单"窗口右上角的"关闭"按钮，关闭并退出该窗口。

【审核调拨入库单】

(1) 打开"其他入库单"窗口。在"库存管理"子系统中，依次单击"入库业务/其他入库单"菜单项，系统打开"其他入库单"窗口。

(2) 查阅并审核其他入库单。单击工具栏中的"末张"按钮查阅相应的其他入库单，然后单击工具栏中的"审核"按钮，系统弹出信息框提示审核成功，单击"确定"按钮，完成审核工作。

(3) 退出。单击"其他入库单"窗口右上角的"关闭"按钮，关闭并退出该窗口。

5. 场景四的操作步骤

视频网址：http://www.mdmuke.com/mdmk/mod/page/view.php?id=1028

任务说明：调拨出、入库单的记账与制单。

【调拨出、入库记账】

(1) 打开"未记账单据一览表"窗口。在"存货核算"子系统中，依次点击"业务核算/正常单据记账"菜单项，系统弹出"查询条件选择"对话框，直接单击其"确定"按钮，系统打开"未记账单据一览表"窗口。

(2) 调拨出、入库记账。在"未记账单据一览表"窗口中，选中本业务生成的出、入库单(共 6 行)，然后单击工具栏中的"记账"按钮，系统弹出信息框提示记账成功，单击"确定"按钮，完成记账工作。

(3) 退出。单击"未记账单据一览表"窗口右上角的"关闭"按钮，退出当前窗口。

【调拨出、入库的存货制单】

(1) 打开"生成凭证"窗口。在"存货核算"子系统中，依次点击"财务核算/生成凭证"菜单项，系统打开"生成凭证"窗口。

(2) 打开"选择单据"窗口。单击工具栏中的"选择"按钮，在系统弹出的"查询条件"对话框中，直接单击"确定"按钮，系统退出对话框并打开"选择单据"窗口。

(3) 选择调拨出入库单　在"选择单据"窗口中，选中本笔业务生成的调拨出入库单(共 2 行)，然后单击工具栏中的"确定"按钮，系统返回"生成凭证"窗口。

(4) 编辑存货凭证。先修改"凭证类别"为"转账凭证"，然后做如下编辑。

① 分别编辑其他出库单的"科目类型"为"存货"、"科目名称"为"塑料"、"镜片树脂"和"硅胶"的相应对方的"科目编码"为"140301"(塑料)、"140302"(镜片树脂)

和"140303"(硅胶)。

② 分别编辑其他入库单的"科目类型"为"存货"、"科目名称"为"塑料"、"镜片树脂"和"硅胶"的相应对方的"科目编码"为"140301"(塑料)、"140302"(镜片树脂)和"140303"(硅胶),结果如图6-24所示。

凭证类别 转 转账凭证

选择	单据类型	单据号	摘要	科目类型	科目编码	科目名称	借方金额	贷方金额	借方数量	贷方数量	科目方向	存货编码	存货名称
				对方	140301	塑料	10,000.00			10.00	1	12210	塑料
				存货	140301	塑料		10,000.00	10.00		2	12210	塑料
	其他出库单		其他出…	对方	140302	镜片树脂	9,000.00			1.50	1	12220	镜片树脂
				存货	140302	镜片树脂		9,000.00	1.50		2	12220	镜片树脂
				对方	140303	硅胶	14,400.00			9.00	1	12310	硅胶
1		0000000001		存货	140303	硅胶		14,400.00	9.00		2	12310	硅胶
				存货	140301	塑料	10,000.00		10.00		1	12210	塑料
				对方	140301	塑料		10,000.00		10.00	2	12210	塑料
	其他入库单		其他入…	存货	140302	镜片树脂	9,000.00		1.50		1	12220	镜片树脂
				对方	140302	镜片树脂		9,000.00		1.50	2	12220	镜片树脂
				存货	140303	硅胶	14,400.00		9.00		1	12310	硅胶
				对方	140303	硅胶		14,400.00		9.00	2	12310	硅胶
合计							66,800.00	66,800.00					

图 6-24　业务 6.4 的"生成凭证"设置结果图

③ 单击工具栏中的"生成"按钮,系统打开"填制凭证"窗口,默认生成了 2 张凭证(可参见图6-25)。

(5) 保存。单击工具栏中的"成批保存凭证"按钮,系统弹出信息"共有 2 张凭证保存成功"提示框,单击该提示框的"确定"按钮,系统返回"填制凭证"窗口,生成的其他入库单凭证如图6-25所示(其他出库单凭证与图6-25的内容一致,故没有截图)。

(6) 退出。单击"填制凭证"和"生成凭证"窗口右上角的"关闭"按钮,关闭并退出窗口。

转 账 凭 证

已生成

转 字 0017 - 0001/0002　　制单日期:2016.04.11　　审核日期:　　　　　　　附单据数:1

摘 要	科目名称	借方金额	贷方金额
其他入库单	原材料/塑料	1000000	
其他入库单	原材料/镜片树脂	900000	
其他入库单	原材料/硅胶	1440000	
其他入库单	原材料/塑料		1000000
其他入库单	原材料/镜片树脂		900000

票号
日期　　　　　数量 10.00000千克　　合计　　3340000　　3340000
　　　　　　　单价 1000.00000

备注　项 目　　　　　部 门
　　　个 人　　　　　客 户
　　　业务员

记账　　　　　审核　　　　　出纳　　　　　制单 赵技巩

图 6-25　业务 6.4 的调拨入库的存货凭证

【业务规则】

调拨业务制单时,借方取存货科目(参见表3-11),贷方取存货科目。

6.5 存货盘点工作

为了保证企业库存资产的安全和完整,做到账实相符,企业必须对存货进行定期或不定期的清查,查明存货盘盈、盘亏、损毁的数量以及造成的原因,并据以编制存货盘点报告表,按规定程序报有关部门审批。

盘盈盘亏简单讲就是实物与账面的差异。盘点实物存数或价值,大于账面存数或价值,就是盘盈;盘点实物存数或价值,小于账面存数或价值就是盘亏。

6.5.1 业务概述与分析

4月11日,仓管部对各个仓库进行盘点,发现大运公司仓库的男士普通太阳镜比账面多了2副,成本单价为90元,合计为180元;产成品仓库的亮康眼镜比账面少了5副,成本单价为160元,合计为800元。

本笔业务是盘点业务,需要填制并审核盘点单,审核因盘盈盘亏系统自动生成的其他入库单和其他出库单,进行盘盈盘亏存货的记账与生成凭证。

6.5.2 虚拟业务场景

人物:赵林——仓管部职员

李莉——仓管部主管

张兰——财务部会计

场景一 盘点单的填制、审核与其他出、入库单的审核

赵林:李总你好,我对各仓库进行了盘点。大运公司仓库盘盈男士普通太阳镜2副,产成品仓库盘亏亮康眼镜5副。盘点单我已经填制完毕,请您审核。

李莉:好的,我马上审核盘点单和相应的出、入库单。

场景二 盘盈盘亏的成本确认

赵林:张兰你好,我是仓管部的赵林,我们对仓库进行了盘点,有盘盈盘亏的情况,领导已经审批通过,请你做一下财务处理。

张兰:好的,我马上做。

6.5.3 操作指导

1. 操作流程(见图 6-26)

图 6-26 存货盘点业务的操作流程

请确认系统日期和业务日期为 2016 年 4 月 11 号。

2. 场景一的操作步骤

视频网址:http://www.mdmuke.com/mdmk/mod/page/view.php?id=1029

任务说明: 填制与审核盘点单,审核盘盈盘亏生成的其他入库单和出库单。

【填制与审核盘点单】

(1) 打开"盘点单"窗口。在"企业应用平台"的"业务工作"页签下,依次点击"供应链/库存管理/盘点业务"菜单项,系统打开"盘点单"窗口。

(2) 填制并审核大运公司仓库的盘点单。单击工具栏中的"增加"按钮,新增一张盘点单,编辑的操作步骤如下。

① 参照生成表头的"盘点仓库"为"大运仓库","出库类别"为"盘亏出库","入库类别"为"盘盈入库","部门"为"仓管部"。

② 单击工具栏中的"盘库"按钮,此时系统弹出"盘库将删除未保存的所有记录,是否继续?"信息提示框;单击"是"按钮,系统弹出"盘点处理"对话框;确认"盘点方式"为"按仓库盘点",然后单击"确认"按钮,返回"盘点单"窗口。

③ 编辑"男士普通太阳镜"的"单价"为"90"、实际的"盘点数量"为账面数量加"2"(即 4102)。

④ 单击工具栏中的"保存"按钮,保存该盘点单,其结果如图 6-27 所示。

图 6-27 业务 6.5 的大运公司仓库的盘点单

⑤ 单击工具栏中的"审核"按钮，系统弹出信息框提示审核成功，单击"确定"按钮，完成审核工作，系统自动生成盘盈入库单(结果可参见图 6-29)。

(3) 填制并审核产成品仓库的盘点单。单击工具栏中的"增加"按钮，再新增一张盘点单，编辑的操作步骤如下。

① 参照生成表头的"盘点仓库"为"产成品仓库"，"出库类别"为"盘亏出库"，"入库类别"为"盘盈入库"，"部门"为"仓管部"。

② 单击工具栏中的"盘库"按钮，此时系统弹出"盘库将删除未保存的所有记录，是否继续？"信息提示框；单击"是"按钮，系统弹出"盘点处理"对话框；确认"盘点方式"为"按仓库盘点"，然后单击"确认"按钮，返回"盘点单"窗口。

③ 编辑"亮康眼镜"的"单价"为"160"、实际的"盘点数量"为账面数量减"5"(即 20 395)。

④ 单击工具栏中的"保存"按钮，保存该盘点单，其结果如图 6-28 所示。

图 6-28　业务 6.5 的产成品仓库的盘点单

⑤ 单击工具栏中的"审核"按钮，系统弹出信息框提示审核成功，单击"确定"按钮，完成审核工作，系统自动生成盘亏出库单(结果可参见图 6-30)。

(4) 退出。单击"盘点单"窗口右上角的"关闭"按钮，关闭并退出该窗口。

【审核盘盈入库单】

(1) 打开"其他入库单"窗口。在"库存管理"子系统中，依次单击"入库业务/其他入库单"菜单项，系统打开"其他入库单"窗口。

(2) 查阅并审核其他入库单。单击工具栏中的"末张"按钮查阅到本业务的其他入库单，然后单击工具栏中的"审核"按钮，系统弹出信息框提示审核成功，单击"确定"按钮，完成审核工作，结果如图 6-29 所示。

(3) 退出。单击"其他入库单"窗口右上角的"关闭"按钮，关闭并退出该窗口。

图 6-29　业务 6.5 的盘盈入库单

【审核盘亏出库单】

(1) 打开"其他出库单"窗口。在"库存管理"子系统中，依次点击"出库业务/其他出库单"菜单项，系统打开"其他出库单"窗口。

(2) 查阅并审核其他出库单。单击工具栏中的"末张"按钮查阅到本业务的其他出库单，然后单击工具栏中的"审核"按钮，系统弹出信息框提示审核成功，单击"确定"按钮，完成审核工作，结果如图 6-30 所示。

(3) 退出。单击"其他出库单"窗口右上角的"关闭"按钮，关闭并退出该窗口。

其他出库单				其他出库单打印模版 ▼
表体排序			● 蓝字	合并显示 □
			○ 红字	

出库单号 0000000002		出库日期 2016-04-11		仓库 产成品仓库
出库类别 盘亏出库		业务类型 盘亏出库		业务号 0000000002
部门 仓管部		审核日期 2016-04-11		备注

	存货编码	存货名称	规格型号	主计量单位	数量	单价	金额
1	10000	亮康眼镜		副	5.00	160.00	800.00

图 6-30　业务 6.5 的盘亏出库单

3. 场景二的操作步骤

视频网址：http://www.mdmuke.com/mdmk/mod/page/view.php?id=1031

任务说明：盘点出、入库单的记账与制单。

【盘点出、入库的存货记账】

(1) 打开"未记账单据一览表"窗口。在"存货核算"子系统中，依次点击"业务核算/正常单据记账"菜单项，系统弹出"查询条件选择"对话框，直接单击该对话框的"确定"按钮，系统打开"未记账单据一览表"窗口。

(2) 盘点出、入库记账。在"未记账单据一览表"窗口中，选中本业务生成的出、入库单，然后单击工具栏中的"记账"按钮，系统弹出信息框提示记账成功，单击"确定"按钮，完成记账工作。

(3) 退出。单击"未记账单据一览表"窗口右上角的"关闭"按钮，退出当前窗口。

【盘点出、入库的存货制单】

(1) 打开"生成凭证"窗口。在"存货核算"子系统中，依次点击"财务核算/生成凭证"菜单项，系统打开"生成凭证"窗口。

(2) 打开"选择单据"窗口。单击工具栏中的"选择"按钮，在系统弹出的"查询条件"对话框中，直接单击"确定"按钮，系统退出对话框并打开"选择单据"窗口。

(3) 选择盘点出入库单。在"选择单据"窗口中，选中本笔业务生成的盘点出入库单(2 行)，然后单击工具栏中的"确定"按钮，系统返回"生成凭证"窗口。

(4) 生成并保存盘盈入库和盘亏出库的存货凭证。先修改"凭证类别"为"转账凭证"，再单击工具栏中的"生成"按钮，系统打开"填制凭证"窗口，并默认生成了 2 张凭证(可参见图 6-23 和图 6-24)。在此需要修改盘盈盘亏商品的辅助核算项目，具体的操作步骤如下。

①　在盘盈入库的存货凭证上，单击"库存商品"分录以定位该行，然后将鼠标指针移至"项目"区域，待鼠标指针显示为"笔尖"图标时双击，系统将打开"辅助项"对话框；在该对话框中参照生成"项目名称"为"男士普通"，然后单击"确定"按钮返回"填制凭证"窗口；单击工具栏中的"保存"按钮，以保存该凭证，操作结果如图6-31所示。

②　单击工具栏中的"下张凭证"按钮，查找到下一张凭证(盘亏出库的存货凭证)。

③　类似于步骤①，将该凭证的"库存商品"分录的"项目"设置为"亮康眼镜"，并单击工具栏中的"保存"按钮，结果如图6-32所示。

(5) 退出。单击"填制凭证"和"生成凭证"窗口右上角的"关闭"按钮，关闭并退出窗口。

转 账 凭 证

已生成

转　字 0019　　　制单日期：2016.04.11　　　审核日期：　　　　附单据数：1

摘　要	科　目　名　称	借方金额	贷方金额
其他入库单	库存商品	18000	
其他入库单	待处理财产损溢/待处理流动资产损溢		18000
票号 日期	数量 单价　　　　合　计	18000	18000
备注	项　目　男士普通　　　部　门 个　人　　　　　　客　户 业务员		

记账　　　　　审核　　　　　出纳　　　　　制单　赵技巩

图 6-31　业务 6.5 的盘盈入库的存货凭证

转 账 凭 证

已生成

转　字 0020　　　制单日期：2016.04.11　　　审核日期：　　　　附单据数：1

摘　要	科　目　名　称	借方金额	贷方金额
其他出库单	待处理财产损溢/待处理流动资产损溢	80000	
其他出库单	库存商品		80000
票号 日期	数量 单价　　　　合　计	80000	80000
备注	项　目　亮康眼镜　　　部　门 个　人　　　　　　客　户 业务员		

记账　　　　　审核　　　　　出纳　　　　　制单　赵技巩

图 6-32　业务 6.5 的盘亏出库的存货凭证

【业务规则】

- 盘盈业务制单时，借方取存货科目(参见表3-11)，贷方取对方科目(参见表3-12)。
- 盘亏业务制单时，借方取对方科目(参见表3-12)，贷方取存货科目(参见表3-11)。

6.6 实验报告内容

1. 请查看本月的材料出库单列表，并将结果界面拷屏后粘贴在实验报告中。
2. 请查看本月的产成品入库单列表，并将结果界面拷屏后粘贴在实验报告中。
3. 请查看本实验填制的调拨申请单，并将结果拷屏后粘贴在下面。
4. 请查看本实验填制的盘点单，并将结果拷屏后粘贴在下面。
5. 请查看本月的其他出库单列表，并将结果界面拷屏后粘贴在实验报告中。
6. 请查看本月的其他入库单列表，并将结果界面拷屏后粘贴在实验报告中。
7. 请查看本月的产成品入库存货凭证，并将结果界面拷屏后粘贴在实验报告中。
8. 请查看本月的盘盈存货凭证，并将结果界面拷屏后粘贴在实验报告中。
9. 请查看本月的盘亏存货凭证，并将结果界面拷屏后粘贴在实验报告中。
10. 请查看库存现存量，并将结果拷屏后粘贴在下面。
11. 请查看亮康眼镜的出入库流水账，并将结果拷屏后粘贴在下面。
12. 请解释现场仓、委外仓、代管仓和资产仓的含义。
13. 请比较生产倒冲的盘点补差和自动倒冲的差异。
14. 请举例说明批次管理对存货结存的影响。
15. 请举例说明条形码中一维码和二维码的差异。
16. 请解释 ROP 的作用。
17. 请说明调拨的作用，并画出调拨的业务流程图。
18. 请说明盘点的作用，并画出盘点的业务流程图。
19. 什么是存货的调整业务？请给出调整业务涉及的单据名称。
20. 请说明假退料业务的作用。
21. 请给出可用于发出商品记账的 2 种单据。
22. 请解释移动平均、先进先出、后进先出、个别计价和全月平均计价方式，并比较这5种计价方式对正常单据记账的影响。
23. 请解释恢复记账的作用，并说明移动平均、先进先出、后进先出、个别计价和全月平均计价方式对单据恢复记账的影响。
24. 请比较存货明细账、总账和流水账的异同。
25. 请说明存货核算方式(按仓库核算、按部门核算和按存货核算)对存货明细账查询的影响。
26. 请说明存货核算方式(按仓库核算、按部门核算和按存货核算)对存货总账查询的影响。

27. 请说明存货期末处理的作用。
28. 请从金额和数量的角度，分别解释存货周转率的含义。
29. 请解释存货 ABC 成本分析的含义。

第 **7** 章

普通销售业务

销售是企业生产经营成果的实现过程，是企业经营活动的中心。用友 ERP-U8 的销售管理，提供了报价、订货、发货、开票的完整销售流程管理；支持普通销售、委托代销、分期收款、直运、零售等多种类型的销售业务，以及销售退货等逆向业务；可以进行现结业务、代垫费用、销售支出的业务处理；可以制定销售计划，对价格和信用进行实时监控。

普通销售，又可分为先发货后开票业务和开票直接发货业务两种。先发货后开票业务，是指根据销售订单或其他销售合同，向客户先发出货物，然后根据发货单开票的业务。发货单作为仓库出货及填制销售发票的依据，可以对应企业的专用票据，如销售小票、提货单、发送单等。用友 ERP-U8 的销售管理，可实现一次销售全部发货(详见本教程的 7.3 和7.4 节)，以及一次销售分批发货(详见本教程的 7.2 节)。

开票直接发货业务，是指根据销售订单或其他销售合同，向客户开具销售发票，客户根据发票到指定仓库提货。一般流程是销售部门根据销售订单生成销售发票，客户或送货人依据销售发票中的某联到仓库提货。在实际业务中，仓库依据销售发票中的某联作为出货依据，但用友 ERP-U8 系统会自动生成销售发货单，并根据参数设置生成销售出库单。相关的业务描述和操作流程，详见本教程的 7.4 节。

销售货物的货款，形成企业的应收款。由于案例企业同时启用了销售管理和应收款管理系统，所以销售发票由销售系统录入(相应的业务可参见本教程的第 7 章和第 8 章)，而在应收款管理系统中对这些单据进行审核、弃审、查询、核销、制单等处理。

用友 ERP-U8 的应收款管理，通过对发票、其他应收单、收款单等单据的管理，可及时、准确地提供客户的往来账款余额资料，提供各种分析报表，如账龄分析、周转分析、欠款分析、坏账分析、回款分析等，有利于企业合理地进行资金的调配，提高资金的利用效率。

应收管理的日常业务工作，包括企业日常的应收/收款的单据处理、应收/收款单据核销、应收转账、汇兑损溢、坏账处理和制单处理等。

应收单据处理，是指用友 ERP-U8 的用户，可通过应收款管理系统进行单据的录入、查阅和分析等工作。收款单据处理主要是对结算单据(收款单、付款单即红字收款单)的录入与审核。相应的业务，可参见本教程的 7.3 节和 7.4 节。

单据核销，是指应用收款来核销应收款的工作。单据核销的作用是建立收款与应收款的核销记录，加强往来款项的管理。相应的业务，可参见本教程的 7.3 节和 7.4 节。

应收转账，是进行应收冲应收(将一家客户的应收款转到另一家客户中)、预收冲应收(处理客户的预收款和该客户应收欠款的转账核销业务)、应收冲应付(用某客户的应收账款冲抵某供应商的应付款项)、红票对冲(用某客户的红字发票与其蓝字发票进行冲抵)等操作，本教程以预收冲应收为例(详见 7.3 节)，进行了相关业务的分析与操作说明。

本章的操作，请按照业务描述中的系统日期(如 4 月 11 日)，以账套主管赵技巩(或读者您本人)的身份，在第 6 章完成的基础上，在销售管理、库存管理、存货核算和应收款管理系统中进行。

如果您没有完成第 6 章的库存业务的操作，则可以到 360 云盘空间(云盘地址 https://yunpan.cn/crWIB4qYxNeUr，访问密码 7d82)的"实验账套数据"文件夹中，将"06 库存存货.rar"下载到实验用机上，然后引入(操作步骤详见 1.3.5 节)到 ERP-U8 系统中。此外，本章完成的账套，其输出压缩的文件名为"07 普通销售.rar"。

需要注意的是，因云盘中的账套备份文件均为"压缩"文件，所以在下载完成后引入之前，需要用解压缩工具进行解压(建议用 WinRAR 3.42 或以上版本)，得到相应可以引入的账套数据文件。

本章的所有业务实验操作，都有配套的微视频，您可以通过扫描二维码，或者到指定的网页地址去观看。本教程配套的微视频，均存放在北京神州明灯教育科技有限公司和合一集团的网站上，相应的访问说明请参见云盘中的"微视频访问说明.doc"。

本章的授课时间建议讲课 2～4 学时(主要讲解销售普通业务的类型、流程和单据状态的转换，内容可参见教程的 7.1～7.4 节和配套课件)、实验 2～4 学时，实验目的与要求如下：

- 理解销售管理系统的作用及其与其他管理部门的关系。
- 理解销售普通业务的业务流和数据流。
- 理解先发货后开票和开票直接发货的操作差异。
- 熟练掌握一次销售全部发货出库和分批发货业务的操作。
- 熟练掌握预收款和代垫运费业务的操作。
- 熟练掌握商业折扣和现金折扣业务的操作。
- 熟练掌握销售成本确认的操作。
- 熟练掌握销售应收确认的操作。

7.1 预备知识

传统的销售管理系统，仅包括销售报价、销售订货、销售发货、销售出库和销售开票等业务管理，不涉及销售成本核算和销售应收管理。但从企业经营管理的角度看，销售业务的物流(即销售出库引起的实物变化)，以及由物流驱动的价值流(即存货成本的变化)和资金流(即销售收款引起的资金变化)，应进行无缝连接，形成一个完整的销售业务管理系统。

本节将讲解完整销售业务管理系统的业务类型、应用模型，销售管理过程中涉及的单据类型、单据状态和单据操作。

7.1.1　销售管理概论

销售是指以出售、租赁等方式向第三方提供产品和/或服务的行为与过程。下面从销售业务类型、销售管理应用模型和销售普通业务流程等方面讲解。

1. 销售业务类型

销售业务根据企业应用，一般分为普通销售、委托代销、直运业务和分期收款业务等4 种业务类型。

(1) 普通销售，是适合大多数企业的日常销售业务。根据"发货—开票"的业务流程不同，普通销售可以分为两种业务模式：先发货后开票和开票直接发货业务。系统区分两种流程的依据是判断先录入发货单还是先录入发票。

(2) 委托代销业务，指企业将商品委托他人进行销售，但商品所有权仍归本企业的销售方式。委托代销商品销售后，受托方与企业进行结算，企业开具正式的销售发票，形成销售收入，商品所有权转移。

只有库存管理与销售管理系统集成使用时，才能在库存管理系统中使用委托代销业务。委托代销业务只能先发货后开票(详见 8.2 节)，不能开票直接发货。

(3) 直运业务，是指产品无须入库即可完成购销业务，由供应商直接将商品发给企业的客户，结算时由购销双方分别与企业结算。

直运业务包括直运销售业务和直运采购业务，没有实物的出入库，货物流向是直接从供应商到客户，财务结算通过直运销售发票、直运采购发票解决，具体的可参见 8.4 节。

(4) 分期收款发出商品业务，类似于委托代销业务，货物提前发给客户，分期收回货款，其特点是：一次发货，当时不确认收入，以后分次确认收入，在确认收入的同时配比性地转成本，具体的可参见 8.1 节。

2. 普通销售业务模型

普通销售业务，是指企业 95%以上的常规日常业务，基本上是采用"先发货，后收款"的赊销业务模式，标准的普通销售业务模型，请参见图 7-1。

图 7-1　普通销售业务(先发货后开票)的应用模型

由图 7-1 可知，完整的普通销售业务，涉及的部门包括销售部、仓管部和财务部，涉及的 ERP 软件功能模块包括销售管理、库存管理、存货核算、应收款管理和总账系统。

销售管理系统，是用友 ERP-U8 供应链的重要组成部分，提供了报价、订货、发货、开票的完整销售流程，支持普通销售、委托代销、分期收款、直运、零售、销售调拨等多种类型的销售业务，并可对销售价格和信用进行实时监控。

用友 ERP-U8 的销售管理系统既可以单独使用，又可以与用友 U8 的库存管理、采购管理、存货核算、应收款管理等系统集成使用(参见图 7-2)，提供完整全面的业务和财务流程处理。下面将详细阐述图 7-2 中各个子系统之间的接口关系。

图 7-2　销售管理系统与其他系统的关系

(1) 采购管理与销售管理。销售管理系统的直运销售订单，可参照生成采购管理系统的直运采购订单；直运销售发票与直运采购发票可互相参照(第 4 章的图 4-4 是销售管理与采购管理系统的接口图，在此不再赘述)。

(2) 库存管理与销售管理。图 7-3 是销售管理与库存管理系统的接口图。由图 7-3 可知，一般可以在库存管理系统中参照销售管理系统中的发货单、销售发票、销售调拨单、零售日报生成销售出库单；销售出库单也可以在销售管理系统中生成后传递到库存管理系统中，以利于查看和审核。

库存管理系统还可以为销售管理系统提供可用于销售的存货的可用量管理。

图 7-3　库存管理与销售管理系统接口

(3) 存货核算与销售管理。图 7-4 是存货核算与销售管理系统的接口图。由图 7-4 可知，直运销售发票在存货核算系统中进行记账，登记存货明细账，并制单生成凭证(详见8.4 节)；委托代销和分期收款的发货单、发票在存货核算系统中进行记账、制单生成凭证(详见 8.2 和 8.1 节)。

存货核算系统为销售管理系统提供销售成本及其核算。

(4) 应收款管理与销售管理。销售货物的货款，形成企业的应收款。由于案例企业同时启用了销售管理和应收款管理系统，所以销售发票由销售系统录入，在应收款管理系统中对这些单据进行审核、弃审、查询、核销、制单等处理。

图 7-5 是应收款管理与销售管理系统的接口图。由图 7-5 可知，销售发票、销售调拨单、零售日报和代垫费用单，在应收款管理系统中审核登记应收明细账，进行制单生成凭证，以及收款结算核销，并回写有关收款核销的信息。

图 7-4　存货核算与销售管理系统接口　　图 7-5　应收款管理与销售管理系统接口

3. 普通销售业务流程

普通销售的先发货后开票业务的业务流程(参见图7-6),可分为物料流动过程、价值流动过程和资金流动过程。

物料流动过程,包括销售报价、订货、发货、出库和开票 5 个作业活动,相应的信息单据为报价单、销售订单、销售发货单、销售出库单和销售发票。物料流动信息管理,在 ERP 软件的销售管理和库存管理系统中完成。

价值流动过程,包括材料记账和存货成本制单 2 个作业活动,相应的信息单据为存货的总账、明细账和存货成本记账凭证等,在 ERP 软件的存货核算系统中完成。

资金流动过程,包括应收单据审核与制单、收款单据处理、收款制单、核销与制单等多个作业活动,相应的信息单据为应收记账凭证、收款单、收款记账凭证、应收核销单、核销记账凭证等,在 ERP 软件的应收款管理系统中完成。

图 7-6 普通销售业务(先发货后开票)流程

普通销售业务的业务流程、作业活动和关键信息详见表 7-1,表中标识的关键活动将引起资源的变化。具体地,销售出库、审核,将引起存货数量的变化;出库成本记账将使得存货成本发生变化;应收款记账将使本企业的应收账款发生变化;已收款记账将使本企业的货币资金发生变化;核销是用收款信息冲销应收款信息,所以核销记账将使本企业的应收账款发生变化。

关键信息是销售业务过程中的关键单据,具体的说明和操作请参见7.1.2节和7.1.3节。

表 7-1 普通销售业务作业活动与信息表

业　　务	作业类型	作业活动	关键活动	关键信息
销售业务	物流	销售报价		销售报价单
		销售订货		销售订单

(续表)

业　务	作业类型	作业活动	关键活动	关键信息
销售业务	物流	销售发货		销售发货单
		销售出库	销售出库、审核	销售出库单
		销售开票		销售发票
	价值流	单据记账	出库成本记账	
		存货成本制单		成本记账凭证
	资金流	销售发票审核		
		发票制单		应收款记账凭证
		应收款记账	应收款记账	
		收款		收款单
		收款单据审核		
		收款单据制单		已收款记账凭证
		已收款记账	已收款记账	
		应收核销		应收核销单
		应收核销制单		核销记账凭证
		应收核销记账	应收核销记账	

7.1.2　销售单据类型与操作

由表 7-1 可知，销售业务过程中的关键单据有销售报价单、销售订单、销售发货单、销售出库单、销售发票、成本记账凭证、应收款记账凭证、收款单、已收款记账凭证、应收核销单和核销记账凭证，这些单据之间的上下游关系以及单据的主要操作类型，如图 7-7(先发货后开票)和图 7-8(开票直接发票)所示。

图 7-7　普通销售业务(先发货后开票)的单据流程

```
             销售报价单(填制,审核)
                     │
             销售订单(填制/参照生成,审核)
                     │
             销售发票(填制/参照生成,复核)
                     │ 自动生成
              ┌ ─ ─ ─ ─ ─ ─ ─ ┐
                  销售发货单
              └ ─ ─ ─ ─ ─ ─ ─ ┘
                     │ 自动或手工参照生成       ┌ ─ ─ ─ ─ ─ ─ ─ ─ ┐
  应收款单(审核)/收款单(填制,审核)            销售出库单(审核)
                     │                        └ ─ ─ ─ ─ ─ ─ ─ ─ ┘
  应收/收款/核销凭证(制单)              ┌ ─ ─ ─ ─ ─ ─ ─ ─ ─ ─ ┐
                     │                   存货凭证(生成凭证)
                     │                └ ─ ─ ─ ─ ─ ─ ─ ─ ─ ─ ┘
                     └──────── 各种凭证(签字,审核,记账) ──────┘
```

图 7-8 普通销售业务(开票直接发货)的单据流程

1. 销售报价单

销售报价单是销售业务处理的起点,用于描述和生成企业向客户提供货品、规格、价格、结算方式等信息。

销售报价单可以手工增加,也可参照模拟报价生成,可修改、删除、审核、弃审、关闭和打开。已审核未关闭的报价单可参照生成销售订单。但生成销售订单时,不进行数量的控制,即未关闭的报价单可以多次生成销售订单。

2. 销售订单

销售订单是企业与客户之间签订的销售合同、购销协议等,主要内容包括销售什么货物、销售多少、什么时间发货、发货地点、运输方式、价格、运费等。

图 7-9 是销售订单的操作流程。由图 7-9 可知,销售订单可以根据销售管理系统的销售报价单和销售预订单、合同管理系统的合同、进口管理的进口订单等生成,还可以在销售管理系统中直接录入销售订单。

```
  ┌──────────────────┐
  │  参照销售报价单生成  │──┐
  └──────────────────┘  │
  ┌──────────────────┐  │                      ┌──────────────┐
  │  参照销售预订单生成  │──┤                   ┌─│ 参照生成       │
  └──────────────────┘  │                   │ │ 销售发货单     │
  ┌──────────────────┐  │  ┌──────────┐    │ └──────────────┘
  │   参照合同生成      │──┼──│ 销售订单审核 │──┤
  └──────────────────┘  │  └──────────┘    │ ┌──────────────┐
  ┌──────────────────┐  │                   └─│ 参照生成       │
  │  参照进口订单生成    │──┤                     │ 销售发票       │
  └──────────────────┘  │                     └──────────────┘
  ┌──────────────────┐  │
  │    手工填制        │──┘
  └──────────────────┘
```

图 7-9 销售订单的操作流程

销售订单可修改、删除、审核、弃审、关闭、打开,可以行关闭、行打开。工业版账套中的未审核未整单关闭的销售订单可锁定、解锁。

3. 销售发货单

销售发货是销售订货和销售出库的中间环节，是企业执行与客户签订的销售合同或销售订单、将货物发往客户的行为，是销售业务的执行阶段。

发货单是销售方给客户发货的凭据，是销售发货业务的执行载体。销售发货单可以手工新增，也可以参照销售订单生成(但必有订单时，销售发货单不可手工新增，只能参照生成)，还可以通过销售发票复核、销售调拨单复核和零售日报复核时自动生成。图 7-10 是销售发货单的操作流程图。

图 7-10 销售发货单的操作流程

销售发货单可以修改、删除、审核、弃审、关闭、打开，可以行关闭、行打开。已审核未关闭的销售发货单可参照生成销售发票和销售出库单。

4. 销售出库单

销售出库单是销售出库业务的主要凭据，在库存管理系统中用于核算存货的出库数量，在存货核算系统中用于核算存货的出库成本(若销售成本的核算选择依据销售出库单，详见 3.3.1 节)，相应的操作流程可参见图 7-11。

图 7-11 销售出库单的操作流程

对于工业企业，销售出库单一般指产成品销售出库时所填制的出库单据；对于商业企业，销售出库单一般指商品销售出库时所填制的出库单。

销售出库单按进出仓库方向分为蓝字销售出库单、红字销售出库单；按业务类型分为普通销售出库单、委托代销出库单、分期收款出库单。

销售出库单可以修改、删除、审核、弃审等。

5. 销售发票

销售发票是销售收入确认、销售成本计算、应交销售税金确认和应收账款确认的依据，是销售业务的重要环节。销售发票复核后通知财务部门，在应收款管理系统中审核登记应收明细账，制单生成凭证。

销售发票是在销售开票过程中企业所开具的原始销售单据，包括增值税专用发票、普通发票及其所附清单。对于未录入税号的客户，可以开具普通发票，不可开具专用发票。

图 7-12 是销售发票操作流程图。由图 7-12 可知，普通销售必有订单时，销售发票可以参照销售订单、销售发货单填制，直运业务可以参照直运采购发票。但不是普通销售必有订单时，销售发票可手工新增。

图 7-12　销售发票的操作流程

销售发票按业务性质，可分为蓝字发票和红字发票，红字发票是蓝字发票的逆向单据。销售发票按发票类型，分为以下两种。

- 增值税专用发票：增值税专用发票的扣税类别默认为应税外加，不可修改，税额=无税金额×税率，价税合计=无税金额×(1+税率)。
- 普通发票：普通发票包括常用的普通发票、废旧物资收购凭证、农副产品收购凭证和其他收据，其扣税类别默认为应税内含，不可修改，税额=价税合计×税率，无税金额=价税合计×(1-税率)。

销售发票可以修改、删除、复核、弃复。

6. 存货成本凭证

存货核算系统的生成凭证功能，用于对本会计月已记账单据的凭证生成，并可对已生成的所有凭证进行查询显示。所生成的凭证可在账务系统中显示及生成科目总账。

单据记账，是存货核算系统按实际成本进行的入库成本核算和出库成本核算。记账即把未记账的单据记入存货明细账。

7. 应收记账凭证

应收制单即生成应收记账凭证，并将凭证传递至总账系统。常用的制单类型包括发票制单、收付款单制单、核销制单、票据处理制单、现结制单和转账制单，其中发票制单的结果是应收记账凭证。

8. 已收记账凭证

已收记账凭证，是收款单制单和现结制单生成的收款凭证。

9. 核销凭证

核销凭证是核销制单生成的凭证，是一种转账凭证。

10. 转账凭证

转账制单和票据处理制单生成的凭证是转账凭证；应收、应付凭证和核销凭证也是转账凭证；另外，存货核算系统生成的凭证一般也是转账凭证。

7.1.3　销售单据状态与操作

1. 单据状态及其转换

销售单据，从业务上可分为 5 种状态：录入、未审核、已审核、已执行和关闭状态。在启用制造模块后，对于销售系统中的销售订单，需要根据单据是否处于锁定状态，来决定是否作为 MPS/MRP 运算时的数据来源。因此，对销售订单可设定锁定状态，支持手工锁定和解锁，支持参照 MPS/MRP 采购计划或请购单生成单据的自动锁定。

销售单据的 5 种业务状态之间的转换关系及相关操作，请参见第 4 章的图 4-14。销售管理系统中，需要审核/复核的单据有：销售报价单、销售订单、销售发货单、销售退货单、销售发票、销售调拨单、零售日报、委托代销发货单、委托代销退货单、委托结算单、委托结算退回单、委托代销调整单、代垫费用单、销售费用支出单。

销售管理系统中，需要关闭的单据有销售报价单、销售订单、销售发货单和销售退货单，已填制的以上单据可以关闭，未审核单据也可关闭。另外，销售订单、销售发货单和销售退货单可以行关闭、行打开。

2. 单据操作

(1) 审核/弃审单据。销售单据只能整张审核/弃审，不可拆单。销售发票、销售调拨单、零售日报 3 种单据可复核、弃审。

审核/弃审单据有两种方法：

- 在单据卡片界面中进行审核/弃审。
- 在单据列表界面中进行批审、批弃。

提示：

- 已审核的单据不能再修改、删除，也不能再审核。
- 已执行或已关闭的单据，不可弃审。
- 有下游单据生成或被其他系统使用的单据，不可弃审(可将生成的下游单据删除，或取消其他系统的相关操作，如记账、制单等，再弃审)。

(2) 关闭/打开单据。销售单据只能整张关闭/打开，不可拆单。但销售订单、发货单和退货单，可以行关闭、行打开。关闭/打开单据有以下 2 种方法。

- 在单据卡片界面中进行关闭/打开。

- 在单据列表界面选中要操作的记录,单击"批关"、"批开",进行批量关闭和批量打开。

提示:

- 在销售管理系统中,未审核的单据也可以关闭;要打开的单据必须是已关闭的,打开单据的状态为关闭前的状态。
- 关闭的单据不能再执行,但并不影响其下游单据的继续执行。
- 销售订单、销售发货单、销售退货单可以行关闭、行打开。

(3) 复制单据。如果已经录入过与目前将要填制的单据类似或完全相同的单据,可单击工具栏中的"复制"按钮,进行单据复制,以加快单据的录入速度。新增红字单据时,如退货单、红字发票,可选择右键菜单中的"拷贝蓝字单据"菜单项,将所选蓝字单据内容复制到红字单据。

7.2 先发货后开票(分批发货)业务

普通销售业务根据"发货—开票"的实际业务流程不同,可以分为两种业务模式。系统处理两种业务模式的流程不同,但允许两种流程并存。系统判断两种流程的最本质区别是先录入发货单还是先录入发票。

先发货后开票模式,是先录入发货单,再根据发货单开票。

7.2.1 业务概述与分析

4月11日,销售批发部夏于与雪亮公司签订销售合同(合同编号:XS001),出售女士高端太阳眼镜 900 副,无税单价 360 元,增值税税率为 17%。合同约定当日发货 600 副,开具全额增值税发票(数量 900,票号为 XS3064),价税合计 379 080 元;剩下 300 副 12 号发货。

4月12日,完成剩下 300 副眼镜的发货和出库。

本业务是一次销售分批发货的先发货后开票业务,11 日需要填制并审核销售订单和发货单(600 副),审核出库单,填制并复核销售发票,进行应收确认与销售成本结转;12 日需要填制并审核发货单(300 副),审核出库单。

7.2.2 预备知识

本案例企业的存货计价方式均为移动平均法。对于出库业务,系统自动取当前的结存单价作为出库单价,并自动计算出库成本。

移动平均法计价的存货,在"单据记账"处进行成本计算。

- 若出库单上有单价,则按照此单价进行记账处理;若出库单上没有单价,则按照现在库存结存的数量与结存成本计算出库单价。

- 如果出库单记账时为零出库，系统自动按您在"核算方式选项"中设置的"零成本出库"方式计算出库成本；若您选择手工输入，则需要输入出库单价，如果不输入将不能记账。
- 对于出库单，如果用户在单价和金额中输入了零，系统将认为是出库成本为零，如赠送件等。
- 如果本月暂估的入库单已记账，报销后需要对其进行暂估处理。对于本月暂估并报销的非受托代销采购业务，系统直接修改明细账中对应记录的入库成本，重新计算其以下的非自填的出库金额，并回填出库单；如果结余数量为零或单价为负，则出库单价取上一条记录的单价。

7.2.3 虚拟业务场景

人物：赵飞——销售部主管
　　　夏于——批发部职员
　　　李莉——仓管部主管
　　　张兰——财务部会计
　　　曾志伟——财务部主管
　　　王强——雪亮公司采购部

场景一　销售部职员与雪亮公司签订销售合同，填制与审核销售订单

(雪亮公司采购部打来电话)

王强：您好！请问是亮康眼镜公司吗？

夏于：对，请问您是？

王强：我是雪亮公司的采购员王强。

夏于：王先生您好！

王强：我们想采购900副女士高端太阳镜，你们公司眼镜的价格和质量怎么样？

夏于：眼镜质量绝对可以保证，价钱每副360元。

王强：那好的，我们签过合同之后就先发600副，剩下300副明天发货可以吗？

夏于：(查询现存量之后……)好的，没问题。

(夏于请主管赵飞审核销售订单)

夏于：赵总，请您审核一下今天和雪亮公司签订的销售订单。

赵飞：好的。(审核)小夏，你再把销售发货单填一下吧，辛苦了。

场景二　销售部参照销售订单填制并审核发货单

(夏于参照销售订单生成了600副眼镜的发货单……)

夏于：赵总，我已经填好雪亮公司的第一批眼镜的发货单，请您审核一下。

赵飞：好的。(审核完成，系统自动生成出库单)

场景三　销售部通知仓管部发货，仓管部审核出库单

夏于：喂，您好，是仓管部吗？

李莉：您好，是仓管部。

夏于：雪亮公司订购的眼镜，需要今天发出第一批，我们已经填制审核发货单了，请你安排出库。

李莉：好的，我马上处理。

(仓管部出库完成后，李莉审核出库单……)

场景四　销售部职员夏于填制销售专用发票，主管赵飞复核

(夏于填制销售专用发票……)

夏于：赵总，我已经参照生成了销售发票，请您复核。

赵飞：好的。(复核完毕)

场景五　赵飞请财务部对本笔业务进行应收确认和销售成本结转

赵飞：小张，今天销售给雪亮公司眼镜的业务已经完成了，麻烦进行一下应收确认和销售成本结转。

张兰：好的，没问题。

(张兰来到财务部主管曾志伟的办公室……)

张兰：曾总，销售部今天有一笔应收业务，请您审核一下销售发票。

曾志伟：好的，我现在就审核。

(曾志伟审核销售发票……)

(张兰进行应收制单和销售成本结转……)

场景六　销售部和仓管部完成第二批发货

12 日，夏于参照销售订单生成了 300 副眼镜的发货单。

赵飞在 ERP 系统中，审核夏于刚刚完成的 300 副眼镜的发货单。

仓管部根据发货单，出库完成后，李莉审核出库单。

7.2.4　操作指导

1. 操作流程

图 7-13 是本业务的操作流程图。

图 7-13　业务 7.2 的操作流程

请确认系统日期和业务日期为 2016 年 4 月 11 号。

2．场景一的操作步骤

视频网址：http://www.mdmuke.com/mdmk/mod/page/view.php?id=1035

任务说明：填制并审核销售订单。

(1) 打开"销售订单"窗口。在"企业应用平台"的"业务工作"页签中，依次点击"供应链/销售管理/销售订货/销售订单"菜单项，系统打开"销售订单"窗口。

(2) 编辑销售订单。先单击工具栏中的"增加"按钮，新增一张销售订单，然后做如下编辑。

① 编辑表头　修改"订单号"为"XS001"，确认"业务类型"为"普通销售"，"销售类型"为"批发销售"，参照生成"客户简称"为"雪亮公司"，"销售部门"为"批发部"，"业务员"为"夏于"，"备注"为"销售女士高端 900 副分批发货"，其他项默认。

② 编辑表体的两条记录　参照生成"存货名称"为"女士高端太阳镜"，第一行"数量"为"600"，修改或确认"报价"为"0"，"无税单价"为"360"，确认"预发货日期"为"当日"；第二行"数量"为"300"、"报价"为"0"、"无税单价"为"360"、"预发货日期"为"4 月 12 号"。

(3) 保存。单击工具栏中的"保存"按钮，保存该单据，结果如图 7-14 所示。

(4) 审核。单击工具栏中的"审核"按钮，完成审核工作。

(5) 退出。单击"销售订单"窗口右上角的"关闭"按钮，关闭并退出该窗口。

图 7-14　业务 7.2 的销售订单

提示：

- 销售订单可修改、删除、审核、弃审、关闭、打开，可以行关闭、行打开。
- 工业版账套中，未审核未整单关闭的销售订单可锁定、解锁；系统将已锁定、已审核的未关闭的销售订单余量作为需求规划、主生产计划的需求来源。
- 已审核未关闭的销售订单可以变更。
- 已审核未关闭的销售订单可参照生成销售发货单、销售发票。
- 销售订单行记录，如果是 ATO 件(Assemble To Order，按订单装配)，则可下达生产订单。
- 如果业务中有预收款，可以在应收款管理系统中录入预收款单时，参照销售订单号。

3. 场景二的操作步骤

视频网址： http://www.mdmuke.com/mdmk/mod/page/view.php?id=1036

任务说明： 填制并审核销售发货单。

(1) 打开"发货单"窗口。在"销售管理"子系统中，依次点击"销售发货/发货单"菜单项，系统打开"发货单"窗口。

(2) 参照销售订单生成发货单。

① 打开"参照生单"窗口 单击工具栏中的"增加"按钮，系统弹出"查询条件选择-参照订单"对话框，直接单击对话框中的"确定"按钮，系统打开"参照生单"窗口，结果可参见图 7-15。

② 相关信息设置 在"参照生单"窗口的上窗格中，双击要选择的销售订单(订单编号为 XS001)所对应的"选择"栏，然后在其下窗格取消选择第二行记录，结果如图 7-15 所示。

选择	业务类型	销售类型	订单号	订单日期	币名	开票单位编码	客户简称	开票单位名称	销售部门	业...	税率（%）
Y	普通销售	批发销售	XS001	2016-04-11	人民币	002	雪亮公司	雪亮公司	批发部	夏于	17.00
合计											

发货单参照订单

选择	订单号	订...	仓库	货物编号	货物名称	规格型号	预发货日期	主...	可发货数量	含税单价	无税单价	可发
Y	XS001	1	大运仓库	00002	女士高端...		2016-04-11	副	600.00	421.20	360.00	216
	XS001	2	大运仓库	00002	女士高端...		2016-04-12	副	300.00	421.20	360.00	108
合计									900.00			324

图 7-15 业务 7.2 的"发货单参照订单"的设置结果

③ 拷贝信息 单击工具栏中的"OK 确定"按钮，系统返回"发货单"窗口，此时相

关的信息已经有默认值，保持数据不变。

(3) 保存。单击工具栏中的"保存"按钮，保存该发货单，结果如图 7-16 所示。

图 7-16　业务 7.2 的发货单

(4) 审核。单击工具栏中的"审核"按钮，完成审核工作(根据本公司的账套初始设置，系统将自动生成销售出库单)。

(5) 退出。单击"发货单"窗口右上角的"关闭"按钮，关闭并退出该窗口。

4. 场景三的操作步骤

视频网址：http://www.mdmuke.com/mdmk/mod/page/view.php?id=1037

任务说明：审核销售出库单。

(1) 打开"销售出库单"窗口。在"库存管理"子系统中，依次点击"出库业务/销售出库单"菜单项，系统打开"销售出库单"窗口。

(2) 查阅并审核销售出库单。单击工具栏中的"末张"按钮，查阅到相应的销售出库单；然后单击工具栏中的"审核"按钮，系统弹出信息框提示审核成功；单击"确定"按钮，完成审核工作，结果如图 7-17 所示。

图 7-17　业务 7.2 的销售出库单

(3) 退出。单击"销售出库单"窗口右上角的"关闭"按钮，关闭并退出该窗口。

提示：

本笔业务的销售出库单价为 310.10，因为大运仓库的存货单价按移动平均法计算，女士高端太阳镜本月的明细账可参见图 7-18，截止到当前其结存的单价为 310.10。

明细账

仓库：(0010)大运仓库
存货：(00002)女士高端太阳镜　　　　　　　　　　　……　　规格型号：
计量单位：副　　　　　　　　　　　　　　　　　　　　　　存货代码：00002
最高存量：　　　　　　　最低存量：　　　　　　　　　　　安全库存量：

记账日期	2016年		凭证号	摘要		收入			发出			结存		
记账日期	月	日	凭证号	凭证摘要	收发类别	数量	单价	金额	数量	单价	金额	数量	单价	金额
				期初结存								0.00		0.00
2016-04-05	4	5	转 7	红字回冲单	采购入库	-500.00	300.00	-150,000.00				-500.00	300.00	-150,000.00
2016-04-05	4	5	转 8	蓝字回冲单	采购入库	500.00	320.00	160,000.00				0.00		10,000.00
2016-04-07	4	7	转 10	采购女士高端990副	采购入库	990.00	300.00	297,000.00				990.00	310.10	307,000.00
				4月合计		990.00		307,000.00	0.00		0.00	990.00	310.10	307,000.00
				本年累计		990.00		307,000.00	0.00		0.00			

图 7-18　女士高端太阳镜的本月明细账

5. 场景四的操作步骤

视频网址： http://www.mdmuke.com/mdmk/mod/page/view.php?id=1038

任务说明： 填制并复核销售专用发票。

（1）打开"销售专用发票"窗口。在"销售管理"子系统中，依次点击"销售开票/销售专用发票"菜单项，系统打开"销售专用发票"窗口。

（2）参照发货单生成销售专用发票。单击工具栏中的"增加"按钮，系统弹出"查询条件选择-发票参照发货单"对话框，直接单击"确定"按钮系统打开"参照生单"窗口；在该窗口的上窗格中，选中相应的发货单，再单击工具栏中的"OK确定"按钮，返回"销售专用发票"窗口。

（3）编辑并保存销售专用发票。在"销售专用发票"窗口中，编辑表头的"发票号"为"XS3064"、表体的"数量"为"900"，然后单击工具栏中的"保存"按钮，结果如图 7-19 所示。

销售专用发票

打印模版　销售专用发票打印模▼
表体排序　　　　　　　　　▼　　　　　　　　　　　合并显示 □

发票号 XS3064　　　　　　开票日期 2016-04-11　　　　　业务类型 普通销售
销售类型 批发销售　　　　　订单号 XS001　　　　　　　发货单号 0000000001
客户简称 雪亮公司　　　　　销售部门 批发部　　　　　　业务员 夏于
付款条件　　　　　　　　　客户地址 上海徐汇天平路8号　联系电话
开户银行 工行徐汇支行　　　账号 36542234　　　　　　　税号 12121
币种 人民币　　　　　　　　汇率 1　　　　　　　　　　税率 17.00
备注 销售女士高端900副分批发货

	仓库名称	存货编码	存货名称	规格型号	主计量	数量	报价	含税单价	无税单价	无税金额	税额	价税合计	税率
1	大运仓库	00002	女士高端太阳镜		副	900.00	0.00	421.20	360.00	324000.00	55080.00	379080.00	
2													

图 7-19　业务 7.2 的销售专用发票

（4）复核。单击工具栏中的"复核"按钮，完成复核工作。

（5）退出。单击"销售专用发票"窗口右上角的"关闭"按钮，关闭并退出该窗口。

6. 场景五的操作步骤

视频网址：http://www.mdmuke.com/mdmk/mod/page/view.php?id=1039

任务说明： 销售应收审核与制单，销售成本结转。

【销售应收审核】

(1) 打开应收系统的"单据处理"窗口。在"企业应用平台"的"业务工作"页签下，依次点击"财务会计/应收款管理/应收单据处理/应收单据审核"菜单项，系统弹出"应收单查询条件"对话框，直接单击该对话框的"确定"按钮，系统打开应收"单据处理"窗口。

(2) 审核应收单据。在应收"单据处理"窗口中，系统已列出本业务的销售专用发票，选中该单据并单击工具栏中的"审核"按钮，系统提示审核成功；单击"确定"按钮，退出信息提示框，返回应收"单据处理"窗口。

(3) 退出。单击"单据处理"窗口右上角的"关闭"按钮，退出该窗口。

【应收制单】

(1) 打开销售发票"制单"窗口。在"应收款管理"子系统中，双击"制单处理"菜单项，在系统弹出的"制单查询"对话框中，确认已选中"发票制单"，然后单击"确定"按钮，系统打开"制单"窗口。

(2) 生成并编辑销售专用发票的应收转账凭证。先修改"凭证类别"为"转账凭证"，然后做如下操作。

① 选中本业务生成的销售专用发票，再单击工具栏中的"制单"按钮，系统打开"填制凭证"窗口，并默认显示凭证的信息为"借记：应收账款，贷记：主营业务收入、销项税额"。

② 设置"主营业务收入"科目的辅助项的"项目名称"为"女士高端"。单击"主营业务收入"科目所在栏，然后将鼠标指针移至"项目"区域，待鼠标指针显示为"笔尖"图标时双击，系统将打开"辅助项"对话框，参照生成项目名称为"女士高端"，然后单击"确定"按钮返回"填制凭证"窗口。

(3) 保存。单击工具栏中的"保存"按钮，保存该单据，结果如图 7-20 所示。

图 7-20　业务 7.2 的销售发票制单结果

(4) 退出。单击"填制凭证"和"制单"窗口右上角的"关闭"按钮,关闭并退出窗口。

【业务规则】

销售发票制单时,系统先判断控制科目依据,根据控制科目依据取"控制科目设置"中对应的科目(参见表3-1);然后系统判断销售科目依据,单据销售科目依据取"产品科目设置"中对应的科目;若没有设置,则取"基本科目设置"中设置的应收科目和销售科目。若无,则需要手工输入。

【销售出库记账】

(1) 打开"未记账单据一览表"窗口。在"企业应用平台"的"业务工作"页签下,依次点击"供应链/存货核算/业务核算/正常单据记账"菜单项,系统弹出"查询条件选择"对话框,直接单击该对话框的"确定"按钮,系统打开"未记账单据一览表"窗口。

(2) 销售出库记账。在"未记账单据一览表"窗口中,选中本业务生成的销售发票,然后单击工具栏中的"记账"按钮,系统弹出信息框提示记账成功,单击"确定"按钮,完成记账工作。

(3) 退出。单击"未记账单据一览表"窗口右上角的"关闭"按钮,退出当前窗口。

【核算说明】

● 蓝字出库单记账时,取出库单上的成本;若单据上无成本,则依据计价方式进行计算,核算出库成本。按全月平均、计划价/售价法计价的存货,在期末处理处进行出库成本核算。

● 红字出库单记账时,取单据上的成本;若单据上无成本,则计价方式为先进先出、后进先出的存货,取系统选项"红字出库单成本选择"中的选项成本;计价方式为移动平均、个别计价、全月平均、计划价/售价法核算的存货,依据其计价方式进行计算。按全月平均与计划价/售价法计价的存货,在期末处理处进行存货成本计算。

● 正常单据记账时,仅对用户所选择的记录行进行记账处理,记账的过程保持不变,但回写单据的记账人时,要将记账人记在单据表体中"本次记账"的记录行上,表头的记账人不再处理。

● 如果您选择单据审核后才能记账,则正常单据记账的过滤条件中的"包含未审核单据"选项就不能选中,在显示要记账的单据列表时,未审核的单据不显示。

● 由于生成凭证只支持按整单制单,故在第 12 个会计月期末处理前,您一定要将未整单记账单据的所有未记账记录全部记账,并且在月结前生成凭证;否则年结后,无法生成凭证。

【销售出库的存货制单】

(1) 打开"生成凭证"窗口。在"存货核算"子系统中,依次点击"财务核算/生成凭证"菜单项,系统打开"生成凭证"窗口。

(2) 打开"选择单据"窗口。单击工具栏中的"选择"按钮,在系统弹出的"查询条件"对话框中,直接单击"确定"按钮,系统退出对话框并打开"选择单据"窗口。

(3) 生成存货凭证。

① 选择销售发票　在"选择单据"窗口中，选中本业务生成的销售发票，然后单击工具栏中的"确定"按钮，系统返回"生成凭证"窗口。

② 生成凭证　先修改"凭证类别"为"转账凭证"，再单击工具栏中的"生成"按钮，系统打开"填制凭证"窗口，并默认显示了本业务的存货相关信息(借记：主营业务成本，贷记：库存商品)。

(4) 编辑凭证。在"填制凭证"窗口中，修改"主营业务成本"和"库存商品"的辅助项的项目名称为"女士高端"，其他项默认。

(5) 保存。单击工具栏中的"保存"按钮，保存该凭证，结果如图 7-21 所示。

(6) 退出。单击"填制凭证"和"生成凭证"窗口右上角的"关闭"按钮，关闭并退出窗口。

图 7-21　业务 7.2 的存货出库凭证

【业务规则】

销售出库单制单时，借方取对方科目中收发类别对应的科目(参见表 3-12)，贷方取存货科目(参见表 3-11)。

7. 场景六　销售部和仓管部完成第二批发货

视频网址：http://www.mdmuke.com/mdmk/mod/page/view.php?id=1040

任务说明：填制与审核销售发货单；审核自动生成的销售出库单。

请确认系统日期和业务日期为 2016 年 4 月 12 号。

【参照生成发货单】

(1) 打开销售"发货单"窗口。

(2) 参照销售订单生成发货单(300 副眼镜)。单击工具栏中的"增加"按钮，系统弹出

"查询条件选择-参照订单"对话框,直接单击其"确定"按钮;然后在系统打开的"参照生单"窗口的上窗格中,双击要选择的销售订单(订单编号为 XS001)所对应的"选择"栏;再单击工具栏中的"OK 确定"按钮,系统返回"发货单"窗口,此时相关的信息已经有默认值,保持数据不变。

(3) 保存。单击工具栏中的"保存"按钮,保存该发货单。

(4) 审核。单击工具栏中的"审核"按钮,完成审核工作(根据本公司的账套初始设置,系统将自动生成销售出库单)。

(5) 退出。单击"发货单"窗口右上角的"关闭"按钮,关闭并退出该窗口。

【审核出库单】

(1) 打开库存管理的"销售出库单"窗口。

(2) 查阅并审核销售出库单。单击工具栏中的"末张"按钮,查阅到相应的销售出库单;然后单击工具栏中的"审核"按钮,系统弹出信息框提示审核成功;单击"确定"按钮,完成审核工作。

(3) 退出。单击"销售出库单"窗口右上角的"关闭"按钮,关闭并退出该窗口。

提示:

由于存货核算的销售成本确认的核算方式为"销售发票",故第二批的销售成本确认不需要再进行处理;若销售成本确认的核算方式为"销售出库单",则两批发货都需要进行成本确认。

7.3 先发货后开票(有预收款和代垫运费及应收核销)业务

如前所述,定金是指在合同订立或在履行之前,支付一定数额的金钱作为担保的担保方式。在用友 ERP-U8 中,销售业务的定金通过"预收款"反映。

销售业务中,代垫费用指随货物销售所发生的、不通过发票处理而形成的,暂时代垫将来需向客户收取的费用项目,如运杂费、保险费等。代垫费用实际上形成了对客户的应收款。

企业的预收账款科目,用来核算企业按照合同规定或交易双方之约定,而向购买单位或接受劳务的单位,在未发出商品或提供劳务时预收的款项,一般包括预收的货款、预收购货定金等。企业在收到这笔钱时,商品或劳务的销售合同尚未履行,因而不能作为收入入账,只能确认为一项负债,即贷记"预收账款"账户。企业按合同规定提供商品或劳务后,再根据合同的履行情况,逐期将未实现收入转成已实现收入,即借记"预收账款"账户,贷记有关收入账户。

7.3.1 业务概述与分析

4 月 12 日，销售批发部夏于与光明公司签订销售合同(合同编号 XS002)，出售男士普通太阳镜 4000 副，无税单价 108 元，增值税税率为 17%。合同签订当日光明公司用转账支票(票号为 13100650)支付定金 40 000 元；我公司当日发货，代垫运费 1200 元，全额增值税发票(票号为 XS3066、价税合计 505 440 元)和运费发票，随货送出。

当日，财务部将定金冲销相应的应收款，稍后收到光明公司的银行承兑汇票 CDHP030，用于支付本笔业务的价税和运费的尾款，共 466 640 元。

本笔业务是一次销售全部发货出库的先发货后开票业务，还涉及销售定金和代垫运费的处理，需要填制并审核销售订单和发货单，审核出库单，填制并复核销售发票，填制并审核代垫费用；进行应收确认与销售成本结转，预收冲应收的转账与制单，定金收款单的填制、审核与制单，应收核销。

7.3.2 虚拟业务场景

人物：赵飞——销售部主管
　　　夏于——批发部职员
　　　刘欣——光明眼镜采购部
　　　李莉——仓管部主管
　　　张兰——财务部会计
　　　罗迪——财务部出纳
　　　曾志伟——财务部主管

场景一　与光明公司签订男士普通太阳镜的销售合同，填制并审核销售订单

(光明公司采购部打来电话)

夏于：喂，您好，这里是亮康公司销售部。

刘欣：您好！我是光明公司采购部的采购员。我们想订购男士普通太阳镜，请问你们的眼镜价格和质量怎么样？

夏于：眼镜的质量没有问题，无税单价 108 元每副。

刘欣：那我们订 4000 副，今天就要货，运费可自付。我们可用转账支票预付定金 4 万元。

夏于：(现存量查询之后……)好的，我们先代垫运费，共 1200 元。还请尽快发来定金，合作愉快！

(夏于填制销售订单)

夏于：赵总，请您审核一下刚与光明公司签订的销售订单。

赵飞：好的。(审核……)

场景二　销售部填制发货单并审核

(夏于参照销售订单生成发货单)

夏于：赵总，光明公司的发货单我已经填制好了，请您审核。

赵飞：好的，我马上审核，待会你就去通知仓管部的人发货吧。

(审核……)

场景三　赵飞通知夏于填制销售专用发票和代垫费用单，赵飞复核发票并审核代垫费用单

赵飞：小夏，把这笔业务的销售专用发票和代垫费用单填制一下。

夏于：好的。

(夏于开始填制)

夏于：主管，已经填制好销售专用发票和代垫费用单了，麻烦您复核。

赵飞：好的。(复核销售发票，审核代垫费用单……)

场景四　夏于通知仓管部发货，仓管部审核销售出库单

夏于：李总，光明公司订购了 4000 副男士普通太阳镜，请您安排一下发货吧。

李莉：好的，我们马上准备。

(仓管部出库完成后，李莉审核出库单……)

场景五　财务部出纳罗迪填制定金收款单，财务主管曾志伟审核，张兰进行收款单制单

夏于：小罗，你看一下和光明公司签订的销售订单，这是他们今天送来的 4 万元转账支票，用作定金。

罗迪：好的。

(罗迪填制收款单完毕)

罗迪：曾总，光明公司的收款单填好了，请您审核一下。

曾志伟：好的。

(曾志伟审核收款单完毕)

曾志伟：小张，收款单我审核完了，你做一下收款单制单吧。

张兰：好的，曾总。

场景六　赵飞通知财务部张兰对本笔销售业务进行应收确认和销售成本结转

赵飞：小张，这笔光明公司的业务已经完成，麻烦进行应收确认和成本确认吧。

张兰：好的，没问题。

(张兰来到财务部主管曾志伟的办公室……)

张兰：曾总，销售部今天有一笔应收业务，请您审核一下发票。

曾志伟：好的，我现在就审核。

(曾志伟审核应收发票和代垫费用单……)

(张兰进行应收制单和销售成本结转……)

场景七　罗迪收到本笔业务的尾款，填制收款单并请主管审核、张兰制单

(罗迪填制收款单完毕，来到曾志伟的办公室)

罗迪：曾总，我们已经收到本笔业务的尾款了，并且我已经填制收款单了，请您审核一下。

曾志伟：好的。(开始收款单审核)

罗迪：小张，本笔业务的收款单，曾总已经审核通过了。

张兰：好的，我马上进行应收制单。(开始生成凭证)

场景八　曾志伟提醒张兰对本笔业务的应收账款进行预收冲应收和应收核销

曾志伟：小张，本笔业务的尾款我们已经收到，该做预收冲应收、应收核销与制单了。

张兰：好的，我马上做。(开始做预收冲应收、应收核销与制单)

7.3.3　操作指导

1. 操作流程图(见图 7-22)

图 7-22　业务 7.3 的操作流程

请确认系统日期和业务日期为 2016 年 4 月 12 号。

2. 场景一的操作步骤

视频网址：http://www.mdmuke.com/mdmk/mod/page/view.php?id=1041

任务说明：填制与审核销售订单。

(1) 打开"销售订单"窗口。在"企业应用平台"的"业务工作"页签中，依次点击"供应链/销售管理/销售订货/销售订单"菜单项，系统打开"销售订单"窗口。

(2) 编辑销售订单。单击工具栏中的"增加"按钮，新增一张销售订单，并做如下编辑。

① 编辑表头　修改"订单号"为"XS002"，"客户简称"为"光明公司"，"销售部门"为"批发部"，"业务员"为"夏于"，"备注"为"销售男士普通 4 千副有定金"。

② 编辑表体　参照生成"存货名称"为"男士普通太阳眼镜"，"数量"栏输入"4000"，"无税单价"为"108 元"，确认"预发货日期"为"4 月 12 号"，其他项默认。

(3) 保存。单击工具栏中的"保存"按钮，保存该订单，结果如图 7-23 所示。

(4) 审核。单击工具栏中的"审核"按钮，完成审核工作。

(5) 退出。单击"销售订单"窗口右上角的"关闭"按钮，关闭并退出该窗口。

	存货名称	规格型号	主计量	数量	报价	含税单价	无税单价	无税金额	税额	价税合计	税率（%）	折扣额	扣率（%）	预发货日期
1	男士普通太…		副	4000.00	0.00	126.36	108.00	432000.00	73440.00	505440.00	17.00	0.00	10…	2016-04-12

图 7-23 业务 7.3 的销售订单

3. 场景二的操作步骤

视频网址：http://www.mdmuke.com/mdmk/mod/page/view.php?id=1042

任务说明：填制与审核销售发货单。

(1) 打开"发货单"窗口。在"销售管理"子系统中，依次点击"销售发货/发货单"菜单项，系统打开"发货单"窗口。

(2) 参照销售订单生成发货单。单击工具栏中的"增加"按钮，系统弹出"查询条件选择-参照订单"对话框，直接单击其"确定"按钮；然后在系统打开的"参照生单"窗口的上窗格中，双击要选择的销售订单(订单编号为 XS002)所对应的"选择"栏；再单击工具栏中的"OK 确定"按钮，系统返回"发货单"窗口，此时相关的信息已经有默认值，保持数据不变。

(3) 保存。单击工具栏中的"保存"按钮，保存该发货单，结果如图 7-24 所示。

(4) 审核。单击工具栏中的"审核"按钮，完成审核工作(根据本公司的账套初始设置，系统将自动生成销售出库单)。

(5) 退出。单击"发货单"窗口右上角的"关闭"按钮，关闭并退出该窗口。

	仓库名称	存货编码	存货名称	规格型号	主计量	数量	报价	含税单价	无税单价	无税金额	税额	价税合计
1	大运仓库	00003	男士普通太阳镜		副	4000.00	0.00	126.36	108.00	432000.00	73440.00	505440.00

图 7-24 业务 7.3 的发货单

4. 场景三的操作步骤

视频网址：http://www.mdmuke.com/mdmk/mod/page/view.php?id=1043

任务说明：填制与复核(审核)销售专用发票和代垫运费单。

(1) 打开"销售专用发票"窗口。在"销售管理"子系统中，依次点击"销售开票/销售专用发票"菜单项，系统打开"销售专用发票"窗口。

(2) 参照发货单生成销售专用发票。单击工具栏中的"增加"按钮，系统弹出"查询条件选择-发票参照发货单"对话框，直接单击"确定"按钮，系统打开"参照生单"窗口；在该窗口的上窗格中，选中相应的发货单(其对应的订单号为 XS002)，再单击工具栏中的"OK 确定"按钮，返回"销售专用发票"窗口。

(3) 编辑并保存销售专用发票。在"销售专用发票"窗口中，编辑表头的"发票号"为"XS3066"，然后单击工具栏中的"保存"按钮，结果如图 7-25 所示。

图 7-25　业务 7.3 的销售专用发票

(4) 复核销售专用发票。单击工具栏中的"复核"按钮，复核该销售专用发票。

(5) 编辑并保存代垫运费单。

① 单击工具栏中的"代垫"按钮，系统打开"代垫费用单"窗口。

② 在"代垫费用单"窗口中，参照生成"费用项目"为运输费，编辑"代垫金额"为"1200"元。

③ 单击工具栏中的"保存"按钮，保存该单据，结果如图 7-26 所示。

(6) 审核代垫费用单。单击工具栏中的"审核"按钮，完成审核工作。

(7) 退出。单击"代垫费用单"和"销售专用发票"窗口右上角的"关闭"按钮，关闭并退出窗口。

图 7-26　业务 7.3 的代垫费用单

5. 场景四的操作步骤

视频网址：http://www.mdmuke.com/mdmk/mod/page/view.php?id=1044

任务说明：审核销售出库单。

(1) 打开"销售出库单"窗口。在"企业应用平台"的"业务工作"页签中，依次点击"供应链/库存管理/出库业务/销售出库单"菜单项，系统打开"销售出库单"窗口。

(2) 查阅并审核销售出库单。单击工具栏中的"末张"按钮，查阅到相应的销售出库单；然后单击工具栏中的"审核"按钮，系统弹出信息框提示审核成功；单击"确定"按钮，完成审核工作，结果如图 7-27 所示。

(3) 退出。单击"销售出库单"窗口右上角的"关闭"按钮，关闭并退出该窗口。

图 7-27 业务 7.3 的销售出库单

提示：

本笔业务的销售出库单价为 90.23，因为大运仓库的存货单价按移动平均法计算，男士普通太阳镜本月的明细账可参见图 7-28，截止到当前其结存的单价为 90.23。

图 7-28 男士普通太阳镜本月的明细账

6. 场景五的操作步骤

视频网址：http://www.mdmuke.com/mdmk/mod/page/view.php?id=1045

任务说明：定金收款单的填制、审核与制单。

(1) 打开"收付款单录入"窗口。在"企业应用平台"的"业务工作"页签中，依次点击"财务会计/应收款管理/收款单据处理/收款单据录入"菜单项，打开"收付款单录入"窗口。

(2) 编辑收款单。单击工具栏中的"增加"按钮，新增一张收款单，然后做如下编辑。

① 编辑其表头的"客户"为"光明公司"，"结算方式"为"转账支票"，"金额"为"40 000"，"票据号"为"13100650"，"部门"为"财务部"，"摘要"为"光明公司 XS002 的定金4万"。

② 单击表体部分，系统将自动生成一条记录，注意将款项类型原本默认的"应收款"修改为"预收款"，其他项默认，结果如图 7-29 所示。

图 7-29　业务 7.3 的定金收款单

(3) 保存。单击工具栏中的"保存"按钮，保存该单据。

(4) 审核收款单。单击工具栏中的"审核"按钮，系统弹出信息框提示"是否立即制单？"。

(5) 生成凭证。单击对话框中的"是"按钮，系统打开"填制凭证"窗口，并默认显示凭证的信息为"借记：工行存款，贷记：预收账款"。

(6) 保存。单击工具栏中的"保存"按钮，结果如图 7-30 所示。

(7) 退出。单击"填制凭证"和"收付款单录入"窗口右上角的"关闭"按钮，关闭并退出窗口。

图 7-30　业务 7.3 的定金收款单制单结果

7. 场景六的操作步骤

视频网址: http://www.mdmuke.com/mdmk/mod/page/view.php?id=1046

任务说明: 销售应收确认和销售成本结转。

【销售专用发票和代垫费用单的应收审核】

(1) 打开应收"单据处理"窗口。在"应收款管理"子系统中,依次点击"应收单据处理/应收单据审核"菜单项,系统弹出"应收单查询条件"对话框,直接单击其"确定"按钮,系统打开"单据处理"窗口。

(2) 审核应收单据。在应收"单据处理"窗口中,系统已列出本业务的销售专用发票和代垫费用单,选中这2个单据,然后单击工具栏中的"审核"按钮,系统弹出信息框提示审核成功,单击"确定"按钮,完成审核工作。

(3) 退出。单击"单据处理"窗口右上角的"关闭"按钮,退出该窗口。

【销售专用发票和代垫费用的应收制单】

(1) 打开应收"制单"窗口。在"应收款管理"子系统中,双击"制单处理"菜单项,在系统弹出的"制单查询"对话框中,确认已选中"发票制单"和"应收单制单",然后单击"确定"按钮,系统打开"制单"窗口。

(2) 编辑并保存应收款的转账凭证。先修改"凭证类别"为"转账凭证",然后做如下操作。

① 单击工具栏中的"全选"按钮,以选中本业务填制的销售专用发票和代垫运费单;再单击"制单"按钮,系统打开"填制凭证"窗口,并默认显示第 1 张凭证(销售专用发票对应的凭证)的信息为"借记: 应收账款,贷记: 主营业务收入、销项税额"。

② 设置"主营业务收入"科目的辅助项的"项目名称"为"男士普通",单击"保存"按钮,结果如图 7-31 所示。

图 7-31 业务 7.3 的销售专用发票制单结果

③ 单击工具栏中的"下张凭证"按钮，系统默认显示第 2 张凭证(代垫费用对应的凭证)的信息为"借记：应收账款，贷记：库存现金"；修改凭证的凭证类型为"付款凭证"(单击凭证左上角"转"字的参照按钮，在打开的列表中选择"付款凭证")，"摘要"为"代垫光明公司的运费"，然后单击"保存"按钮，结果如图 7-32 所示。

付 款 凭 证

摘 要	科目名称	借方金额	贷方金额
代垫光明公司的运费	应收账款	120000	
代垫光明公司的运费	库存现金		120000
	合 计	120000	120000

已生成　付　字 0003　制单日期：2016.04.12　审核日期：　附单据数：1

票号 日期　数量 单价

备注　项 目　部 门
个 人　客 户 光明公司
业务员 夏于

记账　　审核　　出纳　　制单 赵技巩

图 7-32　业务 7.3 的代垫费用制单结果

(3) 退出。单击"填制凭证"和"制单"窗口右上角的"关闭"按钮，关闭并退出窗口。

【业务规则】

● 销售发票制单时，系统先判断控制科目依据，根据控制科目依据取"控制科目设置"中对应的科目(参见表 3-1)，然后系统判断销售科目依据，单据销售科目依据取"产品科目设置"中对应的科目。若没有设置，则取"基本科目设置"中设置的应收科目和销售科目。若无，则需要手工输入。

● 应收单(如运费发票)制单时，借方取应收单表头科目(应收科目)，贷方取应收单表体科目(对方科目)；若应收单上没有科目，则需要您手工输入科目。

【销售出库记账】

(1) 打开"未记账单据一览表"窗口。在"企业应用平台"的"业务工作"页签下，依次点击"供应链/存货核算/业务核算/正常单据记账"菜单项，系统弹出"查询条件选择"对话框，直接单击该对话框的"确定"按钮，系统打开"未记账单据一览表"窗口。

(2) 销售出库记账。在"未记账单据一览表"窗口中，选中本业务生成的销售发票，然后单击工具栏中的"记账"按钮，系统弹出信息框提示记账成功，单击"确定"按钮，完成记账工作。

(3) 退出。单击"未记账单据一览表"窗口右上角的"关闭"按钮，退出当前窗口。

【销售出库的存货制单】

(1) 打开"生成凭证"窗口。在"存货核算"子系统中，依次点击"财务核算/生成凭证"菜单项，系统打开"生成凭证"窗口。

（2）打开"选择单据"窗口。单击工具栏中的"选择"按钮，在系统弹出的"查询条件"对话框中，直接单击"确定"按钮，系统退出对话框并打开"选择单据"窗口。

（3）生成存货凭证。

① 选择销售发票　在"选择单据"窗口中，选中本笔业务生成的销售发票，然后单击工具栏中的"确定"按钮，系统返回"生成凭证"窗口。

② 生成凭证　先修改"凭证类别"为"转账凭证"，然后单击工具栏中的"生成"按钮，系统打开"填制凭证"窗口，并默认显示了本业务销售出库的相关信息(借记：主营业务成本，贷记：库存商品)。

（4）编辑凭证。在"填制凭证"窗口中，修改"主营业务成本"和"库存商品"的辅助项的"项目名称"为"男士普通"，其他项默认。

（5）保存。单击工具栏中的"保存"按钮，保存该凭证，结果如图 7-33 所示。

图 7-33　业务 7.3 的存货出库凭证

（6）退出。单击"填制凭证"和"生成凭证"窗口右上角的"关闭"按钮，关闭并退出窗口。

8. 场景七的操作步骤

视频网址：http://www.mdmuke.com/mdmk/mod/page/view.php?id=1047

任务说明：本笔业务尾款的收款单填制、审核与制单。

（1）打开"收付款单录入"窗口。在"企业应用平台"的"业务工作"页签中，依次点击"财务会计/应收款管理/收款单据处理/收款单据录入"菜单项，打开"收付款单录入"窗口。

（2）编辑收款单。单击工具栏中的"增加"按钮，新增一张收款单；编辑其表头的"客户"为光明公司，"结算方式"为"银行承兑汇票"，"金额"为"466 640"，"票据号"为

"CDHP030"，"部门"为"财务部"，"摘要"为"收到 XS002 货款与运费的尾款"；然后单击表体部分，系统将自动生成一条记录，注意确认"款项类型"为"应收款"，

(3) 保存。单击工具栏中的"保存"按钮，结果如图 7-34 所示。

图 7-34　业务 7.3 的尾款收款单

(4) 审核。单击工具栏中的"审核"按钮，系统完成审核工作，并弹出信息框提示"是否立即制单？"。

(5) 编辑并保存收款凭证。单击对话框中的"是"按钮，系统打开"填制凭证"窗口；先单击凭证左上角"收"字的参照按钮，在打开的列表中选择"转账凭证"，以修改凭证的类型为"转账凭证"；然后单击工具栏中的"保存"按钮，生成的凭证结果如图 7-35 所示。

(6) 退出。单击"填制凭证"和"收付款单录入"窗口右上角的"关闭"按钮，关闭并退出窗口。

图 7-35　业务 7.3 的尾款制单结果

9. 场景八的操作步骤

视频网址：http://www.mdmuke.com/mdmk/mod/page/view.php?id=1048

任务说明：预收冲应收、应收核销与核销制单。

【预收冲应收】

(1) 打开"预收冲应收"对话框。在"应收款管理"子系统中，依次点击"转账/预收冲应收"菜单项，系统打开"预收冲应收"对话框，结果可参见图 7-36。

(2) 预收设置。在"预收款"选项卡中，参照生成"客户"为"光明公司"，然后单击"过滤"按钮，系统在表体列出相关信息；在表体双击"结算方式"为"转账支票"所在行，使该行的"转账金额"与"原币余额"数字相等(40 000)，结果如图 7-36 所示。

图 7-36　业务 7.3 预收冲应收的预收款设置

(3) 应收设置。在"应收款"选项卡中，先单击"过滤"按钮，再在表体中双击"单据编号"为"XS3066"所在行，使该行的"转账金额"与"预收款"选项卡中"转账金额"数字相等(40 000)，结果如图 7-37 所示。

图 7-37　业务 7.3 预收冲应收的应收款设置

(4) 转账完成。单击"确定"按钮，转账完成，系统同时弹出信息提示框，询问"是否立即制单"。

(5) 生成凭证。单击信息提示框的"是"按钮，系统弹出"填制凭证"对话框，默认的凭证信息为"借记：(无)，贷记：预收账款(红字)、应收账款"。

(6) 编辑并保存凭证。先单击凭证左上角"收"字的参照按钮，在打开的列表中选择"转账凭证"，以修改凭证的类型为"转账凭证"；然后单击红字的贷方金额，并按空格键，红字的贷方自动移动到借方；此时单击"填制凭证"对话框的"保存"按钮，结果如图 7-38 所示。

(7) 退出。单击"填制凭证"对话框的"退出"按钮和"预收冲应收"对话框的"取消"按钮。

转 账 凭 证

已生成

转　字 0026　　制单日期：2016.04.12　　审核日期：　　附单据数：1

摘　要	科目名称	借方金额	贷方金额
光明公司XS002的定金4万	预收账款	4 000 000	
销售男士普通4千副有定金	应收账款		4 000 000
合　计		4 000 000	4 000 000

票号 日期　　数量 单价

备注　项　目　　部　门
个　人　　客　户 光明公司
业务员

记账　　审核　　出纳　　制单 赵技巩

图 7-38　业务 7.3 的预收冲应收制单结果

【应收核销】

(1) 打开"单据核销"窗口。在"应收款管理"子系统中，依次点击"核销处理/手工核销"菜单项，在系统弹出的"核销条件"对话框中，参照生成"客户"为"光明公司"，然后单击"确定"按钮，系统打开"单据核销"窗口，结果可参见图 7-39。

(2) 核销设置。系统默认上窗格的"本次结算金额"与其"原币余额"一致；在下窗格分别双击单据编号为 000000001 和 XS3066 所在的行，使其"本次结算"金额与同行的"原币余额"一致(结果如图 7-39 所示)。

(3) 核销。单击工具栏中的"保存"按钮，系统自动完成核销工作。

单据日期	单据类型	单据编号	客户	款项类型	结算方式	币种	汇率	原币金额	原币余额	本次结算金额	订单号
2016-04-12	收款单	0000000002	光明公司	应收款	银行承兑	人民币	1.000...	466,640.00	466,640.00	466,640.00	
合计								466,640.00	466,640.00	466,640.00	

单据日期	单据类型	单据编号	到期日	客户	币种	原币金额	原币余额		本次结算	订单号	凭证号
2016-04-12	其他应收单	0000000001	2016-04-12	光明公司	人民币	1,200.00	1,200.00		1,200.00		付-0003
2016-03-25	销售专...	XS0301	2016-03-25	光明公司	人民币	1,965,600.00	1,965,600.00				
2016-04-12	销售专...	XS3066	2016-04-12	光明公司	人民币	505,440.00	465,440.00		465,440.00	XS002	转-0023
合计						2,472,240.00	2,432,240.00		466,640.00		

图 7-39　业务 7.3 的应收核销设置

7.4　有报价和折扣的开票直接发货业务

销售报价是企业向客户提供有关货品、规格、价格、结算方式等信息，双方达成协议后，销售报价单转为有效力的销售订单。

销售过程中的折扣，可分为商业折扣和现金折扣。

商业折扣(税法中又称"折扣销售")，指实际销售商品或提供劳务时，将价目单中的报价打一个折扣后提供给客户，这个折扣就叫商业折扣。商业折扣是企业在销售商品时，先打折再销售，折扣在前销售在后，是在交易成立及实际付款之前予以扣除的，所以对库存现金和主营业务收入不产生影响。商业折扣需要明列出来，通常以百分数如 5%、10% 的形式表示，买方只需按照标明价格的百分比付款即可。

现金折扣(又称销售折扣)，是指企业为了鼓励客户偿还货款而允诺在一定期限内给予的规定的折扣优待。在用友 ERP-U8 中称为付款条件，通常可表示为"5/10, 2/20, n/30"，它的意思是客户在 10 天内偿还货款，可得到 5% 的折扣，即只付原价的 95% 的货款；在 20 天内偿还货款，可得到 2% 的折扣，即只要付原价的 98% 的货款；在 30 天内偿还货款，则须按照全额支付货款；在 30 天以后偿还货款，则不仅要按全额支付货款，还可能要支付延期付款利息或违约金。

现金折扣发生在销货之后，是一种融资性质的理财费用，因此现金折扣不得从销售额中减除。由于现金折扣直接影响企业的现金流量，所以必须在会计中反映。

通常，核算现金折扣的方法有 3 种：总价法、净价法和备抵法。我国新企业会计准则要求采用总价法入账，即在销售商品时以发票价格同时记录应收账款和销售收入，不考虑现金折扣。如购货企业享受现金折扣，则以"销售折扣"账户反映现金折扣，销售折扣作为销售收入的减项列入损益表。

为简化操作，本案例企业没有设置销售折扣账户，所以直接将现金折扣计入财务费用科目。

7.4.1 业务概述与分析

4 月 12 日，雪亮公司计划订购亮康眼镜 5000 副，出价 180 元/副，批发部报价为无税单价 200 元/副，税率为 17%。雪亮公司同意按每副 200 元购买该产品，销售部夏于与雪亮眼镜公司签订销售合同(合同编号 XS003)，合同约定当日发货，商业折扣金额 4000 元，付款条件(即现金折扣)为 4/10,2/20,n/30。本公司开具增值税发票(票号为 XS3067)，价税合计 1 166 000 元。

当日，雪亮公司用转账支票(支票号为 ZZ7885)，向本公司支付 96%的价款 1 119 360 元(按合同的付款条件，给予对方 4%的现金折扣)。

本笔业务是一次销售全部发货出库的开票直接发货业务，并涉及销售报价、商业折扣和现金折扣的业务处理，需要填制并审核销售报价单和销售订单，填制并复核销售发票(扣除商业折扣)，查阅发货单和审核出库单，进行应收确认与销售成本结转。

同时，本笔业务还涉及有现金折扣的收款业务，需要通过"选择收款"进行收款单的填制和应收核销，然后制单。"选择收款"功能，可以一次对多个客户、多笔款项进行收款与核销的业务处理，而且收款单不需要审核和核销(已经自动完成核销处理)。

7.4.2 虚拟业务场景

人物：赵飞——销售部主管
　　　米娟——雪亮公司采购部
　　　夏于——批发部职员
　　　李莉——仓管部主管
　　　张兰——财务部会计
　　　罗迪——财务部出纳
　　　曾志伟——财务部主管

场景一　向雪亮公司进行销售报价，报价单的填制与审核
(雪亮公司采购部打来电话)
夏于：喂，您好，这里是亮康眼镜公司销售部。
米娟：您好！我是雪亮公司采购部的采购员，请问你公司的亮康眼镜，可以每副 180 元出售吗？我们计划订 5000 副。
夏于：不好意思，我们的眼镜质量特别好，最低每副 200 元。您能接受吗？
米娟：这样啊，那我和我们主管商量之后再联系您吧。
夏于：好的，希望我们合作愉快！
(夏于填制销售报价单……)
夏于：赵总，请您审核一下今天的销售报价单。

赵飞：好的。(审核完毕)

场景二　销售部同意折扣销售，并填制和审核销售订单

(夏于给雪亮公司采购部打电话)

米娟：您好，这里是雪亮公司采购部。

夏于：您好，我是亮康公司的夏于。请问关于亮康眼镜，贵公司考虑得怎样了？

米娟：我们主管同意每副 200 元的价格，但希望能有些商业折扣，而且今天出货。

夏于：太好了，谢谢你！(查询现存量之后……)今天能出货。商业折扣也没问题，我的权限最多可以优惠 4000 元，但可以给更好的现金折扣，10 天内付款 4%的折扣，20 天内 2%，30 天的账期，您能接受吗？

米娟：好的，那咱们签订购销合同吧。

夏于：好的。

(夏于参照销售报价单，填制销售订单完毕)

夏于：赵总，与雪亮公司的销售订单做好了，对方要求了商业折扣和现金折扣，请您审核。

赵飞：好的(审核中……)。都没有问题，你填制销售发票吧。

场景三　夏于参照销售订单生成销售发票，赵飞复核发票、查阅发货单

(夏于参照销售订单，填制销售专用发票完毕)

夏于：赵总，给雪亮公司的销售专用发票我做好了，请您复核。

赵飞：好的。(复核通过发票，并查阅了发货单……)你去通知仓管部出货吧。

场景四　夏于发站内信通知仓管部发货，销售出库单的审核

夏于：今天有一笔销售业务，对方要求今天出货，发货单我们已经审核通过，请您尽快发货。

李莉：好的，我们尽快完成。

(仓管部出库完成后，李莉审核出库单……)

场景五　赵飞通知财务部张兰对本笔销售业务进行应收确认和销售成本结转

赵飞：小张，有笔雪亮公司的业务已经完成，请做应收确认和成本结转。

张兰：好的，没问题。

(张兰来到财务部主管曾志伟的办公室……)

张兰：曾总，销售部今天有一笔应收业务，请您审核一下发票。

曾志伟：好的，我现在就审核。

(曾志伟审核应收发票……)

(张兰进行应收制单和销售成本结转……)

场景六 夏于把收到的转账支票，送给财务部的罗迪；罗迪填制收款单

夏于：小罗，我们收到了雪亮公司的转账支票，用于支付合同 XS003 的货款，他们按合同约定享受了 4% 的现金折扣。

罗迪：知道了，我们马上入账。

(罗迪填制有现金折扣的收款单完毕……)

场景七 罗迪请张兰对选择收款进行收款与核销制单

罗迪：小张，今天有一张雪亮公司的选择收款单，请你进行收款与核销制单处理。

张兰：好的，我马上做。(收款与核销制单……)

7.4.3 操作指导

1. 操作流程(见图 7-40)

图 7-40 业务 7.4 的操作流程

请确认系统日期和业务日期为 2016 年 4 月 12 号。

2. 场景一的操作步骤

视频网址： http://www.mdmuke.com/mdmk/mod/page/view.php?id=1049

任务说明： 填制并审核销售报价单。

(1) 打开"销售报价单"窗口。在"企业应用平台"的"业务工作"页签中，依次点击"供应链/销售管理/销售报价/销售报价单"菜单项，系统打开"销售报价单"窗口。

(2) 编辑销售报价单。单击工具栏中的"增加"按钮，新增一张销售报价单，然后做如下编辑。

① 编辑表头的"客户简称"为"雪亮公司"，"销售部门"为"批发部"，"业务员"

为"夏于",其他项默认。

② 在表体的"存货名称"栏参照生成"亮康眼睛","数量"栏输入"5000",确认"报价"为"200"元,其他项默认。

(3) 保存。单击工具栏中的"保存"按钮,保存该单据,结果如图 7-41 所示。

图 7-41　业务 7.4 的销售报价单

(4) 审核。单击工具栏中的"审核"按钮,完成审核工作。

(5) 退出。单击"销售报价单"窗口右上角的"关闭"按钮,关闭并退出该窗口。

提示:

● 报价单可修改、删除、审核、弃审、关闭、打开。

● 已审核未关闭的报价单可参照生成销售订单。但生成销售订单时,不进行数量的控制,即未关闭的报价单可以多次生成销售订单。

3. 场景二的操作步骤

视频网址: http://www.mdmuke.com/mdmk/mod/page/view.php?id=1050

任务说明: 填制并审核销售订单。

(1) 打开"销售订单"窗口。在"销售管理"子系统中,依次点击"销售订货/销售订单"菜单项,系统打开"销售订单"窗口。

(2) 参照生成销售订单。

① 打开"参照生单"窗口　单击工具栏中的"增加"按钮,新增一张销售订单;再单击工具栏中的"生单/报价"命令,系统打开"查询条件选择-订单参照报价单"对话框;直接单击其"确定"按钮,系统打开"参照生单"窗口。

② 拷贝信息　在"参照生单"窗口的上窗格中,双击要选择的销售报价单所对应的"选择"栏,然后单击工具栏中的"OK 确定"按钮,系统返回"销售订单"窗口。

(3) 编辑销售订单。

① 编辑表头的"订单号"为"XS003","付款条件"为"4/10,2/20,n/30","备注"为"销售亮康眼镜 5 千副有折扣"。

② 在表体中录入"折扣额"为"4000",结果如图 7-42 所示。

图 7-42　业务 7.4 的销售订单

(4) 保存。单击工具栏中的"保存"按钮，保存该单据。

(5) 审核。单击工具栏中的"审核"按钮，完成审核工作。

(6) 退出。单击"销售订单"窗口右上角的"关闭"按钮，关闭并退出该窗口。

4. 场景三的操作步骤

视频网址：http://www.mdmuke.com/mdmk/mod/page/view.php?id=1051

任务说明：填制与复核销售专用发票；查阅自动生成和审核的发货单。

【填制与复核销售专用发票】

(1) 打开"销售专用发票"窗口。在"销售管理"子系统中，依次点击"销售开票/销售专用发票"菜单项，系统打开"销售专用发票"窗口。

(2) 参照销售订单生成销售专用发票。

① 单击工具栏中的"增加"按钮，系统弹出"查询条件选择-发票参照发货单"对话框，本业务需要参照销售订单生成，所以直接单击"取消"按钮，系统返回"销售专用发票"窗口。

② 单击工具栏中的"生单/参照订单"命令，系统弹出"查询条件选择-参照订单"对话框，直接单击"确定"按钮，系统打开"参照生单"窗口。

③ 在"参照生单"窗口的上窗格中，选中相应的销售订单(订单号 XS003)，然后单击工具栏中的"OK 确定"按钮，返回"销售专用发票"窗口，此时销售发票上已经有系统默认的信息。

(3) 编辑。编辑表头的"发票号"为"XS3067"，其他项默认。

(4) 保存。单击工具栏中的"保存"按钮，结果如图 7-43 所示。

(5) 复核。单击工具栏中的"复核"按钮，完成复核工作。

请注意，此时系统将自动生成并审核发货单，然后自动生成出库单。因为在开票直接发货模式下，发货单将由系统自动生成并审核，而且根据本公司的账套初始设置，系统将根据审核的发货单自动生成销售出库单。

(6) 退出。单击"销售专用发票"窗口右上角的"关闭"按钮，关闭并退出该窗口。

图 7-43 业务 7.4 的销售专用发票

【查阅发货单】

(1) 打开"发货单"窗口。在"销售管理"子系统中，依次点击"销售发货/发货单"菜单项，系统打开"发货单"窗口。

(2) 查阅发货单。单击工具栏中的"上张"按钮，查阅到相应的发货单，可见其已经是审核状态。

(3) 退出。单击"发货单"窗口右上角的"关闭"按钮，关闭并退出该窗口。

5. 场景四的操作步骤

视频网址：http://www.mdmuke.com/mdmk/mod/page/view.php?id=1052

任务说明：审核出库单。

(1) 打开"销售出库单"窗口。在"企业应用平台"的"业务工作"页签中，依次点击"供应链/库存管理/出库业务/销售出库单"菜单项，系统打开"销售出库单"窗口。

(2) 查阅并审核销售出库单。单击工具栏中的"末张"按钮，查阅到相应的销售出库单；然后单击工具栏中的"审核"按钮，系统弹出信息框提示审核成功；单击"确定"按钮，完成审核工作。

(3) 退出。单击"销售出库单"窗口右上角的"关闭"按钮，关闭并退出该窗口。

6. 场景五的操作步骤

视频网址：http://www.mdmuke.com/mdmk/mod/page/view.php?id=1053

任务说明：应收审核与制单；销售成本结转。

【应收审核】

(1) 打开"单据处理"窗口。在"企业应用平台"的"业务工作"页签下，依次点击"财务会计/应收款管理/应收单据处理/应收单据审核"菜单项，系统弹出"应收单查询条件"对话框，直接单击其"确定"按钮，系统打开应收"单据处理"窗口。

(2) 审核应收单据。在"单据处理"窗口中，系统已列出本业务的销售专用发票，选中该单据，然后单击工具栏中的"审核"按钮，系统提示审核成功；单击"确定"按钮，退出信息提示框，返回"单据处理"窗口。

(3) 退出。单击"单据处理"窗口右上角的"关闭"按钮，退出该窗口。

【应收制单】

(1) 打开应收"制单"窗口。在"应收款管理"子系统中，双击"制单处理"菜单项，在系统弹出的"制单查询"对话框中，确认已选中"发票制单"，然后单击"确定"按钮，系统打开应收"制单"窗口。

(2) 编辑并保存应收转账凭证。

① 先修改"凭证类别"为"转账凭证"，然后选中本业务填制的销售专用发票，再单击工具栏中的"制单"按钮，系统打开"填制凭证"窗口，并默认显示凭证的信息为"借记：应收账款，贷记：主营业务收入、销项税额"。

② 设置"主营业务收入"科目的辅助项的"项目名称"为"亮康眼镜"，单击"保存"按钮，结果如图 7-44 所示。

(3) 退出。单击"填制凭证"和"制单"窗口右上角的"关闭"按钮，关闭并退出窗口。

图 7-44　业务 7.4 的销售专用发票制单结果

【销售出库记账】

(1) 打开"未记账单据一览表"窗口。在"企业应用平台"的"业务工作"页签下，依次点击"供应链/存货核算/业务核算/正常单据记账"菜单项，系统弹出"查询条件选择"对话框，直接单击该对话框的"确定"按钮，系统打开"未记账单据一览表"窗口。

(2) 销售出库记账。在"未记账单据一览表"窗口中，选中本业务生成的销售发票，然后单击工具栏中的"记账"按钮，系统弹出信息框提示记账成功，单击"确定"按钮，完成记账工作。

(3) 退出。单击"未记账单据一览表"窗口右上角的"关闭"按钮，退出当前窗口。

【销售出库制单】

(1) 打开"生成凭证"窗口。在"存货核算"子系统中，依次点击"财务核算/生成凭证"菜单项，系统打开"生成凭证"窗口。

(2) 打开"选择单据"窗口。单击工具栏中的"选择"按钮，在系统弹出的"查询条件"对话框中，直接单击"确定"按钮，系统退出对话框并打开"选择单据"窗口。

(3) 生成存货凭证。

① 选择销售发票　在"选择单据"窗口中，选中本业务生成的销售发票，然后单击工具栏中的"确定"按钮，系统返回"生成凭证"窗口。

② 生成凭证　先修改"凭证类别"为"转账凭证"，再单击工具栏中的"生成"按钮，系统打开"填制凭证"窗口，并默认显示了本业务销售的存货相关信息(借记：主营业务成本，贷记：库存商品)。

(4) 编辑凭证。在"填制凭证"窗口中，修改"主营业务成本"和"库存商品"的辅助项的"项目名称"为"亮康眼镜"，其他项默认。

(5) 保存。单击工具栏中的"保存"按钮，保存该凭证，结果如图 7-45 所示。

(6) 退出。单击"填制凭证"和"生成凭证"窗口右上角的"关闭"按钮，关闭并退出窗口。

图 7-45　业务 7.4 的存货出库凭证

7. 场景六的操作步骤

视频网址：http://www.mdmuke.com/mdmk/mod/page/view.php?id=1054

任务说明： 填制选择收款单。

(1) 打开"选择收款—条件"对话框。在"企业应用平台"的"业务工作"页签中，依次点击"财务会计/应收款管理/选择收款"菜单项，系统弹出"选择收款—条件"对话框，结果可参见图 7-46。

图 7-46　业务 7.4 的"选择收款—条件"对话框

(2) 打开"选择收款—单据"窗口。在对话框中，参照生成"客户"为"雪亮公司"，并勾选"可享受折扣"复选框(结果如图 7-46 所示)，然后单击"确定"按钮，系统退出对话框打开"选择收款—单据"窗口，结果可参见图 7-47。

(3) 设置收款信息。在"选择收款—单据"窗口的单据列表中，双击单据编号为 XS3067 所在行，则其"收款金额"栏自动填入 1 119 360(系统自动生成)，结果如图 7-47 所示。

选择收款列表

收款总计 1119360.00

客户	单据类型	单据编号	部门	单据日期	到期日	原币金额	原币余额	可享受折扣	本次折扣	收款金额
雪亮公司	销售专…	XS3067	批发部	2016-04-12	2016-05-12	1,166,000.00	1,166,000.00	46,640.00	46,640.00	1,119,360.00
合计						1,166,000.00	1,166,000.00	46,640.00		1,119,360.00

图 7-47　业务 7.4 的"选择收款—单据"窗口

(4) 编辑收款单。单击工具栏中的"OK 确认"按钮，系统打开"选择收款—收款单"对话框，选择"结算方式"为"转账支票"，"票据号"为"ZZ7885"，结果如图 7-48 所示。

客户	收款金额	结算方式	票据号	科目	部门	业务员	摘要
雪亮公司	1119360	202 转账支票	ZZ7885	100201	批发部	夏于	销售亮康眼镜5…

图 7-48　业务 7.4 的"选择收款—收款单"对话框

（5）保存收款单。单击其"确定"按钮，系统完成收款与核销处理，并返回"选择收款—单据"窗口。

（6）退出。单击"选择收款—单据"窗口右上角的"关闭"按钮，关闭并退出该窗口。

8. 场景七的操作步骤

视频网址: http://www.mdmuke.com/mdmk/mod/page/view.php?id=1055

任务说明: 选择收款单制单及其核销制单。

（1）打开"制单"窗口。在"应收款管理"子系统中，双击"制单处理"菜单项，在系统弹出的"制单查询"对话框中，增加选中"收付款单制单"和核销制单，然后单击"确定"按钮，系统打开"制单"窗口。

（2）编辑并保存凭证。在"制单"窗口的单据列表中，选中本业务填制生成的收款单和核销单，先修改"凭证类别"为"转账凭证"，再单击工具栏中的"制单"按钮，系统打开"填制凭证"窗口，默认已生成 2 张凭证。

（3）编辑与保存收款凭证。首先查阅到收款单凭证(其"摘要"为"销售亮康眼镜 5 千副有折扣")；然后单击凭证左上角"转"字的参照按钮，在打开的列表中选择"收款凭证"，以修改凭证的类型为"收款凭证"；再单击工具栏中的"保存"按钮，结果如图 7-49 所示。

图 7-49 业务 7.4 的收款制单结果

（4）编辑与保存核销转账凭证。再查阅到核销单，将光标定位在红字金额上按空格键，使其移动到对方科目并成为蓝字金额，然后单击工具栏中的"保存"按钮，结果如图 7-50 所示。

（5）退出。单击"填制凭证"和"制单"窗口右上角的"关闭"按钮，关闭并退出窗口。

图 7-50 业务 7.4 的费用折扣制单结果

7.5 实验报告内容

1. 请查看销售报价单列表，并将结果拷屏后粘贴在实验报告中。

2. 请查看销售订单列表，并将结果拷屏后粘贴在实验报告中。

3. 请查看销售专用发票列表，并将结果拷屏后粘贴在实验报告中。

4. 请查看销售发货单列表，并将结果拷屏后粘贴在实验报告中。

5. 请查看销售出库单列表，并将结果拷屏后粘贴在实验报告中。

6. 请查看销售订单 XS001 的出库单编辑窗口，并将结果拷屏后粘贴在实验报告中。

7. 请查看销售订单 XS002 的编辑窗口，并将结果拷屏后粘贴在实验报告中。

8. 请查看销售订单 XS002 第一批货物发货单的编辑窗口，并将结果拷屏后粘贴在实验报告中。

9. 请查看代垫费用单列表，并将结果拷屏后粘贴在实验报告中。

10. 请查看代垫费用的应收凭证，并将结果拷屏后粘贴在实验报告中。

11. 请查看存货流水账，并将结果拷屏后粘贴在实验报告中。

12. 请查看应收的业务明细账，并将结果拷屏后粘贴在实验报告中。

13. 请列出用友 ERP 中销售管理系统的主要功能。

14. 请列出销售业务中可能涉及的 3 个以上的部门名称，并说明各个部门在销售过程中扮演的角色。

15. 请画出开票直接发货业务的操作流程图。

16. 请画出普通销售先发货后开票的操作流程图。

17. 请给出付款条件"4/10,2/20,n/30"的业务含义。

18. 请列出你在实验中看到的销售订单表头和表体的所有项目，并解释每个项目的含义。

19. 请列出你在实验中看到的销售发货单表头和表体的所有项目，并解释每个项目的含义。

20. 用友 ERP-U8 中，销售的"业务类型"和"销售类型"有何作用？

21. 请列出你在实验中看到的销售出库单表头和表体的所有项目，并解释每个项目的含义。

22. 请比较先发货后开票业务模式中，一次销售全部出库和一次销售分批出库的操作流程的不同。

23. 请比较先发货后开票和开票直接发货这 2 种业务模式的异同点。

24. 销售订单有哪几种状态？以你今天的操作为例，说明这些状态是如何转换的。

25. 用友 ERP 的销售管理系统支持哪几种业务类型？如何启用或禁用它们？

26. 请列出你在实验中看到的代垫费用单表头和表体的所有项目，并解释每个项目的含义。

27. 请以销售过程中发生的运费为例，比较代垫费用和销售费用支出的不同。

28. 请列出销售成本结转的操作流程。

29. 请列出应收确认的操作流程。

30. 客户针对某笔业务预付的定金，目前 ERP 系统中能识别出业务和定金的关系吗？请解释。

31. 请说明同一笔普通销售业务，其应收货款和销售成本之间的差额，在 ERP 中体现在哪些科目上？

第 **8** 章

特殊销售业务

销售特殊业务包括分期收款、委托代销、直运、零售和销售退货等业务。

分期收款业务，是将货物提前发给客户、分期收回货款的业务。其特点是：一次发货，当时不确认收入，分次确认收入，在确认收入的同时配比性地结转成本。相关的业务描述和操作流程，详见本教程的 8.1 节。

委托代销业务，指企业将商品委托他人进行销售但商品所有权仍归本企业的销售方式。委托代销商品销售后，受托方与企业进行结算，并开具正式的销售发票，形成销售收入，商品所有权转移。相关的业务描述和操作流程，详见本教程的 8.2 和 8.3 节。委托代销业务只能先发货后开票，不能开票直接发货。

直运业务是指产品无须入库即可完成购销业务，由供应商直接将商品发给企业的客户；结算时，由购销双方分别与企业结算。直运业务包括直运销售业务和直运采购业务，没有实物的出入库，货物流向是直接从供应商到客户，财务结算通过直运销售发票、直运采购发票处理。相关的业务描述和操作流程，详见本教程的 8.4 节。

零售业务是指企业将商品销售给零售客户的销售业务，用友 ERP 系统通过零售日报的方式接收用户的零售业务原始数据。相关的业务描述和操作流程，详见本教程的 8.5 节。

销售退货业务是指客户因货物质量、品种、数量等不符合要求而将已购货物退回本企业的业务。相关的业务描述和操作流程，详见本教程的 8.6 节。

本章的操作，请按照业务描述中的系统日期(如 4 月 12 日)，以账套主管赵技巩(或读者您本人)的身份，在第 7 章完成的基础上，在销售管理、库存管理、存货核算和应收款管理系统中进行。

如果您没有完成第 7 章的销售普通业务的操作，则可以到 360 云盘空间(云盘地址 https://yunpan.cn/crWIB4qYxNeUr，访问密码 7d82)的"实验账套数据"文件夹中，将"07 普通销售.rar"下载到实验用机上，然后引入(操作步骤详见 1.3.5 节)到 ERP-U8 系统中。此外，本章完成的账套，其输出压缩的文件名为"08 特殊销售.rar"。

需要注意的是，因云盘中的账套备份文件均为"压缩"文件，所以在下载完成后引入之前，需要用解压缩工具进行解压(建议用 WinRAR 3.42 或以上版本)，得到相应可以引入的账套数据文件。

本章的所有业务实验操作，都有配套的微视频，您可以通过扫描二维码，或者到指定的网页地址去观看。本教程配套的微视频，均存放在北京神州明灯教育科技有限公司和合一集团的网站上，相应的访问说明请参见云盘中的"微视频访问说明.doc"。

本章的授课时间建议讲课 4~6 学时(主要讲解销售特殊业务类型、流程和单据状态的转换，内容可参见第 8.1 节至 8.6 节的相关讲解和本教程配套的课件)，实验 4~6 学时，实验目的与要求如下：

- 深入理解销售管理系统的作用及其与其他管理部门的关系。
- 理解销售特殊业务的业务流和数据流。
- 熟练掌握分期收款业务的操作。
- 熟练掌握委托代销业务的操作。
- 熟练掌握直运业务的操作。
- 熟练掌握零售日报的操作。
- 熟练掌握销售退货的操作。

8.1 分期收款业务

分期收款业务是指商品已经售出，但货款分期收回的一种销售方式。分期收款业务只能先发货后开票，不能开票直接发货。

在用友 ERP-U8 中，该业务需要在填制销售报价单、销售订单、销售发货单和销售发票时，选择业务类型为"分期收款"，相应的单据流程可参见图 8-1。

图 8-1 分期收款单据流程

分期收款的销售发货单和销售发票，审核后传递至存货核算系统中进行发出商品记账，相应的操作流程图可参见图 8-2。

图 8-2　分期收款业务操作流程

8.1.1　业务概述与分析

　　4 月 12 日，光明眼镜公司向批发部订购亮康眼镜 10 000 副，要求分期收款，批发部与其签订销售合同(合同编号 XS004)，以 200 元/副(无税单价)成交，税率为 17%。合同规定当日发货、分两次收款。本公司当日全部发出货物，并开具 6000 副的增值税发票(票号为 XS3068)，价税合计 1 404 000 元。

　　4 月 13 日，本公司依据 XS004 合同，开具 4000 副亮康眼镜的增值税发票(票号为 XS3070)，价税合计 936 000 元。

　　本笔业务是分期收款业务，即先全部发货、再分期开票和确认收入、成本，需要填制并审核销售订单和发货单，审核出库单；进行发出商品的成本结转；填制并复核第一期的销售发票，进行第一期的应收确认与销售成本结转；填制并复核第二期的销售发票，进行第二期的应收确认与销售成本结转。

8.1.2　虚拟业务场景

　　人物：赵飞——销售部主管
　　　　夏于——批发部职员
　　　　孙婷——光明公司采购部
　　　　李莉——仓管部主管
　　　　张兰——财务部会计
　　　　曾志伟——财务部主管

　　场景一　签订销售合同并审核
　　孙婷：您好！我是光明公司的采购员孙婷。
　　夏于：孙女士您好！

孙婷：我们今天需要 1 万副亮康眼镜，有货吗？

夏于：我先看看存货(查询现存量……)，有现货，还是给您最低价 200 元每副吧。

孙婷：好的。但能做分期收款吗？我们希望今天只确认 6 千的，明天再确认剩余 4 千的销售就好了。

夏于：没问题。那我们把合同签了，我安排仓管部尽快给您发货。

孙婷：好的。

(夏于填制销售订单)

夏于：赵总，今天光明公司订货 1 万副眼镜，要求分期确认销售，订单我填好了，请您审核。

赵飞：好的，你辛苦了。(审核……)要求今天就发货？那你尽快填制发货单吧。

夏于：好的。

场景二　夏于填制发货单，赵飞审核

(夏于填制当天的销售发货单)

夏于：赵总，光明公司今天需要的发货单我填好了，请您审核。

赵飞：好的。(审核……)麻烦你通知仓管部尽快发货。

夏于：没问题。

场景三　夏于发站内信通知仓管部发货，李莉审核出库单

夏于：光明公司的发货单已经准备好，请尽快发出 1 万副亮康眼镜。

李莉：好的，我们马上准备。

(仓管部出库完成后，李莉审核出库单……)

场景四　夏于请财务部做发出商品成本确认

夏于：您好，今天咱们给光明公司发出了委托代销的亮康眼镜，请您做成本结转吧。

张兰：好的，我马上做。

(张兰做发出商品的成本结转……)

场景五　销售部夏于填制第一期的增值税发票，主管赵飞复核

(夏于填制销售专用发票……)

夏于：赵总，我已经按照要求填制了 6 千副亮康眼镜的销售发票，请您复核。

赵飞：好的。(复核完成)

场景六　赵飞请财务部对本笔业务进行应收确认和销售成本确认

赵飞：小张，今天销售给光明公司眼镜的第一批业务已经完成了，麻烦你进行一下应收确认和销售成本结转。

张兰：好的，没问题。

(张兰来到财务部主管曾志伟的办公室……)

张兰：曾总，销售部今天有一笔应收业务，请您审核一下销售发票。

曾志伟：好的，我现在就审核。

(曾志伟审核销售发票……)

(张兰进行应收制单和销售成本结转……)

场景七　销售部完成第二期的开票

13 日……

(夏于填制第二期 4 千副眼镜的销售专用发票……)

(赵飞复核第二期的销售专用发票……)

场景八　财务部完成第二期的应收确认和销售成本结转

13 日……

(曾志伟审核第二期的销售发票……)

(张兰进行第二期的应收制单和销售成本结转……)

8.1.3　操作指导

1. 操作流程(见图 8-3)

图 8-3　业务 8.1 的操作流程

请确认系统日期和业务日期为 2016 年 4 月 12 号。

2. 场景一的操作步骤

视频网址：http://www.mdmuke.com/mdmk/mod/page/view.php?id=1062

任务说明：填制并审核销售订单。

(1) 打开"销售订单"窗口。在"企业应用平台"的"业务工作"页签中，依次点击"供应链/销售管理/销售订货/销售订单"菜单项，系统打开"销售订单"窗口。

(2) 编辑销售订单。单击工具栏中的"增加"按钮，新增一张销售订单，然后做如下编辑。

① 编辑表头　修改"订单号"为"XS004"，选择"业务类型"为"分期收款"，参照生成"客户简称"为"光明公司"，"销售部门"为"批发部"，"业务员"为"夏于"，"备注"为"销售亮康眼镜 1 万副分期收款"，其他项默认。

② 编辑表体　参照生成"存货名称"为"亮康眼镜","数量"为"10 000",修改"报价"为"0","无税单价"为"200",其他项默认。

(3) 保存。单击工具栏中的"保存"按钮,保存该单据,结果如图 8-4 所示。

(4) 审核。单击工具栏中的"审核"按钮,完成审核工作。

(5) 退出。单击"销售订单"窗口右上角的"关闭"按钮,关闭退出该窗口。

	存货编码	存货名称	规格型号	主计量	数量	报价	含税单价	无税单价	无税金额	税额	价税合计	税率(%)	折扣额	扣率(%)
1	10...	亮康眼镜		副	10000.00	0.00	234.00	200.00	2000000.00	340000.00	2340000.00	17.00	0.00	100...

销售订单

打印模版　销售订单打印模版

表体排序　　　　　　　　　　合并显示☐

订单号 XS004　　　　订单日期 2016-04-12　　　　业务类型 分期收款

销售类型 批发销售　　　客户简称 光明公司　　　　付款条件

销售部门 批发部　　　　业务员 夏于　　　　　　　税率 17.00

币种 人民币　　　　　　汇率 1　　　　　　　　　备注 销售亮康眼镜1万副分期收款

图 8-4　业务 8.1 的销售订单

3. 场景二的操作步骤

视频网址: http://www.mdmuke.com/mdmk/mod/page/view.php?id=1063

任务说明: 填制并审核发货单。

(1) 打开"发货单"窗口。在"销售管理"子系统中,依次点击"销售发货/发货单"菜单项,系统打开"发货单"窗口。

(2) 参照销售订单生成发货单。

① 打开"参照生单"窗口　单击工具栏中的"增加"按钮,系统弹出"查询条件选择-参照订单"对话框,此时其"业务类型"为普通销售;单击其"取消"按钮,系统返回"发货单"窗口,然后编辑发货单表头的"业务类型"为分期收款;再单击工具栏中的"订单"按钮,系统再次弹出"查询条件选择-参照订单"对话框,此时其"业务类型"为分期收款;然后单击对话框的"确定"按钮,系统打开"参照生单"窗口。

② 拷贝信息　在"参照生单"窗口的上窗格中,双击要选择的销售订单(订单编号为XS004)所对应的"选择"栏,再单击工具栏中的"OK 确定"按钮,系统返回"发货单"窗口,此时相关的信息已经有默认值。

(3) 保存。单击工具栏中的"保存"按钮,保存该发货单,结果如图 8-5 所示。

(4) 审核。单击工具栏中的"审核"按钮,完成审核工作(根据本公司的账套初始设置,系统将自动生成销售出库单)。

(5) 退出。单击"发货单"窗口右上角的"关闭"按钮,关闭并退出该窗口。

图 8-5　业务 8.1 的发货单

4. 场景三的操作步骤

视频网址：http://www.mdmuke.com/mdmk/mod/page/view.php?id=1064

任务说明：审核出库单。

(1) 打开"销售出库单"窗口。在"企业应用平台"的"业务工作"页签中，依次点击"供应链/库存管理/出库业务/销售出库单"菜单项，系统打开"销售出库单"窗口。

(2) 查阅并审核销售出库单。单击工具栏中的"末张"按钮，查阅到相应的销售出库单；然后单击工具栏中的"审核"按钮，系统弹出信息框提示审核成功；单击"确定"按钮，完成审核工作。

(3) 退出。单击"销售出库单"窗口右上角的"关闭"按钮，关闭并退出该窗口。

5. 场景四的操作步骤

视频网址：http://www.mdmuke.com/mdmk/mod/page/view.php?id=1065

任务说明：发出商品成本结转。

【销售出库记账】

(1) 打开"未记账单据一览表"窗口。在"企业应用平台"的"业务工作"页签下，依次点击"供应链/存货核算/业务核算/发出商品记账"菜单项，系统弹出"查询条件选择"对话框，直接单击该对话框的"确定"按钮，系统打开"未记账单据一览表"窗口。

(2) 出库记账。在"未记账单据一览表"窗口中，选中本业务生成的销售发货单，然后单击工具栏中的"记账"按钮，系统弹出信息框提示记账成功，单击"确定"按钮，完成记账工作。

(3) 退出。单击"未记账单据一览表"窗口右上角的"关闭"按钮，退出当前窗口。

【分期收款发出商品发货单记账规则】

● 分期收款发出商品发货单记账时，核算成本的方法是根据发货单中各存货或仓库、部门的计价方式，计算发货单的成本。计划价(售价)或全月平均计价方式的实际成本，在期末处理时计算。

- 发货单记账，减少库存商品，增加分期收款发出商品。
- 发出商品业务类型的销售出库单不能记账。

【销售出库的存货制单】

(1) 打开"生成凭证"窗口。在"存货核算"子系统中，依次点击"财务核算/生成凭证"菜单项，系统打开"生成凭证"窗口。

(2) 打开"选择单据"窗口。单击工具栏中的"选择"按钮，在系统弹出的"查询条件"对话框中，直接单击"确定"按钮，系统打开"选择单据"窗口。

(3) 生成记账凭证。

① 在"选择单据"窗口中，选中本业务生成的发货单，然后单击工具栏中的"确定"按钮，系统退出"选择单据"窗口返回"生成凭证"窗口。

② 在"生成凭证"窗口，将科目类型为"发出商品"的"科目编码"设置为"1406"(发出商品)，并修改"凭证类别"为"转账凭证"。

③ 单击工具栏中的"生成"按钮，系统打开"填制凭证"窗口，并默认显示凭证，"借记：发出商品，贷记：库存商品"。

(4) 编辑和保存发货的转账凭证。在"填制凭证"窗口中，修改"摘要"为"发货 1 万亮康眼镜分期收款"，"库存商品"的辅助项的"项目名称"为"亮康眼镜"，然后单击"保存"按钮，结果如图 8-6 所示。

(5) 退出。单击"填制凭证"和"生成凭证"窗口右上角的"关闭"按钮，退出窗口。

图 8-6 业务 8.1 的发出商品凭证

【分期收款发出商品发货单制单规则】

发货单制单时，借方科目取分期收款发出商品对应的科目，贷方取存货对应的科目。

6. 场景五的操作步骤

视频网址： http://www.mdmuke.com/mdmk/mod/page/view.php?id=1066
任务说明： 填制并复核第一期的销售专用发票。

(1) 打开"销售专用发票"窗口。在"销售管理"子系统中，依次点击"销售开票/销售专用发票"菜单项，系统打开"销售专用发票"窗口。

(2) 参照发货单生成销售专用发票。

① 打开"参照生单"窗口　单击工具栏的"增加"按钮，系统弹出"查询条件选择-发票参照发货单"对话框，选择其"业务类型"为"分期收款"，然后单击"确定"按钮，系统打开"参照生单"窗口。

② 拷贝信息　在"参照生单"窗口的上窗格中，选中相应的发货单，然后单击工具栏中的"OK 确定"按钮，返回"销售专用发票"窗口。

(3) 编辑销售专用发票。编辑表头的"发票号"为"XS3068"、"备注"为"销售亮康眼镜 1 万副收款 6 千副"，修改表体"数量"为"6000"，其他项默认。

(4) 保存。单击工具栏中的"保存"按钮，保存该发票，结果如图 8-7 所示。

(5) 复核。单击工具栏中的"复核"按钮，完成复核工作。

(6) 退出。单击"销售专用发票"窗口右上角的"关闭"按钮，关闭并退出该窗口。

图 8-7　业务 8.1 的第一期销售专用发票

7. 场景六的操作步骤

视频网址： http://www.mdmuke.com/mdmk/mod/page/view.php?id=1067
任务说明： 第一期的应收审核与制单；销售成本结转。

【应收审核】

(1) 打开应收"单据处理"窗口。在"企业应用平台"的"业务工作"页签下，依次点击"财务会计/应收款管理/应收单据处理/应收单据审核"菜单项，系统弹出"应收单查询条件"对话框，直接单击该对话框的"确定"按钮，系统打开应收"单据处理"窗口。

(2) 审核应收单据。在应收"单据处理"窗口中，系统已列出本业务的销售专用发票，选中该单据并单击工具栏中的"审核"按钮，系统弹出信息框提示审核成功；单击"确定"

按钮，完成审核工作。

(3) 退出。单击"单据处理"窗口右上角的"关闭"按钮，退出该窗口。

【应收制单】

(1) 打开应收"制单"窗口。在"应收款管理"子系统中，双击"制单处理"菜单项，在系统弹出的"制单查询"对话框中，确认已选中"发票制单"，然后单击"确定"按钮，系统打开"制单"窗口。

(2) 编辑销售专用发票的应收转账凭证。

① 在"制单"窗口中，先修改"凭证类别"为"转账凭证"，再选中本业务中填制的销售专用发票，然后单击工具栏中的"制单"按钮，系统打开"填制凭证"窗口，并默认显示凭证的信息为"借记：应收账款，贷记：主营业务收入、销项税额。"

② 设置"主营业务收入"科目的辅助项的"项目名称"为亮康眼镜，其他项默认。

(3) 保存。单击工具栏中的"保存"按钮，保存该凭证，结果如图 8-8 所示。

(4) 退出。单击"填制凭证"和"制单"窗口右上角的"关闭"按钮，关闭并退出窗口。

图 8-8　业务 8.1 的第一期销售专用发票制单结果

【销售出库记账】

(1) 打开"未记账单据一览表"窗口。在"存货核算"子系统中，依次点击"业务核算/发出商品记账"菜单项，系统弹出"查询条件选择"对话框，直接单击该对话框的"确定"按钮，系统打开"未记账单据一览表"窗口。

(2) 出库记账。在"未记账单据一览表"窗口中，选中本业务生成的销售发票，然后单击工具栏中的"记账"按钮，系统弹出信息框提示记账成功，单击"确定"按钮，完成记账工作。

(3) 退出。单击"未记账单据一览表"窗口右上角的"关闭"按钮，退出当前窗口。

【分期收款发出商品发票记账业务规则】

- 分期收款发出商品发票记账时，取发票对应的发货单的出库成本单价计算发票的销售成本。如果发货单是按计划价或全月平均计价，发票可记账，但必须在发货单期末处理后有实际单价时，才能回写发票金额。

- 发票记账时，如果发票对应的发货单未记账，则发票不能记账。

- 恢复记账时，发货单对应的发票必须全部恢复记账后，才能恢复发货单。恢复记账所有单据一起恢复。

- 发出商品业务类型的销售出库单不能记账。

【销售出库的存货制单】

(1) 打开"生成凭证"窗口。在"存货核算"子系统中，依次点击"财务核算/生成凭证"菜单项，系统打开"生成凭证"窗口。

(2) 打开"选择单据"窗口。单击工具栏中的"选择"按钮，在系统弹出的"查询条件"对话框中，直接单击"确定"按钮，系统打开"选择单据"窗口。

(3) 生成记账凭证。

① 在"选择单据"窗口中，选中本业务生成的第一期销售发票，然后单击工具栏中的"确定"按钮，系统退出"选择单据"窗口返回"生成凭证"窗口。

② 在"生成凭证"窗口中，将科目类型为"发出商品"的"科目编码"设置为"1406"(发出商品)，并修改"凭证类别"为"转账凭证"。

③ 单击工具栏中的"生成"按钮，系统打开"填制凭证"窗口，并默认显示凭证"借记：主营业务成本，贷记：发出商品"。

(4) 编辑和保存发票的记账凭证。修改"主营业务成本"辅助项的"项目名称"为"亮康眼镜"，然后单击"保存"按钮，结果如图8-9所示。

(5) 退出。单击"填制凭证"和"生成凭证"窗口右上角的"关闭"按钮，退出窗口。

图8-9　业务8.1的第一期销售出库凭证

【分期收款发出商品发票制单业务规则】

发票制单时，借方科目取收发类别对应的科目，贷方取分期收款发出商品对应的科目。

8. 场景七的操作步骤

视频网址： http://www.mdmuke.com/mdmk/mod/page/view.php?id=1068

任务说明： 填制与复核第二期的销售专用发票。

请确认系统日期和业务日期为 2016 年 4 月 13 号。

本场景中相关任务的操作步骤，请参见本节的"6. 场景五的操作步骤"（请注意修改"发票号"为"XS3070"、"备注"为"销售亮康眼镜 1 万副收款 4 千副"，并确认发票表体的"数量"为"4000"，其余的完全相同），在此不再赘述，结果如图 8-10 所示。

图 8-10　业务 8.1 的第二期销售发票

9. 场景八的操作步骤

视频网址： http://www.mdmuke.com/mdmk/mod/page/view.php?id=1069

任务说明： 第二期的应收审核与制单，以及销售成本结转。

本场景中相关任务的操作步骤，请参见本节的"7. 场景六的操作步骤"，结果如图 8-11、图 8-12 所示（发出商品记账时，只有销售发票记账，所以只有一条记录）。

图 8-11　业务 8.1 的第二期销售发票制单结果

图 8-12　业务 8.1 的第二期销售出库凭证

8.2　委托代销发货业务

委托代销业务，指企业将商品委托他人进行销售但商品所有权仍归本企业的销售方式。委托代销的特点是：受托方只是一个代理商，委托方将商品发出后，所有权并未转移给受托方，因此商品所有权上的主要风险和报酬仍在委托方。只有在受托方将商品售出后，商品所有权上的主要风险和报酬才转移出委托方。所以，企业采用委托代销方式销售商品时，应在受托方售出商品并取得受托方提供的代销清单时，才确认销售收入，相应的业务流程图可参见图 8-13。

图 8-13　委托代销业务流程

委托代销业务只能先发货后开票，不能开票直接发货。图 8-14 是对委托代销业务按普通销售核算的操作流程图。

图 8-14 委托代销业务按普通销售核算的操作流程

委托代销的成本核算，既可以按发出商品进行核算，也可以按照普通销售进行核算。案例企业设置的是"按普通销售核算"(参见图 3-10)，即在开票后确认销售成本。

8.2.1 业务概述与分析

4 月 13 日，批发部委托同方公司销售亮康眼镜 4000 副，订单号为 WTDX01，商品从本公司产成品仓库当日发出，委托代销合同规定每月 15 号和月底各清算一次，暂估售价为 200 元/副。

本笔业务是委托代销的发货出库业务，需要填制并审核委托代销的订单和发货单，审核出库单。因案例企业设置的委托代销成本核算方式，是按普通销售方式核算的，所以在此不做成本结转。

8.2.2 虚拟业务场景

人物：夏于——批发部职员

赵飞——销售部主管

李莉——仓管部主管

场景一   赵飞让批发部夏于填制委托销售订单，然后审核

赵飞：小夏，同方公司要求委托代销我们的亮康眼镜 4000 副，咱们按售价 200 元每副做单吧，今天发出。

夏于：好的，我尽快填制完成该订单。

(夏于填制委托代销订单完毕)

夏于：赵总，同方公司的委托代销订单我已经填制好，麻烦您审核。

赵飞：好的，没问题。

场景二　夏于填制发货单，赵飞审核

夏于：赵总，委托代销发货单我已经填制好，麻烦您审核。

赵飞：好的，没问题。

场景三　夏于请仓管部发货，仓管部发货并审核出库单

夏于：您好，请您发 4000 副亮康眼镜给咱们的受托方——同方公司。

李莉：好的，我们马上准备。

(仓管部出库完成后，李莉审核出库单……)

8.2.3　操作指导

1. 操作流程图(见图 8-15)

图 8-15　业务 8.2 的操作流程

请确认系统日期和业务日期为 2016 年 4 月 13 号。

2. 场景一的操作步骤

视频网址：http://www.mdmuke.com/mdmk/mod/page/view.php?id=1070

任务说明：填制并审核委托代销订单。

(1) 打开"销售订单"窗口。在"企业应用平台"的"业务工作"页签中，依次点击"供应链/销售管理/销售订货/销售订单"菜单项，系统打开"销售订单"窗口。

(2) 编辑委托代销订单。单击工具栏中的"增加"按钮，新增一张销售订单，然后做如下编辑。

① 编辑表头　修改"订单号"为"WTDX01"，选择"业务类型"为"委托代销"，参照生成"客户简称"为"同方公司"，"销售部门"为"批发部"，"业务员"为"夏于"，"备注"为"委托代销亮康眼镜 4 千副"，其他项默认。

② 编辑表体　参照生成"存货名称"为"亮康眼镜"，"数量"为"4000"，修改"报价"为"0"，"无税单价"为"200"，其他项默认。

(3) 保存。单击工具栏中的"保存"按钮，保存该单据，结果如图 8-16 所示。

(4) 审核。单击工具栏中的"审核"按钮，完成审核工作。

(5) 退出。单击"销售订单"窗口右上角的"关闭"按钮，关闭并退出该窗口。

图 8-16　业务 8.2 的委托代销订单

3. 场景二的操作步骤

视频网址：http://www.mdmuke.com/mdmk/mod/page/view.php?id=1071

任务说明：填制并审核发货单。

(1) 打开"委托代销发货单"窗口。在"销售管理"子系统中，依次点击"委托代销/委托代销发货单"菜单项，系统打开"委托代销发货单"窗口。

(2) 参照订单生成发货单。单击工具栏中的"增加"按钮，系统弹出"查询条件选择-参照订单"对话框，其"业务类型"已经默认为"委托代销"，所以直接单击其"确定"按钮，并在系统打开的"参照生单"窗口的上窗格中，双击要选择的订单(编号为 WTDX01)所对应的"选择"栏，再单击工具栏中的"OK 确定"按钮，系统返回"委托代销发货单"窗口，此时相关的信息已经有默认值。

(3) 编辑发货单。在"委托代销发货单"窗口中，确认表体的"仓库名称"为"产成品仓库"、"数量"为"4000"，其他项默认。

(4) 保存。单击工具栏中的"保存"按钮，保存该单据，结果如图 8-17 所示。

(5) 审核。单击工具栏中的"审核"按钮，完成审核工作(根据本公司的账套初始设置，系统将自动生成销售出库单)。

(6) 退出。单击"委托代销发货单"窗口右上角的"关闭"按钮，关闭并退出该窗口。

图 8-17　业务 8.2 的委托代销发货单

提示：

- 委托代销发货单可以手工增加，也可以参照委托代销订单生成；但必有订单业务模式时不可手工新增，只能参照生成。
- 委托代销发货单可以修改、删除、审核、弃审。
- 已审核的未全部结算的委托代销发货单，可参照生成委托代销结算单。
- 销售管理与库存管理系统同时启用时，若销售选项的业务控制勾选了"是否销售生成出库单"，委托代销发货单审核时将生成销售出库单，否则需要在库存管理系统中参照生成出库单。

4．场景三的操作步骤

视频网址：http://www.mdmuke.com/mdmk/mod/page/view.php?id=1072

任务说明：审核出库单。

(1) 打开"销售出库单"窗口。在"库存管理"子系统中，依次点击"出库业务/销售出库单"菜单项，系统打开"销售出库单"窗口。

(2) 查阅并审核销售出库单。单击工具栏中的"末张"按钮，查阅到相应的销售出库单，然后单击工具栏中的"审核"按钮，系统弹出信息框提示审核成功，单击"确定"按钮，完成审核工作。

(3) 退出。单击"销售出库单"窗口右上角的"关闭"按钮，关闭并退出该窗口。

8.3　委托代销结算业务

委托代销商品销售后，受托方与企业进行结算，并开具正式的销售发票，形成销售收入。在用友 ERP-U8 系统中，委托代销结算之后，系统自动生成发票。

8.3.1　业务概述与分析

4月15日，本公司根据同方公司发来的销售清单，开具销售专用发票(票号为WT0401)，发票上载明已销售亮康眼镜 2000 副，结算价 200 元/副，税率为 17%。

本笔业务是委托代销的结算业务，需要填制并审核委托代销的结算单，复核销售发票；进行销售的应收确认和成本结转。

8.3.2　虚拟业务场景

人物：赵飞——销售部主管
　　　夏于——批发部职员
　　　张兰——财务部会计

曾志伟——财务部主管

场景一　销售部夏于填制委托代销结算单，主管赵飞审核结算单并复核发票

(夏于根据同方公司发过来的售出清单，填制委托代销结算单……)

夏于：赵总，我已经根据同方公司发过来的售出清单，填制了委托代销结算单，请您审核结算单，并复核发票。

赵飞：好的。(审核结算单、复核发票完毕)

场景二　赵飞请财务部对本笔委托代销结算业务进行应收确认和销售成本结转

赵飞：小张，今天我们已经根据同方公司发来的售出清单，完成了业务处理，麻烦进行一下应收确认和销售成本结转。

张兰：好的，没问题。

(张兰来到财务部主管曾志伟的办公室……)

张兰：曾总，销售部今天有一笔应收业务，请您审核一下销售发票。

曾志伟：好的，我现在就审核。

(曾志伟审核销售发票……)

(张兰进行应收制单和销售成本结转……)

8.3.3　操作指导

1. 操作流程(见图 8-18)

图 8-18　业务 8.3 的操作流程

请确认系统日期和业务日期为 2016 年 4 月 15 号。

2. 场景一的操作步骤

视频网址：http://www.mdmuke.com/mdmk/mod/page/view.php?id=1073

任务说明：填制并审核委托代销结算单，复核发票。

【填制并审核委托代销结算单】

(1) 打开"委托代销结算单"窗口。在"企业应用平台"的"业务工作"页签中，依次点击"供应链/销售管理/委托代销/委托代销结算单"菜单项，系统打开"委托代销结算单"窗口。

(2) 参照订单生成结算单。

① 打开"参照生单"窗口　单击工具栏中的"增加"按钮，新增一张委托代销结算单，系统弹出"查询条件选择-委托结算参照发货单"对话框，直接单击其"确定"按钮，

系统打开"参照生单"窗口。

② 拷贝信息　在"参照生单"窗口的上窗格中,双击要选择的订单(订单号为 WTDX01)所对应的"选择"栏,然后单击工具栏中的"OK 确定"按钮,系统返回"委托代销结算单"窗口,此时相关的信息已经有默认值。

(3) 编辑结算单。在"委托代销结算单"窗口中,修改表头的"发票号"为"WT0401"、"备注"为"委托结算亮康眼镜 2 千副",编辑表体的"数量"为"2000",其他项默认。

(4) 保存。单击工具栏中的"保存"按钮,保存该结算单,结果如图 8-19 所示。

| 委托代销结算单 | | | 打印模版 委托代销结算单打印材 ▼ |

表体排序 [　　▼]　　　　　　　　　　　　　合并显示 □

结算单号 0000000001	结算日期 2016-04-15	销售类型 批发销售
客户简称 同方公司	销售部门 批发部	业务员 夏于
付款条件	币种 人民币	汇率 1
税率 17.00	备注 委托结算亮康眼镜2千副	发票号 WT0401

	仓库名称	货物编码	存货名称	主计量	数量	报价	含税单价	无税单价	无税金额	税额	价税合计	税率(%)
1	产成品仓库	10000	亮康眼镜	副	2000.00	0.00	234.00	200.00	400000.00	68000.00	468000.00	17.00

图 8-19　业务 8.3 的结算单

(5) 审核。单击工具栏中的"审核"按钮,系统弹出"请选择发票类型"提示框,选中"专用发票"单选按钮后单击"确定"按钮,系统返回"委托代销结算单"窗口,完成审核工作(委托代销结算单审核时,ERP-U8 系统将自动生成销售专用发票)。

(6) 退出。单击"委托代销结算单"窗口右上角的"关闭"按钮,关闭并退出该窗口。

提示:
- 委托代销结算单,参照已审核的未全部结算的委托代销发货单填制。
- 委托代销结算单可以修改、删除、审核、弃审。
- 委托代销结算单审核后自动生成销售发票(可选择生成专用发票还是普通发票,在表头栏目录入发票号);弃审后删除生成的发票。
- 根据委托代销结算单生成的销售发票一经复核,将不允许对委托代销结算单进行弃审操作。若需要弃审,需要先对相应的销售发票弃复。

【复核委托代销结算的销售专用发票】

(1) 打开"销售专用发票"窗口。在"销售管理"子系统中,依次点击"销售开票/销售专用发票"菜单项,系统打开"销售专用发票"窗口。

(2) 查阅并复核销售专用发票。单击工具栏中的"上张"按钮,查阅到委托代销的销售专用发票,然后单击工具栏中的"复核"按钮,完成复核工作,结果如图 8-20 所示。

(3) 退出。单击"销售专用发票"窗口右上角的"关闭"按钮,关闭并退出该窗口。

图 8-20 业务 8.3 的销售专用发票

3. 场景二的操作步骤

视频网址：http://www.mdmuke.com/mdmk/mod/page/view.php?id=1074

任务说明：应收审核与制单；销售成本结转。

【应收审核】

(1) 打开"单据处理"窗口。在"企业应用平台"的"业务工作"页签下，依次点击"财务会计/应收款管理/应收单据处理/应收单据审核"菜单项，系统弹出"应收单查询条件"对话框，直接单击其"确定"按钮，系统打开应收的"单据处理"窗口。

(2) 审核应收单据。在"单据处理"窗口中，系统已列出本业务的销售专用发票，选中该单据并单击工具栏中的"审核"按钮，系统提示审核成功，单击"确定"按钮，退出信息提示框，返回"单据处理"窗口。

(3) 退出。单击"单据处理"窗口右上角的"关闭"按钮，退出该窗口。

【应收制单】

(1) 打开"制单"窗口。在"应收款管理"子系统中，双击"制单处理"菜单项，在系统弹出的"制单查询"对话框中，确认已选中"发票制单"，然后单击"确定"按钮，系统打开"制单"窗口。

(2) 编辑销售专用发票的应收凭证。

① 在"制单"窗口中，先修改"凭证类别"为"转账凭证"；再选中本业务中填制的销售专用发票；然后单击工具栏中的"制单"按钮，系统打开"填制凭证"窗口，并默认显示凭证的信息为"借记：应收账款；贷记：主营业务收入，销项税额"。

② 设置"主营业务收入"科目的辅助项的"项目名称"为"亮康眼镜"。

(3) 保存。单击工具栏中的"保存"按钮，保存该凭证，结果如图 8-21 所示。

(4) 退出。单击"填制凭证"和"制单"窗口右上角的"关闭"按钮，关闭并退出窗口。

【委托代销发票的存货记账】

(1) 打开"未记账单据一览表"窗口。在"企业应用平台"的"业务工作"页签下，依次点击"供应链/存货核算/业务核算/正常单据记账"菜单项，系统弹出"查询条件选择"

对话框，直接单击其"确定"按钮，系统打开"未记账单据一览表"窗口。

(2) 销售发票记账。在"未记账单据一览表"窗口中，选中本业务生成的销售发票，然后单击工具栏中的"记账"按钮，系统弹出信息框提示记账成功，单击"确定"按钮，完成记账工作。

(3) 退出。单击"未记账单据一览表"窗口右上角的"关闭"按钮，退出当前窗口。

<table>
<tr><td colspan="5">已生成   转 账 凭 证</td></tr>
<tr><td colspan="2">转　字 0035</td><td>制单日期：2016.04.15</td><td>审核日期：</td><td>附单据数：1</td></tr>
<tr><td colspan="2">摘　要</td><td>科目名称</td><td>借方金额</td><td>贷方金额</td></tr>
<tr><td colspan="2">委托结算亮康眼镜2千副</td><td>应收账款</td><td>46800000</td><td></td></tr>
<tr><td colspan="2">委托结算亮康眼镜2千副</td><td>主营业务收入</td><td></td><td>40000000</td></tr>
<tr><td colspan="2">委托结算亮康眼镜2千副</td><td>应交税费/应交增值税/销项税</td><td></td><td>6800000</td></tr>
<tr><td colspan="2"></td><td></td><td></td><td></td></tr>
<tr><td colspan="2"></td><td></td><td></td><td></td></tr>
<tr><td>票号
日期</td><td>数量
单价</td><td>合　计</td><td>46800000</td><td>46800000</td></tr>
<tr><td rowspan="3">备注</td><td>项　目 亮康眼镜</td><td>部　门</td><td></td><td></td></tr>
<tr><td>个　人</td><td>客　户</td><td></td><td></td></tr>
<tr><td>业务员</td><td></td><td></td><td></td></tr>
<tr><td>记账</td><td>审核</td><td>出纳</td><td>制单</td><td>赵技巩</td></tr>
</table>

图 8-21　业务 8.3 的销售发票制单结果

【委托代销存货制单】

(1) 打开"生成凭证"窗口。在"存货核算"子系统中，依次点击"财务核算/生成凭证"菜单项，系统打开"生成凭证"窗口。

(2) 打开"单据选择"窗口。单击工具栏中的"选择"按钮，在系统弹出的"查询条件"对话框中，直接单击"确定"按钮，系统退出对话框并打开"选择单据"窗口。

(3) 生成记账凭证。

① 在"选择单据"窗口中，选中本业务生成的销售发票，然后单击工具栏中的"确定"按钮，系统退出"选择单据"窗口返回"生成凭证"窗口。

② 在"生成凭证"窗口中，先修改"凭证类别"为"转账凭证"，再单击工具栏中的"生成"按钮，系统打开"填制凭证"窗口，并默认显示凭证的信息"借记：主营业务成本，贷记：库存商品"。

(4) 编辑与保存凭证。修改"主营业务成本"和"库存商品"辅助项的项目名称为"亮康眼镜"，其他项默认，单击工具栏中的"保存"按钮，结果如图 8-22 所示。

(5) 退出。单击"填制凭证"和"生成凭证"窗口右上角的"关闭"按钮，退出窗口。

图 8-22　业务 8.3 的委托代销结算的存货凭证

8.4　直运业务

直运商品销售是指企业将商品直接由供货单位调运给购货单位，不经过企业仓库的销售。采用直运商品销售方式，可以减少商品出入库手续，有利于加速商品流转，节约商品流通费用。结算时，由购销双方分别与企业结算，不通过"库存商品"科目。

8.4.1　直运业务模式与记账

直运销售业务分为两种模式，一种是只开发票，不开订单；另一种是先有订单再开发票。

1. 只开发票模式

只开发票模式(即无销售订单的直运业务)的单据流程图可参见图 8-23，其采购发票和销售发票之间是多对多的关系，即一张销售发票对应多张采购发票或一张采购发票对应多张销售发票。

图 8-23　无销售订单的直运业务单据流程

(1) 直运采购发票记账。只开发票模式的采购发票记账时，如果采购发票没有对应的销售发票或销售发票未记账，则直接将直运采购发票记账，并取采购发票的不含税单价和不含税金额作为入库成本，所以采购发票必须有不含税金额时才能记账。

如果采购发票记账时其对应的销售发票已经记账，则不但要将采购发票进行记账，还要根据采购发票调整销售发票成本。如果调整金额为零则不生成调整单，否则生成出库调整单。

(2) 直运销售发票记账。只开发票模式的销售发票记账时，如果销售发票没有对应的采购发票，也没有对应的销售订单，或虽有对应的销售订单，但销售订单没有对应的采购订单，则销售发票可在记账时由用户输入单价金额，或按普通销售业务时销售发票记账的方法进行处理。

如果销售发票有对应的采购发票，将取采购发票的不含税单价/金额作为出库单价/金额。

如果销售发票没有对应的采购发票，但有对应的销售订单，而且销售订单有对应的采购订单，则通过销售发票对应的销售订单找到采购订单，取采购订单的不含税单价/金额作为销售发票的出库单价/金额。因此，销售发票记账后请不要变更采购订单的单价。

2. 先有订单再开发票模式

先有订单再开发票模式(即必有订单直运业务)的单据流程图可参见图 8-24，其销售订单和销售发票之间是一对多的关系、采购订单和采购发票之间是一对多的关系、销售订单和采购订单之间是一对多的关系、直运销售订单行和直运采购订单行之间是一对多的关系，即一张销售订单对应多张销售发票、一张采购订单对应多张采购发票(若采购发票参照采购订单生成，则不允许修改单价)、一张销售订单对应多张采购订单。

图 8-24　必有订单直运业务的单据流程

必有订单直运业务的操作流程，如图 8-25 所示。

图 8-25 必有订单直运业务的操作流程

(1) 直运采购发票记账。

如果采购发票没有对应的直运销售发票或直运销售发票未记账，则直接将直运采购发票记明细账和总账，取直运采购发票不含税单价和不含税金额作为入库成本。

如果直运采购发票记账时，其对应的直运销售发票已经记账，如果是最后一笔，则不但要将直运采购发票进行记账，还要根据直运采购发票调整直运销售发票成本。

调整金额=销售发票未调整数量×(采购发票平均不含税单价-销售发票对应的出库单价)。

如果调整金额为零将不生成调整单，否则生成出库调整单。出库调整单中记录为"直运属性"，记录对应的采购发票号和销售发票号。

如果直运销售发票已经记账，但不是最后一笔，则不做直运销售发票成本调整。

(2) 直运销售发票记账。

如果直运销售发票有对应的直运销售订单，但直运销售订单没有对应的直运采购订单，则直运销售发票不允许记账。

① 无直运采购发票时。如果直运销售发票有对应的直运销售订单，而且直运销售订单有对应的采购订单，则通过直运销售发票对应的直运销售订单找到直运采购订单。

- 如果直运销售发票的数量和直运采购订单的数量相等，则直接取直运采购订单的不含税金额作为直运销售发票的出库金额。
- 如果直运销售发票的数量与直运采购订单的数量不相等，则直运销售发票的单价取采购订单的不含税平均单价，出库金额根据单价和数量计算。出库金额=采购订单不含税平均单价×销售发票数量。

② 有直运采购发票时。如果直运销售发票有对应的直运销售订单，对应的直运销售订单上的累计开票数量小于直运销售订单数量(即部分开票)时，则取成本的方法同无直运采购发票的算法。

如果直运销售发票有对应的直运销售订单，当对应的直运销售订单上的累计开票数量等于直运销售订单数量(即完全开票)时，若本次记账的直运销售发票的数量等于直运采购发票数量，直接取直运采购发票的不含税单价和金额作为直运销售发票的出库单价和金额；若本次记账的直运销售发票的数量小于直运采购发票数量，则取直运采购发票平均不含税单价，出库金额根据单价和数量计算。

出库金额=直运销售发票数量×采购发票平均不含税单价。

如果是最后一笔，在考虑尾差的基础上，取直运采购发票总额扣减已匹配直运销售发票的金额，反算单价。尾差处理时，若设置阀值为10%，尾差的算法是：

尾差=(历史平均出库单位成本-入库平均单位成本)÷入库平均单位成本。

则当尾差值超过10%(含10%)时，系统不做调整，这部分的金额在期末处理时调整；当尾差值小于10%且调整后的单价不为负时，最后一笔做尾差调整。

期末处理时，根据直运销售订单的结存金额生成出库调整单。若直运销售订单的累积开票数量等于直运销售订单的数量时，则根据直运销售订单取相应采购发票的汇总金额，扣减已有销售发票汇总成本和调整单的汇总成本，扣减的结果作为调整单的金额，一张直运销售订单只能调整一次。

提示：
- 超订单直运采购，不支持期末处理时调整结存金额。如果超订单采购，您需要变更订单数量，建议重开一张采购订单。
- 采购、销售和存货核算集成使用时，在必有订单模式下，当先填制销售订单，随后根据销售订单生成销售发票，再根据销售订单生成采购订单时，如果此时存货核算对销售发票已记账，由于销售发票记账时取的是采购订单的单价，因此销售发票记账后请不要变更采购订单的单价。
- 采购、销售和存货核算集成使用时，在必有订单模式下，如果销售发票是根据销售订单生成的，则必须在有采购订单的情况下才能对销售发票记账。

8.4.2　业务概述与分析

4月15日，雪亮公司向批发部订购男士高端太阳镜500副，无税单价420元，增值税税率为17%，批发部与其签订销售合同(合同编号XS005)，并开具专用发票(XS3072)，价税合计245 700元；采购部向大运公司订购男士高端太阳镜500副，价格350元/副，增值税税率为17%，合同编号为CG005；大运公司承诺当日将货直接发给雪亮公司，并将增值税发票送达本公司，票号为CG7891，价税合计204 750元。

本笔是直运业务，需要填制并审核直运销售订单、直运采购订单、填制并复核销售发票，填制采购发票，进行销售的应收确认和成本结转，以及采购的应付确认与成本确认。

8.4.3 虚拟业务场景

人物：夏于——批发部职员
王强——雪亮公司采购部
赵飞——销售部主管
刘静——采购部主管
张新海——采购部职员
刘小雨——大运公司销售部
张兰——财务部会计
曾志伟——财务部主管

场景一 与雪亮公司签订销售合同，并审核

王强：您好！请问是亮康眼镜公司批发部吗？

夏于：对，您是雪亮眼镜公司的王强吧？

王强：是的。我们今天需要进500副男士高端太阳眼镜，最近行情如何？

夏于：价格还是每副420元，质量绝对保证。

王强：那好，今天能发货吗？

夏于：没问题。

(夏于填制销售订单完毕)

夏于：赵总，请您审核一下和雪亮眼镜公司刚刚签订的销售订单。

赵飞：好的。(查阅现存量，并审核完毕)请尽快通知采购部做直运采购吧，库存不足了。

夏于：好的。

场景二 批发部通知采购部订货，采购部和大运公司签订直运采购合同并审核

(批发部夏于电话通知采购部张新海……)

夏于：小张，雪亮公司今天订购了500副男士高端太阳镜，但咱们的库存不足了，赵总决定采用直运业务，麻烦您联系一下订货的事儿吧。

张新海：好的。

(采购部张新海电话询问大运公司……)

刘小雨：您好！这里是大运公司销售部。

张新海：您好，我是亮康眼镜公司的采购员。请问你们公司的男士高端太阳镜，今天能出货500副吗？

刘小雨：有现货，数量和质量都能保证。价格最低每副350元，能接受吗？

张新海：行，那请今天直接发货至雪亮公司，并把增值税发票发给我们公司吧。

刘小雨：好的，我们马上发货和开票。

张新海：好的，合作愉快！

刘小雨：合作愉快!

(采购部张新海填制直运采购订单……)

(采购部刘静审核直运采购订单……)

场景三   销售部填制并复核直运专用发票

(批发部夏于填制直运销售发票……)

夏于：赵总，请您审核一下雪亮公司的直运销售专用发票。

赵飞：好的。

(销售部主管赵飞复核完毕)

场景四   采购部填制直运专用发票

刘静：小张，大运公司的直运采购业务的发票到了，你在 ERP 系统中填制一下吧。

张新海：好的，我马上填。

(采购部张新海填制直运采购发票……)

场景五   财务部张兰对本笔的直运销售业务进行应收确认和成本结转

赵飞：小张，雪亮眼镜公司的直运销售业务已经完成，麻烦进行一下应收确认和成本结转吧。

张兰：好的，没问题。

(张兰来到财务部主管曾志伟的办公室……)

张兰：曾总，销售部今天有一笔应收业务，请您审核一下销售发票。

曾志伟：好的，我现在就审核。

(曾志伟审核销售发票……)

(张兰进行应收制单和销售成本结转……)

场景六   财务部张兰对本笔的直运采购业务进行应付确认和成本确认

刘静：小张，大运公司的直运采购业务已经完成，麻烦进行一下应付确认和成本确认吧。

张兰：好的，没问题。

(张兰来到财务部主管曾志伟的办公室……)

张兰：曾总，采购部今天有一笔应付业务，请您审核一下采购发票。

曾志伟：好的，我现在就审核。

(曾志伟审核采购发票……)

(张兰进行应付制单和采购成本确认……)

8.4.4 操作指导

1. 操作流程(见图 8-26)

图 8-26 业务 8.4 的操作流程

请确认系统日期和业务日期为 2016 年 4 月 15 号。

2. 场景一的操作步骤

视频网址: http://www.mdmuke.com/mdmk/mod/page/view.php?id=1075

任务说明: 填制并审核直运销售订单。

(1) 打开"销售订单"窗口。在"企业应用平台"的"业务工作"页签中,依次点击"供应链/销售管理/销售订货/销售订单"菜单项,系统打开"销售订单"窗口。

(2) 编辑直运销售订单。单击工具栏中的"增加"按钮,新增一张销售订单,然后做如下编辑。

① 编辑表头 修改"订单号"为"XS005",选择"业务类型"为"直运销售",参照生成"客户简称"为"雪亮公司","销售部门"为"批发部","业务员"为"夏于","备注"为"直运销售男士高端 500 副",其他项默认。

② 编辑表体 参照生成"存货名称"为男士高端太阳镜,编辑"数量"为"500",修改"无税单价"为"420",确认"预发货日期"为当日"4 月 15 号"。

(3) 保存。单击工具栏中的"保存"按钮,保存该单据,结果如图 8-27 所示。

图 8-27 业务 8.4 的直运销售订单

(4) 审核。单击工具栏中的"审核"按钮，完成审核工作。

(5) 退出。单击"销售订单"窗口右上角的"关闭"按钮，关闭并退出该窗口。

3. 场景二的操作步骤

视频网址：http://www.mdmuke.com/mdmk/mod/page/view.php?id=1076

任务说明：填制并审核直运采购订单。

(1) 打开"采购订单"窗口。在"企业应用平台"的"业务工作"页签中，依次点击"供应链/采购管理/采购订货/采购订单"菜单项，系统打开"采购订单"窗口。

(2) 生成直运采购订单。首先单击工具栏中的"增加"按钮，新增一张采购订单，然后做如下操作。

① 打开"拷贝并执行"窗口　在"采购订单"窗口的表头，选择"业务类型"为直运采购；再单击工具栏中的"生单/销售订单"命令，并在系统弹出的"查询条件选择-销售订单列表过滤"对话框中，直接单击"确定"按钮，系统退出对话框并打开"拷贝并执行"窗口。

② 拷贝信息　选择"拷贝并执行"窗口上窗格中相应的销售订单(订单号为 XS005)，再单击其工具栏中的"OK 确定"按钮，系统返回"采购订单"窗口，此时采购订单上已经有系统默认的信息。

(3) 编辑直运采购订单。

① 编辑表头，修改"订单编号"为"CG005"，"供应商"为"大运公司"，"部门"为"采购部"，"业务员"为"张新海"，其他项默认。

② 确认表体的"原币单价"为"350"，其他项默认。

(4) 保存。单击工具栏中的"保存"按钮，保存该单据，结果如图 8-28 所示。

图 8-28　业务 8.4 的直运采购订单

(5) 审核。单击工具栏中的"审核"按钮，完成审核工作。

(6) 退出。单击"采购订单"窗口右上角的"关闭"按钮，关闭并退出该窗口。

提示：

直运采购订单必须参照直运销售订单生成，可以拆单不能拆记录，即每行销售订单记录只能被采购订单参照一次。

4. 场景三的操作步骤

视频网址：http://www.mdmuke.com/mdmk/mod/page/view.php?id=1077

任务说明：填制并复核直运销售专用发票。

(1) 打开"销售专用发票"窗口。在"销售管理"子系统中，依次点击"销售开票/销售专用发票"菜单项，系统打开"销售专用发票"窗口。

(2) 参照销售订单生成直运销售专用发票。

① 单击工具栏中的"增加"按钮，新增一张销售专用发票，系统弹出"查询条件选择-发票参照发货单"对话框，因其"业务类型"默认为普通销售，且不能修改为"直运销售"，所以直接单击"取消"按钮系统返回"销售专用发票"窗口。

② 选择销售发票的"业务类型"为"直运销售"，然后单击工具栏中的"生单/参照订单"命令，系统弹出"查询条件选择-参照订单"对话框，默认其"业务类型"为"直运销售"，直接单击"确定"按钮，系统打开"参照生单"窗口。

③ 在"参照生单"窗口中选中相应的销售订单(订单号为 XS005)，单击工具栏中的"OK确定"按钮，返回"销售专用发票"窗口，此时销售发票上已经有系统默认的信息。

(3) 在"销售专用发票"窗口中，编辑表头的"发票号"为"XS3072"，其他项默认。

(4) 保存。单击工具栏中的"保存"按钮，结果如图 8-29 所示。

图 8-29 业务 8.4 的直运销售专用发票

(5) 复核。单击工具栏中的"复核"按钮，完成复核工作。

(6) 退出。单击"销售专用发票"窗口右上角的"关闭"按钮，关闭并退出该窗口。

5. 场景四的操作步骤

视频网址：http://www.mdmuke.com/mdmk/mod/page/view.php?id=1078

任务说明：填制直运采购专用发票。

(1) 打开"专用发票"窗口。在"采购管理"子系统中，依次点击"采购发票/专用采购发票"菜单项，系统打开"专用发票"窗口。

(2) 参照直运采购订单生成直运采购专用发票。先单击工具栏中的"增加"按钮，新增一张采购专用发票，然后做如下操作。

① 打开"拷贝并执行"窗口 修改发票表头的"业务类型"为"直运采购",然后单击工具栏中的"生单/采购订单"命令,系统弹出"查询条件选择-采购订单列表过滤"对话框,直接单击其"确定"按钮,系统打开"拷贝并执行"窗口。

② 拷贝信息 在"拷贝并执行"窗口的上窗格中,双击要选择的采购订单(订单号为CG005)所对应的"选择"栏,再单击其工具栏中的"OK确定"按钮,系统返回"专用发票"窗口,此时发票上已经有系统默认的信息。

(3) 在"专用发票"窗口中,编辑表头的"发票号"为"CG7891",其他项默认。

(4) 保存。单击工具栏中的"保存"按钮,结果如图8-30所示。

(5) 退出。单击"专用发票"窗口右上角的"关闭"按钮,关闭并退出该窗口。

图 8-30 业务 8.4 的直运采购专用发票

6. 场景五的操作步骤

视频网址: http://www.mdmuke.com/mdmk/mod/page/view.php?id=1079

任务说明: 应收审核与应收制单,销售成本结转。

【应收审核】

(1) 打开应收系统的"单据处理"窗口。在"企业应用平台"的"业务工作"页签下,依次点击"财务会计/应收款管理/应收单据处理/应收单据审核"菜单项,系统弹出"应收单查询条件"对话框,直接单击其"确定"按钮,系统打开应收"单据处理"窗口。

(2) 审核应收单据。在"单据处理"窗口中,系统已列出本业务的销售专用发票,选中该单据并单击工具栏中的"审核"按钮,系统提示审核成功;单击"确定"按钮,退出信息提示框,返回应收"单据处理"窗口。

(3) 退出。单击"单据处理"窗口右上角的"关闭"按钮,退出该窗口。

【应收制单】

(1) 打开"制单"窗口。在"应收款管理"子系统中,双击"制单处理"菜单项,在系统弹出的"制单查询"对话框中,确认已选中"发票制单",然后单击"确定"按钮,系统打开应收"制单"窗口。

(2) 生成与编辑销售专用发票的应收凭证。

① 在"制单"窗口中,先修改"凭证类别"为"转账凭证",再选中本业务填制的销

售专用发票，然后单击工具栏中的"制单"按钮，系统打开"填制凭证"窗口，并默认显示凭证(销售专用发票对应的凭证)的信息为"借记：应收账款，贷记：主营业务收入、销项税额"。

② 设置"主营业务收入"科目的辅助项的"项目名称"为"男士高端"，其他项默认。

(3) 保存。单击工具栏中的"保存"按钮，结果如图 8-31 所示。

(4) 退出。单击"填制凭证"和"制单"窗口右上角的"关闭"按钮，关闭并退出窗口。

转 账 凭 证

摘 要	科目名称	借方金额	贷方金额
直运销售男士高端500副	应收账款	24570000	
直运销售男士高端500副	6001		21000000
直运销售男士高端500副	应交税费/应交增值税/销项税		3570000
	合 计	24570000	24570000

备注 项 目 男士高端

图 8-31 业务 8.4 的销售专用发票制单结果

【销售发票记账】

(1) 打开"未记账单据一览表"窗口。在"企业应用平台"的"业务工作"页签下，依次点击"供应链/存货核算/业务核算/直运销售记账"菜单项，系统弹出"直运采购发票核算查询条件"对话框，直接单击其"确定"按钮，系统打开"未记账单据一览表"(直运销售记账)窗口。

(2) 销售发票记账。在"未记账单据一览表"窗口中，选中本业务生成的销售专用发票(注意：不选取采购发票)，然后单击工具栏中的"记账"按钮，系统弹出信息框提示记账成功，单击"确定"按钮，完成记账工作。

(3) 退出。单击"未记账单据一览表"窗口右上角的"关闭"按钮，退出当前窗口。

提示：
- 根据直运销售发票记入明细账时，仓库和所属部门均为空。
- 只有销售系统启用时，存货核算系统才能对直运业务进行核算。
- 直运业务采购发票记账，增加直运商品；直运业务销售发票记账，则减少直运商品，并结转销售成本。
- 销售发票恢复记账时，系统将销售发票对应的出库调整单一起恢复。

【直运销售制单】

(1) 打开"生成凭证"窗口。在"存货核算"子系统中，依次点击"财务核算/生成凭证"菜单项，系统打开"生成凭证"窗口。

(2) 打开"选择单据"窗口。单击工具栏中的"选择"按钮，在系统弹出的"查询条件"对话框中，直接单击"确定"按钮，系统打开"选择单据"窗口。

(3) 选择单据。在"选择单据"窗口中，选中本业务生成的销售发票，然后单击工具栏中的"确定"按钮，系统返回"生成凭证"窗口。

(4) 生成凭证。在"生成凭证"窗口中，先修改"凭证类别"为"转账凭证"，修改"科目类型"为"存货"的"科目编码"为"1401"(材料采购)；然后单击工具栏中的"生成"按钮，系统打开"填制凭证"窗口，并默认显示了本业务发票上的相关信息(借记：主营业务成本，贷记：材料采购)。

(5) 编辑销售凭证。在"填制凭证"窗口中，修改"主营业务成本"的辅助项的"项目名称"为"男士高端"，其他项默认。

(6) 保存。单击工具栏中的"保存"按钮，结果如图8-32所示。

(7) 退出。单击"填制凭证"和"生成凭证"窗口右上角的"关闭"按钮，退出窗口。

图8-32 业务8.4的销售凭证

【制单规则】

直运销售发票制单时，借方科目收发类别对应的科目，贷方取存货科目中的直运科目。

7. 场景六的操作步骤

视频网址：http://www.mdmuke.com/mdmk/mod/page/view.php?id=1080

任务说明：应付审核与制单；直运采购成本确认。

【应付审核】

(1) 打开应付"单据处理"窗口。在"企业应用平台"的"业务工作"页签下，依次点击"财务会计/应付款管理/应付单据处理/应付单据审核"菜单项，系统弹出"应付单查询条件"对话框,直接单击其"确定"按钮,系统打开"单据处理"窗口。

(2) 审核应付单据。在"单据处理"窗口中,系统已列出本业务的采购专用发票,选中该单据并单击工具栏中的"审核"按钮,系统提示审核成功,单击"确定"按钮,退出信息提示框,返回"单据处理"窗口。

(3) 退出。单击"单据处理"窗口右上角的"关闭"按钮,退出该窗口。

【应付制单】

(1) 打开"制单"窗口。在"应付款管理"子系统中,双击"制单处理"菜单项,在系统弹出的"制单查询"对话框中,确认已选中"发票制单",然后单击"确定"按钮,系统打开"制单"窗口。

(2) 生成并保存采购专用发票的应付转账凭证。先修改"凭证类别"为"转账凭证",再选中本业务中的采购专用发票,然后单击"制单"按钮,系统打开"填制凭证"窗口,并默认显示的信息为"借记:材料采购,进项税额;贷记:一般应付账款",直接单击"保存"按钮,结果如图 8-33 所示。

(3) 退出。单击"填制凭证"和"制单"窗口右上角的"关闭"按钮,关闭并退出窗口。

图 8-33 业务 8.7 的直运采购专用发票制单结果

【采购发票记账】

(1) 打开"未记账单据一览表"窗口。在"企业应用平台"的"业务工作"页签下,依次点击"供应链/存货核算/业务核算/直运销售记账"菜单项,系统弹出"直运采购发票核算查询条件"对话框,直接单击其"确定"按钮,系统打开"未记账单据一览表"窗口。

(2) 采购发票的存货记账。在"未记账单据一览表"窗口中,选中本业务生成的采购发票,然后单击工具栏中的"记账"按钮,系统弹出信息框提示记账成功,单击"确定"按钮,完成记账工作。

(3) 退出。单击"未记账单据一览表"窗口右上角的"关闭"按钮,退出当前窗口。

提示:

● 根据直运采购发票记入明细账时, 仓库和所属部门均为空。

● 直运业务采购发票记账, 增加直运商品; 直运业务销售发票记账, 则减少直运商品, 并结转销售成本。

● 只有销售系统启用时, 存货才能对直运进行核算。

● 采购发票恢复记账时, 系统将已记账的对应销售发票的出库调整单一起删除。

● 若直运销售发票已制单, 则直运采购成本在确认时, 不需要生成凭证。

8.5 零售日报业务

零售业务是一种特殊的销售业务种类。零售日报不是原始的销售单据, 是零售业务数据的日汇总。零售日报可以用来处理企业比较零散客户的销售, 对于这部分客户, 企业可以用一个公共客户代替(如零散客户), 然后将零散客户的销售凭单先按日汇总, 再录入零售日报进行管理。

零售日报的单据流图, 可参见图 8-34。

图 8-34 零售日报单据流程

一张零售日报复核时自动生成一张发货单, 一张发货单可以分仓库(柜组、销售前台)生成多张销售出库单。但在与库存管理系统集成使用时, 若销售选项的业务控制勾选了"是否销售生成出库单", 则零售日报复核时自动生成一张销售发货单和一张销售出库单, 即此时一张发货单只能生成一张出库单。

零售日报手工增加, 可以修改、删除、复核和弃复; 复核时自动生成销售发货单, 弃复时删除生成的发货单。

8.5.1 业务概述与分析

4 月 25 日, 门市部累计向零售客户销售亮康眼镜 100 副, 含税单价 280.8 元; 女士高端太阳镜 50 副, 含税单价 468 元; 男士普通太阳镜 80 副, 含税单价 128.7 元。税率均为17%, 全部现金收讫。

本笔业务是零售日报业务, 需要填制、现结并复核零售日报单, 审核销售出库单, 进行销售的应收确认和成本结转。

8.5.2 虚拟业务场景

人物：李华——门市部职员
   赵飞——销售部主管
   张兰——财务部会计
   曾志伟——财务部主管

场景一 门市部李华填制并现结零售日报，主管赵飞复核零售日报

赵飞：李华，请汇总上报一下今天的零售情况。

李华：好的。(填制零售日报……)

李华：赵总，今天的零售日报填制完成了，麻烦您复核一下。

赵飞：好的，我知道了。(复核……)

场景二 门市部李华提醒仓管部做出库审核

李华：李总，今天的零售日报我们已经上报，请您关注零售货物的出库情况。

李莉：好的。(审核出库单……)

场景三 赵飞通知财务部张兰进行本笔业务的应收确认和销售成本结转

赵飞：小张，我们门市部的零售日报已经上报并现结了，请做一下收款确认。

张兰：好的，没问题。(张兰来到财务部主管曾志伟的办公室……)

张兰：曾总，门市部今天有一笔应收业务，请您审核一下销售发票。

曾志伟：好的，我现在就审核。

(曾志伟审核销售发票……)

(张兰进行应收制单和销售成本结转……)

8.5.3 操作指导

1. 操作流程图(见图 8-35)

图 8-35 业务 8.5 的操作流程

请确认系统日期和业务日期为 2016 年 4 月 25 号。

2．场景一的操作步骤

视频网址：http://www.mdmuke.com/mdmk/mod/page/view.php?id=1081

任务说明：填制、现结并复核零售日报(3 张)。

提示：

因为当日的 3 种零售货物，在进行应收确认和成本结转的制单处理时，都涉及"主营业务收入"、"主营业务成本"等项目核算类的科目，所以在填制零售日报时需要分开填制，否则之后的凭证没有办法录入相应科目的辅助项目名称。

(1) 打开"零售日报"窗口。在"企业应用平台"的"业务工作"页签中，依次点击"供应链/销售管理/零售日报/零售日报"菜单项，系统打开"零售日报"窗口。

(2) 编辑亮康眼镜的零售日报。单击工具栏中的"增加"按钮，新增一张零售日报单，然后做如下编辑。

① 编辑表头　修改"销售类型"为"门市零售"，"客户简称"为"零散客户"，"销售部门"为"门市部"，"业务员"为"李华"，"税率"为"17"，"备注"为"零售亮康眼镜 100 副"，其他项默认。

② 编辑表体　参照生成"存货名称"为"亮康眼镜"，"数量"栏输入"100"，编辑"报价"为"0"，"含税单价"为"280.8"，其他信息保持不变。

(3) 保存。单击工具栏中的"保存"按钮，保存该单据，结果可参见图 8-36。

(4) 现结零售日报。单击工具栏中的"现结"按钮，然后在系统打开的"现结"对话框中参照生成"结算方式"为"现金"，"原币金额"为表头的"应收金额"，再单击"确定"按钮，返回"零售日报"窗口，结果如图 8-36 所示。

	仓库名称	存货编码	存货名称	主计量	数量	报价	含税单价	无税单价	无税金额	税额	价税合计	税率(%)
1	产成品仓库	10000	亮康眼镜	副	100.00	0.00	280.80	240.00	24000.00	4080.00	28080.00	17.00

图 8-36　业务 8.5 的亮康眼镜的零售日报

(5) 复核。单击工具栏中的"复核"按钮，完成复核工作。

提示：

● 一张零售日报复核时自动生成一张销售发货单，一张发货单可以分仓库生成多张销售出库单。

● 根据本公司账套的初始设置和以上零售日报的特点，在此每张零售日报复核时将自动生成一张发货单和一张出库单。

(6) 重复步骤(2)～(5)，完成零售女士高端 50 副(含税单价 468 元)和零售男士普通 80 副(含税单价 128.7 元)的零售日报单填制、现结与复核工作，结果如图 8-37 和图 8-38 所示。

(7) 退出。单击"零售日报"窗口右上角的"关闭"按钮，关闭并退出该窗口。

图 8-37 业务 8.5 的女士高端太阳镜的零售日报

图 8-38 业务 8.5 的男士普通太阳镜的零售日报

3. 场景二的操作步骤

视频网址：http://www.mdmuke.com/mdmk/mod/page/view.php?id=1082

任务说明：审核出库单。

(1) 打开"销售出库单"窗口。在"企业应用平台"的"业务工作"页签中，依次点击"供应链/库存管理/出库业务/销售出库单"菜单项，系统打开"销售出库单"窗口。

(2) 查阅并审核销售出库单。单击工具栏中的"末张"、"上张"或"下张"按钮，查阅到相应的销售出库单，然后在需要审核的销售出库单窗口中，单击工具栏中的"审核"按钮，逐一审核 3 张零售日报单复核时自动生成的 3 张出库单，完成审核工作。

(3) 退出。单击"销售出库单"窗口右上角的"关闭"按钮，关闭并退出该窗口。

4. 场景三的操作步骤

视频网址：http://www.mdmuke.com/mdmk/mod/page/view.php?id=1083

任务说明：现结审核与制单；销售成本确认。

【应收的现结审核】

(1) 打开"单据处理"窗口。在"企业应用平台"的"业务工作"页签下，依次点击

"财务会计/应收款管理/应收单据处理/应收单据审核"菜单项,系统弹出"应收单查询条件"对话框,增加勾选"包括已现结发票"复选框,然后单击其"确定"按钮,系统打开"单据处理"窗口。

(2) 审核应收单据。在"单据处理"窗口中,系统已列出本业务的 3 张零售日报单,选中相应的单据并单击工具栏中的"审核"按钮,系统提示审核成功,单击"确定"按钮,退出信息提示框,返回"单据处理"窗口。

(3) 退出。单击"单据处理"窗口右上角的"关闭"按钮,退出该窗口。

【现结制单】

(1) 打开"制单"窗口。在"应收款管理"子系统中,点击"制单处理"菜单项,在系统弹出的"制单查询"对话框中,增加选中"现结制单"复选框,然后单击"确定"按钮,系统打开"制单"窗口。

(2) 打开"填制凭证"窗口。选中本业务填制的 3 张零售日报单,然后单击工具栏中的"制单"按钮,系统打开"填制凭证"窗口。

(3) 编辑并保存亮康眼镜的普通发票的收款凭证。在"填制凭证"窗口中,系统默认相关信息,通过单击工具栏中的"上张凭证"、"下张凭证"按钮,查阅到亮康眼镜的记账凭证,具体的内容与编辑步骤如下。

① 其默认显示的凭证信息为"借记:库存现金;贷记:主营业务收入、销项税额"。

② 设置其"主营业务收入"科目的辅助项的"项目名称"为"亮康眼镜",其他项默认。

③ 单击工具栏中的"保存"按钮,结果如图 8-39 所示。

已生成	收 款 凭 证		
收　字 0003	制单日期:2016.04.25　　审核日期:　　附单据数:1		
摘　要	科目名称	借方金额	贷方金额
零售亮康眼镜100副	库存现金	2808000	
零售亮康眼镜100副	主营业务收入		2400000
零售亮康眼镜100副	应交税费/应交增值税/销项税		408000
票号日期	数量单价　　　　合 计	2808000	2808000
备注　项　目　亮康眼镜　　　　　部　门			
个　人　　　　　客　户			
业务员			
记账　　　　审核　　　　出纳　　　　制单　赵技巩			

图 8-39　业务 8.5 的亮康眼镜的制单结果

(4) 重复步骤(3),完成女士高端和男士普通太阳镜的收款凭证的编辑与保存,结果如图 8-40 和图 8-41 所示。

(5) 退出。单击"填制凭证"和"制单"窗口右上角的"关闭"按钮,关闭并退出窗口。

収 款 凭 证

已生成					
收　字 0004		制单日期：2016.04.25	审核日期：	附单据数：1	

摘　要	科目名称	借方金额	贷方金额
零售女士高端50副	库存现金	2340000	
零售女士高端50副	主营业务收入		2000000
零售女士高端50副	应交税费/应交增值税/销项税		340000

票号 日期	数量 单价	合　计	2340000	2340000

备注	项　目 女士高端	部　门	
	个　人	客　户	
	业务员		

记账	审核	出纳	制单 赵技巩

图 8-40　业务 8.5 的女士高端太阳镜的制单结果

収 款 凭 证

已生成					
收　字 0005		制单日期：2016.04.25	审核日期：	附单据数：1	

摘　要	科目名称	借方金额	贷方金额
零售男士普通80副	库存现金	1029600	
零售男士普通80副	主营业务收入		880000
零售男士普通80副	应交税费/应交增值税/销项税		149600

票号 日期	数量 单价	合　计	1029600	1029600

备注	项　目 男士普通	部　门	
	个　人	客　户	
	业务员		

记账	审核	出纳	制单 赵技巩

图 8-41　业务 8.5 的男士普通太阳镜的制单结果

【销售出库的存货记账】

(1) 打开"未记账单据一览表"窗口。在"企业应用平台"的"业务工作"页签下，依次点击"供应链/存货核算/业务核算/正常单据记账"菜单项，系统弹出"查询条件选择"对话框，直接单击其"确定"按钮，系统打开"未记账单据一览表"窗口。

(2) 出库记账。在"未记账单据一览表"窗口中，选中本业务生成的 3 张销售日报出库单，然后单击工具栏中的"记账"按钮，系统弹出信息框提示记账成功，单击"确定"按钮，完成记账工作。

(3) 退出。单击"未记账单据一览表"窗口右上角的"关闭"按钮，退出当前窗口。

【出库的存货制单】

(1) 打开"生成凭证"窗口。在"存货核算"子系统中，依次点击"财务核算/生成凭证"菜单项，系统打开"生成凭证"窗口。

(2) 打开"选择单据"窗口。单击工具栏中的"选择"按钮，在系统弹出的"查询条件"对话框中，直接单击"确定"按钮，系统打开"选择单据"窗口。

(3) 打开"填制凭证"窗口。在"选择单据"窗口中，选中本业务生成的 3 张销售出库单，然后单击工具栏中的"确定"按钮，系统返回"生成凭证"窗口；先修改"凭证类别"为"转账凭证"，然后单击工具栏中的"生成"按钮，系统打开"填制凭证"窗口。

(4) 编辑并保存亮康眼镜的出库凭证。在"填制凭证"窗口中，系统默认相关信息，通过单击工具栏中的"上张凭证"、"下张凭证"按钮，查阅到亮康眼镜的出库凭证，具体的内容与编辑步骤如下。

① 其默认显示的凭证信息为"借记：主营业务成本，贷记：库存商品"。

② 设置"主营业务成本"和"库存商品"的辅助项的"项目名称"为"亮康眼镜"，其他项默认。

③ 单击工具栏中的"保存"按钮，结果如图 8-42 所示。

图 8-42　业务 8.5 的亮康眼镜出库凭证

(5) 重复步骤(4)，完成女士高端和男士普通太阳镜的出库凭证的编辑与保存，结果如图 8-43 和图 8-44 所示。

(6) 退出。单击"填制凭证"和"生成凭证"窗口右上角的"关闭"按钮，退出窗口。

转 账 凭 证

已生成

转 字 0041	制单日期: 2016.04.25	审核日期:		附单据数: 1
摘 要	科目名称		借方金额	贷方金额
零售女士高端50副	主营业务成本		1550550	
零售女士高端50副	库存商品			1550550
票号 日期	数量 单价	合 计	1550550	1550550
备注 项 目 女士高端		部 门		
个 人		客 户		
业务员				
记账	审核	出纳	制单 赵技巩	

图 8-43 业务 8.5 的女士高端太阳镜出库凭证

转 账 凭 证

已生成

转 字 0042	制单日期: 2016.04.25	审核日期:		附单据数: 1
摘 要	科目名称		借方金额	贷方金额
零售男士普通80副	主营业务成本		720800	
零售男士普通80副	库存商品			720800
票号 日期	数量 单价	合 计	720800	720800
备注 项 目 男士普通		部 门		
个 人		客 户		
业务员				
记账	审核	出纳	制单 赵技巩	

图 8-44 业务 8.5 的男士普通太阳镜出库凭证

8.6 销售退货业务

销售退货业务是指客户因货物质量、品种、数量不符合要求或者其他原因,而将已购货物退回给本单位的业务。

销售退货与正常销售的流程基本相同,若销售退货时未开票未出库,则可直接修改或作废发货单;若销售退货时已开票,则需要先填写退货单,审核退货单时系统自动生成红字销售出库单,到库房办理入库手续,再根据退货单开具红字销售发票。

销售退货单是发货单的红字单据，可以处理客户的退货业务，退货数量≤0。退货单也可以处理换货业务，货物发出后客户要求换货，则您可以先按照客户要求退货的货物开退货单，然后再按照客户所换的货物开发货单。

销售退货可分为 3 种情况：开票前的部分退货和全部退货，以及开票后退货。下面分别说明这 3 种情况的主要操作及其单据。

(1) 开票前部分退货，即已录入销售发货单，但未开票，并且部分退货。若需要退货的货物未出库，则可直接修改发货单；若货物已出库，则需要填制销售退货单和相应的红字销售出库单(即退货入库单)。销售开票前部分退货的业务流程图可参见图 8-45。

图 8-45　销售开票前部分退货的业务流程

需要部分退货的货物已出库的业务流程为：首先填制一张销售退货单(其数量为销售发货单的部分数量)，然后系统自动生成或手工填制一张对应的红字销售出库单，以及一张对应的销售发票，其中发票上的数量＝蓝字出库单数量－红字出库单数量。图 8-46 所示是开票前部分退货已出库业务的操作流程图。

图 8-46　销售开票前部分退货已出库业务的操作流程

(2) 开票前全部退货，即已录入销售发货单，但未开票，并且全部退货。若需要退货的货物未出库，则可直接删除发货单；若货物已出库，则需要填制销售退货单和相应的红字销售出库单(即退货入库单)。销售开票前全部退货的业务流程图可参见图 8-47。

开票前全部退货未出库

删除销售发货单

开票前全部退货已出库

销售发货单 → 蓝字销售出库单

填制退货单 → 红字销售出库单

红蓝出库单记账与制单，数额冲销

图 8-47　销售开票前全部货业务流程

(3) 开票后退货，即已录入销售发票，并且已全部出库，现在需要全额或部分退货。可以有两种业务模式：先退货后开票和开票直接退货，相应的单据流程可参见图 8-48 和图 8-49。

销售订单

销售退货单(填制/参照生成,审核)

红字销售发票(填制/参照生成,复核) → 红字销售出库单(审核)

红字应收款单(审核)/收款单(填制,审核)

红字存货凭证(记账制单)

红字应收/收款/核销凭证(制单)

各种凭证(签字,审核,记账)

图 8-48　销售开票后退货业务(先退货后开票)的单据流程

先退货后开票的业务流程为：首先填制一张销售退货单，再填制一张相应的红字销售发票，然后进行红字应收确认和红字成本结转。

销售订单

红字销售发票(填制/参照生成,复核)

自动生成

销售退货单

自动或手工参照生成

红字应收款单(审核)/收款单(填制,审核)　红字销售出库单(审核)

红字应收/收款/核销凭证(制单)　红字存货凭证(生成凭证)

各种凭证(签字,审核,记账)

图 8-49　销售开票后退货业务(开票直接退货)的单据流程

开票直接退货的业务流程为：首先填制一张红字销售发票，系统自动生成相应的销售退货单，然后进行红字应收确认和红字成本结转。

8.6.1　业务概述与分析

4 月 25 日，光明眼镜公司要求退货，退回依据合同 XS002 购买的男士普通太阳镜 50 副，本公司同意退货和退款。当日收到退回的眼镜(入大运公司仓库)并开具相应的红字专用发票(发票号 XS886954)，同时办理退款手续，按无税单价 108 元、税率 17%开出一张电汇单，票号为 DH010，价税金额为 6318 元。

本笔业务是已完成开票和收款工作的、同时收货和退款的退货业务，可先退货后开票，也可开票直接退货，相应的业务流程和操作说明如下。

- 先退货后开票：退货单的填制、审核(数量为-50)；红字出库单的填制、审核；红字专用销售发票的填制、现结(金额为-6318)、复核；销售成本结转和应收确认(应收单审核与制单)。
- 开票直接退货：红字专用销售发票的填制、现结(金额为-6318)、复核；红字出库单的审核；销售成本结转和应收确认。

下面以先退货后开票方法为例，进行业务场景和操作流程说明。

8.6.2　虚拟业务场景

人物：赵飞——销售部主管

　　　夏于——批发部职员

　　　李莉——仓管部主管

　　　张兰——财务部会计

场景一　光明公司咨询退货问题，销售批发部夏于填写退货单并请主管审核

(光明公司采购部打来电话)

夏于：喂，您好，这里是亮康眼镜公司销售部。

刘欣：您好！我是光明公司采购部的采购员。我们本月 12 号订购了男士普通太阳镜，今天刚发现有 50 副有质量问题，今天能办退货吗？

夏于：没问题。

刘欣：好的，马上把退货发给您，请注意查收。

夏于：好的。

(夏于填制销售退货单完毕)

夏于：赵总，光明公司于本月 12 号订购的男士普通太阳镜 4 千副，今天刚发现有 50 副有质量问题，我已经填好退货单了，请您审核一下。

赵飞：好的。(审核完毕，系统自动生成红字出库单)

场景二 销售部发站内信通知仓管部审核红字出库单

夏于：李总您好，光明公司今天退回了 50 副男士普通太阳镜，请您注意接收货物并审核红字出库单。

李莉：好的。

(仓管部收到货物，李莉审核红字出库单)

场景三 夏于填写、现结红字专用销售发票并请销售部主管复核

(夏于填制红字销售专用发票完毕)

夏于：赵总，光明公司的退货发票填制完毕了，并且已经现结，请您复核。

赵飞：好的。(复核……)

场景四 赵飞请财务部对本笔业务进行退货的应收确认和销售成本结转

赵飞：小张，今天光明公司的退货业务已经完成了，麻烦进行一下应收确认和销售成本结转。

张兰：好的，没问题。

(张兰来到财务部主管曾志伟的办公室……)

张兰：曾总，销售部今天有一笔退货的应收业务，请您审核一下销售发票。

曾志伟：好的，我现在就审核。

(曾志伟审核销售发票……)

(张兰进行应收制单和销售成本结转……)

8.6.3 操作指导

1. 操作流程(先退货后开票方法)(见图 8-50)

图 8-50 业务 8.6 的操作流程

请确认系统日期和业务日期为 2016 年 4 月 25 号。

2. 场景一的操作步骤

视频网址：http://www.mdmuke.com/mdmk/mod/page/view.php?id=1084

任务说明：填制与审核退货单。

(1) 打开"退货单"窗口。在"企业应用平台"的"业务工作"页签中，依次点击"供应链/销售管理/销售发货/退货单"菜单项，系统打开"退货单"窗口。

(2) 参照销售订单生成退货单。

① 打开"参照生单"窗口　单击工具栏中的"增加"按钮，系统打开"查询条件选择-参照订单"对话框，直接单击对话框中的"确定"按钮，系统打开"参照生单"窗口。

② 拷贝信息　在"参照生单"窗口的上窗格中，双击要选择的销售订单(订单编号为XS002)所对应的"选择"栏，再单击工具栏中的"OK确定"按钮，系统返回"退货单"窗口，此时相关的信息已经有默认值。

(3) 编辑退货单。修改表头的"备注"为"销售退货男士普通50副"，表体的"数量"为"-50"，其他项默认。

(4) 保存。单击工具栏中的"保存"按钮，保存该退货单，结果如图8-51所示。

				退货单				打印模版	退货单打印模版				
表体排序								合并显示 □					
退货单号 0000000009			退货日期 2016-04-25			业务类型 普通销售							
销售类型 批发销售			订单号 XS002			发票号							
客户简称 光明公司			销售部门 批发部			业务员 夏于							
发运方式			币种 人民币			汇率 1							
税率 17.00			备注 销售退货男士普通50副										
	仓库名称	货物编码	存货名称	规格型号	主计量	数量	报价	含税单价	无税单价	无税金额	税额	价税合计	税
1	大运仓库	00003	男士普通太阳镜		副	-50.00	0.00	126.36	108.00	-5400.00	-918.00	-6318.00	

图 8-51　业务 8.6 的退货单

(5) 审核。单击工具栏中的"审核"按钮，完成审核工作(根据本公司的账套初始设置，系统将自动生成红字销售出库单)。

(6) 退出。单击"退货单"窗口右上角的"关闭"按钮，关闭并退出该窗口。

3. 场景二的操作步骤

视频网址：http://www.mdmuke.com/mdmk/mod/page/view.php?id=1085

任务说明：审核红字出库单。

(1) 打开"销售出库单"窗口。在"企业应用平台"的"业务工作"页签中，依次点击"供应链/库存管理/出库业务/销售出库单"菜单项，系统打开"销售出库单"窗口。

(2) 查阅并审核红字销售出库单。在"销售出库单"窗口中，单击工具栏中的"末张"按钮，查阅到本业务生成的红字销售出库单(结果如图8-52所示)，然后单击"审核"按钮，系统弹出信息框提示审核成功，单击"确定"按钮，完成审核工作。

图 8-52　业务 8.6 的红字销售出库单

(3) 退出。单击"销售出库单"窗口右上角的"关闭"按钮，关闭并退出该窗口。

4. 场景三的操作步骤

视频网址：http://www.mdmuke.com/mdmk/mod/page/view.php?id=1086

任务说明：填制、现结与复核红字销售专用发票。

(1) 打开红字的"销售专用发票"窗口。在"销售管理"子系统中，依次点击"销售开票/红字专用销售发票"菜单项，系统打开红字的"销售专用发票"窗口。

(2) 参照退货单生成红字销售专用发票。

① 打开"参照生单"窗口　单击工具栏中的"增加"按钮，系统弹出"查询条件选择-发票参照发货单"对话框，选择其"发货单类型"为"红字记录"，然后单击"确定"按钮，系统打开"参照生单"窗口，并已经显示本业务的退货单。

② 拷贝信息　在"参照生单"窗口的上窗格中，选中相应的退货单（"订单号"为"XS002"），单击工具栏中的"OK 确定"按钮，系统返回"销售专用发票"窗口。

(3) 编辑销售专用发票。编辑表头的"发票号"为"XS886954"，其他项默认。

(4) 保存销售专用发票。单击工具栏中的"保存"按钮，保存该发票，结果可参见图 8-53。

(5) 现结销售专用发票。单击工具栏中的"现结"按钮，系统弹出"现结"对话框，选择其"结算方式"为电汇，编辑其"原币金额"为"-6318 元"、"票据号"为"DH010"，再单击其"确定"按钮，系统返回"销售专用发票"窗口，结果如图 8-53 所示。

(6) 复核。单击工具栏中的"复核"按钮，完成复核工作。

(7) 退出。单击"销售专用发票"窗口右上角的"关闭"按钮，关闭并退出该窗口。

图 8-53　业务 8.6 的红字销售专用发票

5. 场景四的操作步骤

视频网址：http://www.mdmuke.com/mdmk/mod/page/view.php?id=1087

任务说明：应收现结的审核与制单；销售成本确认。

【现结的应收审核】

(1) 打开"单据处理"窗口。在"企业应用平台"的"业务工作"页签下，依次点击"财务会计/应收款管理/应收单据处理/应收单据审核"菜单项，系统弹出"应收单查询条件"对话框，增加勾选"包括已现结发票"，然后单击其"确定"按钮，系统打开"单据处理"窗口。

(2) 审核应收单据。在"单据处理"窗口中，系统已列出本业务的红字销售发票，选中相应的单据并单击工具栏中的"审核"按钮，系统提示审核成功，单击"确定"按钮，退出信息提示框，返回"单据处理"窗口。

(3) 退出。单击"单据处理"窗口右上角的"关闭"按钮，退出该窗口。

【现结制单】

(1) 打开"制单"窗口。在"应收款管理"子系统中，点击"制单处理"菜单项，在系统弹出的"制单查询"对话框中，增加选中"现结制单"复选框，然后单击"确定"按钮，系统打开"制单"窗口。

(2) 打开"填制凭证"窗口。选中本业务填制的红字销售发票，然后单击工具栏中的"制单"按钮，系统打开"填制凭证"窗口。

(3) 编辑并保存红字销售专用发票的应收凭证。

① "填制凭证"窗口上，默认凭证信息为"借记：工行存款，贷记：主营业务收入、销项税额"，均为红字。

② 设置"主营业务收入"科目的辅助项的"项目名称"为"男士普通"。

③ 单击工具栏中的"保存"按钮，结果如图 8-54 所示。

(4) 退出。单击"填制凭证"和"制单"窗口右上角的"关闭"按钮，关闭并退出窗口。

图 8-54   业务 8.6 的红字销售专用发票制单结果(借贷方金额为红字)

【销售出库的存货记账】

(1) 打开"未记账单据一览表"窗口。在"企业应用平台"的"业务工作"页签下，依次点击"供应链/存货核算/业务核算/正常单据记账"菜单项，系统弹出"查询条件选择"对话框，直接单击其"确定"按钮，系统打开"未记账单据一览表"窗口。

(2) 出库记账。在"未记账单据一览表"窗口中，选中本业务生成的销售发票，然后单击工具栏中的"记账"按钮，系统弹出信息框提示记账成功，单击"确定"按钮，完成记账工作。

(3) 退出。单击"未记账单据一览表"窗口右上角的"关闭"按钮，退出当前窗口。

【出库制单】

(1) 打开"生成凭证"窗口。在"存货核算"子系统中，依次点击"财务核算/生成凭证"菜单项，系统打开"生成凭证"窗口。

(2) 打开"选择单据"窗口。单击工具栏中的"选择"按钮，在系统弹出的"查询条件"对话框中，直接单击"确定"按钮，系统打开"选择单据"窗口。

(3) 打开"填制凭证"窗口。在"选择单据"窗口中，选中本业务生成的销售发票，然后单击工具栏中的"确定"按钮，系统返回"生成凭证"窗口；先修改"凭证类别"为"转账凭证"，再单击工具栏的"生成"按钮，系统打开"填制凭证"窗口。

(4) 编辑并保存存货凭证。在"填制凭证"窗口中，系统已默认相关信息，具体的内容与编辑步骤如下。

① 其默认显示的凭证信息为"借记：主营业务成本，贷记：库存商品"。

② 设置"主营业务成本"和"库存商品"的辅助项目为"男士普通"，其他项默认。

③ 单击工具栏中的"保存"按钮，结果如图 8-55 所示。

(5) 退出。单击"填制凭证"和"生成凭证"窗口右上角的"关闭"按钮，退出窗口。

图 8-55　业务 8.6 的红字出库凭证(借贷方金额为红字)

8.7 实验报告内容

1. 请查看销售订单列表，并将结果拷屏后粘贴在实验报告中。
2. 请查看销售发货单列表，并将结果拷屏后粘贴在实验报告中。
3. 请查看销售专用发票列表，并将结果拷屏后粘贴在实验报告中。
4. 请查看销售出库单列表，并将结果拷屏后粘贴在实验报告中。
5. 请查看分期收款业务 XS004 的发出商品记账凭证，并将结果拷屏后粘贴在实验报告中。
6. 请查看分期收款业务 XS004 的应收凭证(2 张)，并将结果拷屏后粘贴在实验报告中。
7. 请查看委托代销业务 WTDX01 结算单的编辑窗口，并将结果拷屏后粘贴在实验报告中。
8. 请查看委托代销业务 WTDX01 的发票，并将结果拷屏后粘贴在实验报告中。
9. 请查看直运销售订单的编辑窗口，并将结果拷屏后粘贴在实验报告中。
10. 请查看采购订单列表，并将结果拷屏后粘贴在实验报告中。
11. 请查看直运采购订单的编辑窗口，并将结果拷屏后粘贴在实验报告中。
12. 请查看采购专用发票列表，并将结果拷屏后粘贴在实验报告中。
13. 请查看直运销售收入确认的凭证，并将结果拷屏后粘贴在实验报告中。
14. 请查看直运采购应付确认的凭证，并将结果拷屏后粘贴在实验报告中(在应付款管理中查阅)。
15. 请查看零售日报列表，并将结果拷屏后粘贴在实验报告中。
16. 请查看零售亮康眼镜的出库单，并将结果拷屏后粘贴在实验报告中。
17. 请查看零售亮康眼镜的存货凭证，并将结果拷屏后粘贴在实验报告中。
18. 请查看零售亮康眼镜的应收凭证，并将结果拷屏后粘贴在实验报告中。
19. 请查看零售女士高端太阳镜的应收凭证，并将结果拷屏后粘贴在实验报告中。
20. 请查看 25 号的销售专用发票列表，并将结果拷屏后粘贴在实验报告中。(高级条件中设置"开票日期=2016-04-25")
21. 请查看库存现存量，并将结果拷屏后粘贴在实验报告中。
22. 请查看"发货单开票收款勾对表"，并将结果拷屏后粘贴在实验报告中。
23. 请说明分期收款业务发生的业务环境。
24. 请比较分期收款与一次销售多次出库业务类型的不同。
25. 请画出实验中你完成分期收款销售业务的操作流程图。
26. 请说明委托代销业务发生的业务环境。
27. 请比较委托代销业务与普通销售先发货后开票业务的异同。
28. 如何启用委托代销业务？
29. 在"销售选项"中设置"委托代销必有订单"选项的作用是什么？
30. 请画出实验中你完成委托代销业务的操作流程图。

31. 若委托代销结算单上没有发票号的编辑栏，如何设置才能编辑发票号？

32. 委托代销的商品，如何进行成本结转？

33. 请解释直运业务发生的业务环境。

34. 请说明直运采购业务与普通采购业务的不同。

35. 请比较直运销售业务和普通销售业务的不同。

36. 请列出直运业务所涉及的供应链模块名称。

37. 请画出直运业务的操作流程图。

38. 请说明直运业务中直运采购订单与直运销售订单之间的关系。

39. 如何对直运销售业务进行成本结转处理？

40. 如何对直运采购业务进行采购成本确认？

41. 如何进行直运采购业务的应付确认？

42. 如何进行直运销售业务的应收确认？

43. 请画出零售日报业务的操作流程图。

44. 零售日报业务与普通销售业务的开票直接发货模式相比，操作时有哪些相同点和不同点？请列示。

45. 请给出零售日报自动生成发货单的规则。

46. 请给出零售日报生成出库单的规则。

47. 请解释销售退货的含义。

48. 企业业务中，销售退货会有哪几种情况？

49. 请比较开票前和开票后销售退货的业务发生环境。

50. 请比较销售退货与相应单据修改在操作上的主要差异。

51. 若某笔销售业务已经开具并审核了发货单后，发现其销售订单上有单价错误，需要修改销售订单，此时该如何操作？

52. 若某笔销售业务已经进行了销售成本结转，发现销售出库单上的单价有错误，需要修改单价，请给出你的操作步骤系列。

53. 若某笔采购业务已经进行了采购成本确认，发现采购入库单上的单价有错误，需要修改单价，请给出你的操作步骤系列。

54. 若某笔采购业务已经进行了采购应付确认，发现采购发票上的货款总价有错误，需要修改货款数额，请给出你的操作步骤系列。

第 9 章

月末处理

　　企业业务活动的月末处理，是指在月末时对各个子系统进行结转处理，把一定时期内应记入账簿的经济业务全部登记入账后，计算记录本期发生额及期末余额，并将本月余额结转至下期或新的账簿中。

　　在用友 ERP-U8 系统中，各个业务子系统的月末结账，需要遵循一定的顺序，结转顺序如图 9-1 所示。

图 9-1　供应链结转顺序

由图 9-1 可知以下内容：
- 采购管理系统月末结账后，才能进行应付款管理系统的月末结账。
- 销售管理系统月末结账后，才能进行应收款管理系统的月末结账。
- 采购与销售管理系统月末结账后，才能进行库存管理与存货核算系统的月末结账。
- 库存管理系统月末结账后，才能进行存货核算系统的月末结账。
- 总账系统必须是最后进行月末结转的。

在月末结账时，需要注意以下几点：
- 在月末结账前，一定要进行账套数据的备份，否则一旦数据发生错误，损失将无法挽回。
- 只有在当前会计月的所有工作全部完成后，才能进行月末结账，否则会遗漏某些业务，导致业务数据不全面。

- 若没有期初记账，则不能进行月末结账。
- 若上月尚未结账，则本月业务不能记账。
- 不允许跳月取消月末结账，只能从最后一个月逐月取消。
- 在月末结账后，该月的单据将不能修改和删除，该月末录入的单据将视为下个会计月的单据。

本章的操作，请按照业务描述中的系统日期(如 4 月 30 日)，以账套主管赵技巩(或读者您本人)的身份，在第 8 章完成的基础上，对采购、销售、库存、存货核算、应收、应付和总账系统进行月末处理和月末结账。

如果您没有完成第 8 章的销售特殊业务的操作，则可以到 360 云盘空间(云盘地址 https://yunpan.cn/crWIB4qYxNeUr，访问密码 7d82)的"实验账套数据"文件夹中，将"08 特殊销售.rar"下载到实验用机上，然后引入(操作步骤详见 1.3.5 节)到 ERP-U8 系统中。此外，本章完成的账套，其输出压缩的文件名为"09 月末处理.rar"。

需要注意的是，因云盘中的账套备份文件均为"压缩"文件，所以在下载完成后引入之前，需要用解压缩工具进行解压(建议用 WinRAR 3.42 或以上版本)，得到相应可以引入的账套数据文件。

本章的所有业务实验操作，都有配套的微视频，您可以通过扫描二维码，或者到指定的网页地址去观看。本教程配套的微视频，均存放在北京神州明灯教育科技有限公司和合一集团的网站上，相应的访问说明请参见云盘中的"微视频访问说明.doc"。

本章的授课时间建议讲课 1～2 学时(主要讲解月末处理和月末结账的作用和处理流程，内容可参见第 9.1、9.2 节的相关讲解和本教程配套的课件)，实验 1～2 学时，实验目的与要求如下：

- 深入理解采购、库存、存货与应付子系统的关系。
- 深入理解销售、库存、存货与应收子系统的关系。
- 深入理解存货、应付、应收与总账子系统的关系。
- 熟练掌握采购、销售、库存和存货的月末处理与结账操作。
- 熟练掌握应收、应付和总账的月末处理与结账操作。

9.1　各业务子系统的月末处理

本账套的业务子系统，包括采购管理、销售管理、库存管理和存货核算，月末结账是对以上 4 个子系统的经济业务进行月末处理和月末结账。

9.1.1　业务概述与分析

4 月 30 日，对公司账套的各个业务子系统中的经济业务进行月末结账处理。

本笔业务是对采购、销售、库存和存货子系统的经济业务进行期末处理。

需要说明的是，存货核算系统的期末处理，需要首先进行仓库和存货的期末处理，然后才能进行月末结账处理。

9.1.2　虚拟业务场景

人物：曾志伟——财务部主管

张兰——财务部会计

刘静——采购部主管

赵飞——销售部主管

李莉——仓管部主管

李吉贡——总经理

场景一　总经理分配各个业务部门进行月末处理与结账

李吉贡：刘总，请你们采购部尽快完成本月采购的月末处理和月末结账。

刘静：好的，今天上午一定完成。

(刘静做已入库的采购订单的关闭和采购管理系统的月末结账)

李吉贡：赵总，请你们销售部尽快完成本月销售的月末处理和月末结账。

赵飞：好的，我马上处理。

(赵飞做已出库的销售订单的关闭和销售管理系统的月末结账)

李吉贡：李总，请你们仓管部尽快完成本月仓库的月末处理和月末结账。

李莉：好的，我尽快完成。

(李莉做库存管理系统的月末结账)

场景二　总经理分配财务部进行存货的月末处理与结账

李吉贡：曾总，请你们财务部尽快完成各个仓库和所有存货的月末处理。

曾志伟：好的，今天一定完成。

(财务部会计张兰在存货核算系统中做仓库和存货的月末处理)

(财务部会计张兰做存货核算系统的月末结账)

9.1.3　操作指导

请确认系统日期和业务日期为 2016 年 4 月 30 号。

1. 操作流程(见图 9-2)

图 9-2　业务 9.1 的操作流程

2. 场景一的操作步骤

视频网址：http://www.mdmuke.com/mdmk/mod/page/view.php?id=1090

任务说明：采购、销售、库存的月末结账。

【采购管理系统的月末结账】

(1) 打开采购的"结账"对话框。在"企业应用平台"的"业务工作"页签中，依次点击"供应链/采购管理/月末结账"菜单项，系统打开"结账"对话框，结果可参见图 9-3。

(2) 关闭所有的采购订单。

① 在"结账"对话框中，系统已经默认选择会计月份"4"，单击"结账"按钮，系统弹出"月末结账"信息提示框(结果如图 9-4 所示)，提示"是否关闭订单？"。

图 9-3　采购管理系统的"结账"对话框　　图 9-4　"月末结账"信息提示框

② 单击"是"按钮，系统弹出"查询条件选择"对话框，默认"订单执行情况"是"入库完成"且"是否关闭"为"否"，即采购货物已经入库但订单没有关闭；直接单击"确定"按钮，系统打开"订单列表"窗口，结果如图 9-5 所示。

图 9-5　本月已经采购入库但还没有自动关闭的订单列表

提示：

　　月末需要将入库完成的采购订单进行关闭操作；如果需要设置自动关闭的条件，可在通过选择"采购管理/设置/采购选项"打开的对话框的"其他业务控制"选项卡中设置。

　　③ 全选所有未关闭的采购订单并"批关"，系统弹出操作成功的提示框；直接单击"确定"按钮，系统返回"订单列表"窗口，单击其右上角的"关闭"按钮，关闭该窗口。

　　(3) 再次打开采购的"结账"对话框，并再次针对4月份进行结账，系统再次弹出"月末结账"信息提示框，提示"是否关闭订单？"，单击"否"按钮，系统自动进行月末结账，将所选月份采购单据按会计期间分月记入有关账表中。

　　(4) 退出。单击"结账"对话框中的"退出"按钮，退出该对话框。

提示：

● 采购管理系统的月末结账，可以对多个月的单据一次性结账，但不允许跨月结账。

● 只有对采购管理系统进行月末处理了，才能对库存管理、存货核算和应付款管理系统进行月末处理。

● 若采购管理系统要取消月末结账，必须先取消库存管理、存货核算和应付款管理的月末结账；若它们中的任何一个系统不能取消月末结账，则采购管理系统的月末结账也不能取消。

【销售管理系统的月末结账】

　　(1) 打开销售的"结账"对话框。在"企业应用平台"的"业务工作"页签中，依次点击"供应链/销售管理/月末结账"菜单项，系统打开"结账"对话框。

　　(2) 关闭所有的销售订单。

　　① 在"结账"对话框中，系统已经默认选择会计月份"4"，单击"结账"按钮，系统弹出"销售管理"信息提示框，提示"是否关闭订单？"。

　　② 单击"是"按钮，系统弹出"查询条件选择"对话框，默认"订单执行情况"是"出库已完成"且"是否关闭"为"否"，即销售货物已经出库但订单没有关闭；直接单击"确定"按钮，系统打开"销售订单列表"窗口，结果如图9-6所示。

图9-6　本月已经销售出库但还没有自动关闭的订单列表

　　③ 双击订单号为XS001、XS003和XS004的"选择"栏，选中这些未关闭的销售订

单，然后单击工具栏的"批关"按钮，系统弹出操作成功的提示框，直接单击"确定"按钮，系统返回"销售订单列表"窗口，单击其右上角的"关闭"按钮，关闭该窗口。

(3) 再次打开销售的"结账"对话框，并再次针对 4 月份进行结账，系统再次弹出信息提示框，提示"是否关闭订单？"；单击"否"按钮，系统自动进行月末结账，将所选月份销售单据按会计期间分月记入有关账表中。

(4) 退出。单击"结账"对话框中的"退出"按钮，退出该对话框。

提示：

- 只有对销售管理系统进行月末处理了，才能对库存管理、存货核算和应收款管理系统进行月末处理。
- 若销售管理系统要取消月末结账，必须先取消库存管理、存货核算和应收款管理的月末结账；若它们中的任何一个系统不能取消月末结账，则销售管理系统的月末结账也不能取消。

【库存管理系统的月末结账】

(1) 打开库存的"结账"对话框。在"企业应用平台"的"业务工作"页签中，依次点击"供应链/库存管理/月末结账"菜单项，系统打开库存的"结账"对话框。

(2) 在"结账"对话框中，系统已经默认选择会计月份"4"，直接单击"结账"按钮，系统弹出"库存管理"信息提示框，提示"结账后将不能修改期初数据，是否继续结账"。

(3) 单击"是"按钮，系统自动完成月末结账。

(4) 退出。单击"结账"对话框中的"退出"按钮，退出该对话框。

提示：

- 只有对采购和销售管理系统进行月末结账之后，才能对库存管理系统进行月末处理。
- 只有在存货核算系统当月末结账或取消结账后，库存管理系统才能取消结账。

3. 场景二的操作步骤

视频网址：http://www.mdmuke.com/mdmk/mod/page/view.php?id=1091

任务说明： 仓库和存货的期末处理，存货核算系统的月末结账。

【仓库和存货的期末处理】

(1) 打开"期末处理"对话框。在"企业应用平台"的"业务工作"页签中，依次点击"供应链/存货核算/业务核算/期末处理"菜单项，系统打开"期末处理"对话框，结果如图 9-7 所示。

(2) 在"期末处理"对话框中，系统已经默认选中了所有仓库，单击左侧的"处理"按钮，系统自动完成各个仓库的期末处理任务，并弹出信息框提示期末处理完毕，单击其"确定"按钮返回。

(3) 退出"期末处理"对话框。单击"期末处理"对话框右上角的"关闭"按钮，关闭并退出该对话框。

图 9-7　存货核算的"期末处理"对话框

提示：

- 只有采购、委外和销售系统作结账处理后，才能进行月末处理。
- 恢复期末处理的功能，在总账结账后将不可用。

【存货核算的月末结账】

(1) 打开存货核算的"结账"对话框。在"企业应用平台"的"业务工作"页签中，依次点击"供应链/存货核算/业务核算/月末结账"菜单项，系统打开存货核算的"结账"对话框，结果如图 9-8 所示。

图 9-8　存货核算系统的"结账"对话框

(2) 月结检查。单击"结账"对话框中的"月结检查"按钮，系统开始进行合法性检查；若检查通过，系统弹出"检测成功！"的信息提示框，单击"确定"按钮退出信息提示框。

(3) 月结结账。在"结账"对话框中，单击"结账"按钮，系统完成月末结账并弹出

"月末结账完成!"的信息提示框,单击"确定"按钮退出信息提示框并关闭"结账"对话框。

提示:

● 只有对采购、销售和库存管理系统进行月末结账之后,才能对存货核算系统进行月末结账处理。

● 在进行存货核算系统月末结账后,只有以下一个会计期间的时间登录用友 ERP-U8 系统,才能恢复月末结账。

9.2　各财务子系统的月末处理

本账套的财务子系统,包括应收款管理、应付款管理和总账管理,月末结账是对以上3个子系统的经济业务进行月末处理和月末结账。

9.2.1　业务概述与分析

4月30日,对公司账套的各个财务子系统中的经济业务进行月末结账处理。

本笔业务是对应收款管理、应付款管理和总账管理子系统的经济业务进行期末处理。

需要说明的是,总账系统的月末结账,需要首先进行凭证的出纳签字、主管签字审核,以及总账与辅助账的对账,然后才能进行月末结账处理。

9.2.2　虚拟业务场景

人物:曾志伟——财务部主管
　　　张兰——财务部会计
　　　罗迪——财务部出纳
　　　李吉贡——总经理

场景一　总经理分配各财务部进行月末处理与结账

李吉贡:曾总,请你们尽快完成本月应收、应付和总账的月末处理和月末结账。

曾志伟:好的,我们马上行动,尽快完成。

(曾志伟做应收款和应付款管理系统的月末结账)

场景二　财务主管分配出纳做本月凭证的出纳签字,自己完成主管签字审核、会计记账

曾志伟:小罗,月末了,你尽快完成收付款凭证的出纳签字吧。

罗迪:好的,我现在就做。

(出纳罗迪进行收付款凭证的出纳签字)

曾志伟:小张,月末了,你该做本月的凭证记账了。

张兰：好的，请问您做凭证的主管签字审核了吗？

曾志伟：我现在就做。(签字审核完成)你可以记账了。

张兰：好的。(记账完成)

9.2.3　操作指导

1. 操作流程(见图 9-9)

图 9-9　业务 9.2 的操作流程

请确认系统日期和业务日期为 2016 年 4 月 30 号。

2. 场景一的操作步骤

视频网址：http://www.mdmuke.com/mdmk/mod/page/view.php?id=1092

任务说明：应收款、应付款管理系统的月末结账。

【应收款管理系统的月末结账】

(1) 打开"月末处理"对话框。在"企业应用平台"的"业务工作"页签中，依次点击"财务会计/应收款管理/期末处理/月末结账"菜单项，系统打开"月末处理"对话框。

(2) 结账。在"月末处理"对话框中，双击"四月"的"结账标志"栏，出现"Y"字样，结果如图 9-10 所示；然后单击"下一步"按钮，在系统弹出的对话框中单击"完成"按钮，系统弹出"4 月份结账成功"提示框，表示系统已经自动结账完成。

(3) 退出。单击提示框的"确定"按钮，完成月末结账。

提示：

- 只有在销售管理系统结账后，才能对应收系统进行结账处理。
- 因为本账套设置的审核日期为单据日期，所以本月的单据(发票和应收单)在结账前需要全部审核。但若设置的审核日期为业务日期，则截止到本月末还有未审核单据(发票和应收单)，照样可以进行月结处理。
- 如果本月的收款单还有未审核的，不能结账。

图 9-10　应收款管理系统的"月末处理"对话框

【应付款管理系统的月末结账】

(1) 打开"月末结账"对话框。在"企业应用平台"的"业务工作"页签中，依次点击"财务会计/应付款管理/期末处理/月末结账"菜单项，系统打开"月末结账"对话框。

(2) 结账。在"月末结账"对话框中，双击"四月"，"结账标志"栏使其出现"Y"字样，然后单击"下一步"按钮，在系统弹出的对话框中单击"完成"按钮，系统弹出"4月份结账成功"提示框，表示系统已经自动结账完成。

(3) 退出。单击提示框的"确定"按钮，再单击"月末结账"对话框的"退出"按钮，退出该对话框。

提示:

- 只有在采购管理系统结账后，才能对应付系统进行结账处理。
- 因为本账套设置的审核日期为单据日期，所以本月的单据(发票和应付单)在结账前需要全部审核。但若设置的审核日期为业务日期，则截止到本月末还有未审核单据(发票和应付单)，照样可以进行月结处理。
- 如果本月的付款单还有未审核的，不能结账。

3. 场景二的操作步骤

视频网址: http://www.mdmuke.com/mdmk/mod/page/view.php?id=1093

任务说明: 总账系统中凭证的签字、审核与记账，总账系统的月末对账和月末结账。

【总账系统中凭证的出纳签字】

(1) 打开"出纳签字列表"窗口。在"企业应用平台"的"业务工作"页签中，依次点击"财务会计/总账/凭证/出纳签字"菜单项，系统弹出"出纳签字"对话框，单击"确定"按钮，系统打开"出纳签字列表"窗口，结果可参见图 9-11。

(2) 出纳的单张凭证签字。双击任一凭证所在的行，进入该凭证的"出纳签字"窗口，查阅信息无误后单击工具栏中的"签字"按钮，即在凭证下方"出纳"处显示操作员的名字(如赵技巩)，表示出纳签字完成，结果可参见图 9-12。

(3) 出纳的成批凭证签字。单击工具栏中的"下张凭证"或"上张凭证"按钮，审阅所有凭证的信息无误后，单击"批处理/成批出纳签字"，系统对所有凭证进行出纳签字；完成后弹出信息框提示完成，单击其"确定"按钮，完成凭证的出纳签字工作，系统返回"出纳签字列表"窗口，结果如图 9-12 所示。

(4) 退出。单击"出纳签字"和"出纳签字列表"窗口右上角的"关闭"按钮，关闭并退出窗口。

凭证共 9张		□已签字 9张	□未签字 0张				● 凭证号排序	○ 制单日期排序		
制单日期	凭证编号	摘要	借方金额合计	贷方金额合计	制单人	签字人	系统名	备注	审核日期
2016-04-12	收 - 0001	光明公司XS002的定金4万	40,000.00	40,000.00	赵技巩	赵技巩	应收系统		
2016-04-12	收 - 0002	销售亮康眼镜5千副有折	1,119,360.00	1,119,360.00	赵技巩	赵技巩	应收系统		
2016-04-25	收 - 0003	零售亮康眼镜100副	28,080.00	28,080.00	赵技巩	赵技巩	应收系统		
2016-04-25	收 - 0004	零售女士高端50副	23,400.00	23,400.00	赵技巩	赵技巩	应收系统		
2016-04-25	收 - 0005	零售男士普通80副	10,296.00	10,296.00	赵技巩	赵技巩	应收系统		
2016-04-25	收 - 0006	销售退货男士普通50副	-6,318.00	-6,318.00	赵技巩	赵技巩	应收系统		
2016-04-01	付 - 0001	付大运公司定金5万	50,000.00	50,000.00	赵技巩	赵技巩	应付系统		
2016-04-07	付 - 0002	支付硅胶三厂CG004的货	7,488.00	7,488.00	赵技巩	赵技巩	应付系统		
2016-04-12	付 - 0003	代垫光明公司的运费	1,200.00	1,200.00	赵技巩	赵技巩	应收系统		

图 9-11   "出纳签字列表"窗口

收 款 凭 证

| 收   字 0001 | 制单日期：2016.04.12 | 审核日期： | 附单据数：1 |

摘 要	科目名称	借方金额	贷方金额
光明公司XS002的定金4万	银行存款/工行存款	4000000	
光明公司XS002的定金4万	预收账款		4000000

| 票号   202 - 13100650 | 数量 | 合计 | 4000000 | 4000000 |
| 日期   2016.04.12 | 单价 | | | |

备注	项 目	部 门	
	个 人	客 户	
	业务员		

| 记账 | 审核 | 出纳 赵技巩 | 制单 赵技巩 |

图 9-12   凭证的"出纳签字"窗口

【总账系统中凭证的主管签字】

因为凭证的制单人和主管签字审核人不能是同一人，所以请以总经理李吉贡的身份，登录进入"企业应用平台"，完成凭证的主管签字审核。

(1) 打开"主管签字列表"窗口。在"总账"子系统中依次点击"凭证/主管签字"菜单项，打开"主管签字"对话框；直接单击"确定"按钮，系统打开"主管签字列表"窗口，结果可参见图 9-13。

(2) 会计主管的单张凭证签字。双击任一凭证所在的行，进入该凭证的"主管签字"窗口，查阅信息无误后单击工具栏中的"签字"按钮，即在凭证右上方显示"李吉贡"的红字印章，表示主管签字完成，结果可参见图 9-14。

(3) 会计主管的成批凭证签字。单击工具栏中的"下张凭证"或"上张凭证"按钮，审阅所有凭证的信息无误后，单击"批处理/成批主管签字"按钮，系统对所有凭证进行主管签字；完成后弹出信息框提示完成，单击其"确定"按钮，完成凭证的主管签字工作，系统返回"主管签字列表"窗口。

(4) 退出。单击"主管签字"和"主管签字列表"右上角的"关闭"按钮，关闭并退出窗口。

制单日期	凭证编号	摘要	借方金额合计	贷方金额合计	制单人	签字人	系统名	备注
2016-04-12	收-0001	光明公司XS002的定金4万	40,000.00	40,000.00	赵技巩	李吉贡	应收系统	
2016-04-12	收-0002	销售亮康眼镜5千副有折	1,119,360.00	1,119,360.00	赵技巩	李吉贡	应收系统	
2016-04-25	收-0003	零售亮康眼镜100副	28,080.00	28,080.00	赵技巩	李吉贡	应收系统	
2016-04-25	收-0004	零售女士高端50副	23,400.00	23,400.00	赵技巩	李吉贡	应收系统	
2016-04-25	收-0005	零售男士普通80副	10,296.00	10,296.00	赵技巩	李吉贡	应收系统	
2016-04-25	收-0006	销售退货男士普通50副	-6,318.00	-6,318.00	赵技巩	李吉贡	应收系统	
2016-04-01	付-0001	付大运公司定金5万	50,000.00	50,000.00	赵技巩	李吉贡	应付系统	
2016-04-07	付-0002	支付硅胶三厂CG004的货	7,488.00	7,488.00	赵技巩	李吉贡	应付系统	
2016-04-12	付-0003	代垫光明公司的运费	1,200.00	1,200.00	赵技巩	李吉贡	应付系统	
2016-04-01	转-0001	采购男士普通4千副	421,200.00	421,200.00	赵技巩	李吉贡	应付系统	
2016-04-01	转-0002	采购男士普通4千副的运	1,032.30	1,032.30	赵技巩	李吉贡	应付系统	
2016-04-01	转-0003	采购男士普通4千副	360,930.00	360,930.00	赵技巩	李吉贡	存货核算系统	
2016-04-05	转-0004	采购镜片树脂1.5千克	10,530.00	10,530.00	赵技巩	李吉贡	应付系统	
2016-04-05	转-0005	采购镜片树脂1.5千克	9,000.00	9,000.00	赵技巩	李吉贡	存货核算系统	
2016-04-05	转-0006	暂估票到女士高端500副	187,200.00	187,200.00	赵技巩	李吉贡	应付系统	
2016-04-05	转-0007	红字回冲单	-150,000.00	-150,000.00	赵技巩	李吉贡	存货核算系统	
2016-04-05	转-0008	蓝字回冲单	160,000.00	160,000.00	赵技巩	李吉贡	存货核算系统	
2016-04-07	转-0009	采购女士高端1千拒收10	347,490.00	347,490.00	赵技巩	李吉贡	应付系统	
2016-04-07	转-0010	采购女士高端990副	297,000.00	297,000.00	赵技巩	李吉贡	存货核算系统	
2016-04-07	转-0011	付大运公司定金5万	50,000.00	50,000.00	赵技巩	李吉贡	应付系统	
2016-04-07	转-0012	采购退货硅胶1千克	7,488.00	7,488.00	赵技巩	李吉贡	应付系统	
2016-04-07	转-0013	采购退货硅胶1千克	6,400.00	6,400.00	赵技巩	李吉贡	存货核算系统	
2016-04-07	转-0014	采购硅胶5千克	7,488.00	7,488.00	赵技巩	李吉贡	应付系统	
2016-04-07	转-0015	生产领料硅胶2公斤	8,000.00	8,000.00	赵技巩	李吉贡	存货核算系统	
2016-04-11	转-0016	生产完工亮康眼镜400副	64,000.00	64,000.00	赵技巩	李吉贡	存货核算系统	
2016-04-11	转-0017	其他入库单	33,400.00	33,400.00	赵技巩	李吉贡	存货核算系统	
2016-04-11	转-0018	其他出库单	33,400.00	33,400.00	赵技巩	李吉贡	存货核算系统	
2016-04-11	转-0019	其他入库单	180.00	180.00	赵技巩	李吉贡	存货核算系统	
2016-04-11	转-0020	其他出库单	800.00	800.00	赵技巩	李吉贡	存货核算系统	
2016-04-11	转-0021	销售女士高端900副分批	379,080.00	379,080.00	赵技巩	李吉贡	应收系统	
2016-04-11	转-0022	销售女士高端900副分批	279,090.00	279,090.00	赵技巩	李吉贡	存货核算系统	

图 9-13 "主管签字列表"窗口

收 款 凭 证

收 字 0001　　制单日期：2016.04.12　　审核日期：　　　　附单据数：1

摘 要	科目名称	借方金额	贷方金额
光明公司XS002的定金4万	银行存款/工行存款	40000000	
光明公司XS002的定金4万	预收账款		40000000

票号　202-13100650
日期　2016.04.12　　数量　单价　　合计　40000000　40000000

备注　项目　　　　部门
个人　　　　客户
业务员

记账　　　　审核　　　　出纳 赵技巩　　　　制单 赵技巩

图 9-14 凭证的"主管签字"窗口

【总账系统中凭证的主管审核】

(1) 打开"凭证审核列表"窗口。在"总账"子系统中依次点击"凭证/审核凭证"菜单项，进入"凭证审核"对话框，单击"确定"按钮，系统打开"凭证审核列表"窗口。

(2) 会计主管的单张凭证审核。双击任一凭证所在的行，进入该凭证的"审核凭证"窗口，查阅信息无误后单击工具栏中的"审核"按钮，即在凭证下方"审核"处显示"李吉贡"的名字，表示主管审核完成，而且系统自动进入下一张凭证。

(3) 会计主管的成批凭证审核。单击工具栏中的"下张凭证"或"上张凭证"按钮，审阅所有凭证的信息无误后，单击"批处理/成批审核凭证"，系统对所有凭证进行主管审核；完成后弹出信息框提示完成，单击其"确定"按钮，完成凭证的主管审核工作，系统返回"凭证审核列表"窗口，结果如图 9-15 所示。

制单日期	凭证编号	摘要	借方金额合计	贷方金额合计	制单人	审核人	系统名	备注	审核日期
2016-04-12	收 - 0001	光明公司XS0020的定金4万	40,000.00	40,000.00	赵技巩	李吉贡	应收系统		2016-04-30
2016-04-12	收 - 0002	销售亮康眼镜5千副有折	1,119,360.00	1,119,360.00	赵技巩	李吉贡	应收系统		2016-04-30
2016-04-25	收 - 0003	零售亮康眼镜100副	28,080.00	28,080.00	赵技巩	李吉贡	应收系统		2016-04-30
2016-04-25	收 - 0004	零售女士高端50副	23,400.00	23,400.00	赵技巩	李吉贡	应收系统		2016-04-30
2016-04-25	收 - 0005	零售男士普通80副	10,296.00	10,296.00	赵技巩	李吉贡	应收系统		2016-04-30
2016-04-25	收 - 0006	销售退货男士普通50副	-6,318.00	-6,318.00	赵技巩	李吉贡	应收系统		2016-04-30
2016-04-01	付 - 0001	付大运公司定金5万	50,000.00	50,000.00	赵技巩	李吉贡	应付系统		2016-04-30
2016-04-07	付 - 0002	支付硅胶三厂CG004的货	7,488.00	7,488.00	赵技巩	李吉贡	应付系统		2016-04-30
2016-04-12	付 - 0003	代垫光明公司的运费	1,200.00	1,200.00	赵技巩	李吉贡	应收系统		2016-04-30
2016-04-01	转 - 0001	采购男士普通4千副	421,200.00	421,200.00	赵技巩	李吉贡	应付系统		2016-04-30
2016-04-01	转 - 0002	采购男士普通4千副的运	1,032.30	1,032.30	赵技巩	李吉贡	应付系统		2016-04-30
2016-04-01	转 - 0003	采购男士普通4千副	360,930.00	360,930.00	赵技巩	李吉贡	存货核算系统		2016-04-30
2016-04-05	转 - 0004	采购镜片树脂1.5千克	10,530.00	10,530.00	赵技巩	李吉贡	应付系统		2016-04-30
2016-04-05	转 - 0005	采购镜片树脂1.5千克	9,000.00	9,000.00	赵技巩	李吉贡	存货核算系统		2016-04-30
2016-04-05	转 - 0006	暂估票到女士高端500副	187,200.00	187,200.00	赵技巩	李吉贡	应付系统		2016-04-30
2016-04-05	转 - 0007	红字回冲单	-150,000.00	-150,000.00	赵技巩	李吉贡	存货核算系统		2016-04-30
2016-04-05	转 - 0008	蓝字回冲单	160,000.00	160,000.00	赵技巩	李吉贡	存货核算系统		2016-04-30
2016-04-07	转 - 0009	采购女士高端1千拒收10	347,490.00	347,490.00	赵技巩	李吉贡	应付系统		2016-04-30
2016-04-07	转 - 0010	采购女士高端990副	297,000.00	297,000.00	赵技巩	李吉贡	应付系统		2016-04-30
2016-04-07	转 - 0011	付大运公司定金5万	50,000.00	50,000.00	赵技巩	李吉贡	应付系统		2016-04-30
2016-04-07	转 - 0012	采购退货硅胶1千克	7,488.00	7,488.00	赵技巩	李吉贡	应付系统		2016-04-30
2016-04-07	转 - 0013	采购退货硅胶1千克	6,400.00	6,400.00	赵技巩	李吉贡	存货核算系统		2016-04-30
2016-04-07	转 - 0014	采购硅胶5千克	7,488.00	7,488.00	赵技巩	李吉贡	应付系统		2016-04-30
2016-04-07	转 - 0015	生产领料硅胶5公斤	8,000.00	8,000.00	赵技巩	李吉贡	存货核算系统		2016-04-30
2016-04-11	转 - 0016	生产完工亮康眼镜400副	64,000.00	64,000.00	赵技巩	李吉贡	存货核算系统		2016-04-30
2016-04-11	转 - 0017	其他入库单	33,400.00	33,400.00	赵技巩	李吉贡	存货核算系统		2016-04-30
2016-04-11	转 - 0018	其他入库单	33,400.00	33,400.00	赵技巩	李吉贡	存货核算系统		2016-04-30
2016-04-11	转 - 0019	其他入库单	180.00	180.00	赵技巩	李吉贡	存货核算系统		2016-04-30
2016-04-11	转 - 0020	其他出库单	800.00	800.00	赵技巩	李吉贡	存货核算系统		2016-04-30
2016-04-11	转 - 0021	销售女士高端900副分批	379,080.00	379,080.00	赵技巩	李吉贡	应收系统		2016-04-30
2016-04-11	转 - 0022	销售女士高端900副分批	279,090.00	279,090.00	赵技巩	李吉贡	存货核算系统		2016-04-30

图 9-15　"凭证签字列表"窗口

(4) 退出。单击"审核凭证"和"凭证审核列表"窗口右上角的"关闭"按钮，关闭并退出窗口。

【总账系统中凭证的记账】

完成凭证的主管签字审核后，您可以以账套主管赵技巩或您自己的身份，登录进入"企业应用平台"，或者继续以总经理李吉贡的身份，完成以下操作。

(1) 打开"记账"对话框。在"总账"子系统中，依次点击"凭证/记账"菜单项，系统打开"记账"对话框。

(2) 记账设置。先单击对话框中的"全选"按钮，以选中所有的未记账凭证，然后单击"记账"按钮，系统弹出期初试算平衡表。

(3) 完成记账工作。单击期初试算平衡表中的"确定"按钮，系统自动完成记账工作，并弹出信息框提示记账完成，单击其"确定"按钮，系统返回"记账"对话框，结果如图 9-16 所示。

(4) 退出。单击"记账"对话框中的"退出"按钮，退出该对话框。

图 9-16　记账完成后的"记账"对话框

【总账系统的月末对账与试算】

(1) 打开"对账"对话框。在"总账"子系统中，依次点击"期末/对账"菜单项，系统打开"对账"对话框。

(2) 对账设置。在"对账"对话框中，将光标定位在"2016.04"所在行，然后单击工具栏中的"选择"按钮，使其"是否对账"栏出现"Y"字样，结果可参见图 9-17。

(3) 对账。单击工具栏中的"对账"按钮，系统自动对账并显示对账结果，如图 9-17 所示。

图 9-17　总账系统月末对账示意图

(4) 试算。单击"试算"按钮，可以对各科目类别余额进行试算平衡，结果如图 9-18 所示。

图 9-18　总账系统月末试算结果

(5) 退出。单击试算结果对话框的"确定"按钮返回"对账"对话框，再单击"对账"对话框的"退出"按钮，退出该对话框。

提示：

- 若对账结果为账账相符，则对账月份的"对账结果"栏显示"正确"；若对账结果为账账不符，则对账月份的"对账结果"栏显示"错误"，单击工具栏的"错误"按钮，可查看引起账账不符的原因。
- 若需要恢复到记账前状态，其操作步骤如下。
  - 在"企业应用平台"的"业务工作"页签中，依次点击"财务会计/总账/期末/对账"菜单项，系统打开"对账"对话框。
  - 在期末"对账"对话框中按下 Ctrl+H 键，则在"凭证"菜单中增加"恢复记账前状态"菜单项(如再次按下 Ctrl+H 键则隐藏此菜单项)。
  - 选择恢复方式为"最近一次记账前状态"，这种方式一般用于记账时系统造成的数据错误的恢复；选择"上个月初状态"，则恢复到上个月初未记账时的状态，例如，如果登录时间为 2016.04，则系统提示可恢复到 2016.03 的状态。
  - 选择是否恢复"往来两清标志"和选择恢复两清标志的月份，系统根据选择在恢复时，清除恢复月份的两清标志。
  - 系统提供灵活的恢复方式，可以根据需要而不必恢复所有的会计科目，只需将要恢复的科目从"不恢复的科目"选入"恢复的科目"，即可只恢复需要恢复的科目。

【总账系统的月末对账与结账】

(1) 打开"结账"对话框。在"总账"子系统中依次点击"期末/结账"菜单项，系统打开"结账"对话框。

(2) 对账。在"结账"对话框中，单击要结账月份"2016.04"，然后单击"下一步"

按钮，再单击"对账"按钮，系统对要结账的月份进行账账核对。

(3) 结账。单击"下一步"按钮，系统显示"4 月工作报告"，结果如图 9-19 所示。

(4) 查看"4 月工作报告"后，再单击"下一步"按钮，若符合结账要求，则系统自动进行结账，否则不予结账。

(5) 不结账并退出。单击"结账"对话框中的"取消"按钮，系统不结账并退出该对话框(因为本月还没有进行对应结转、期间损益结转等财务会计方面的工作，建议不做总账结转。若仅为练习操作，也可单击"结账"对话框中的"结转"按钮)。

图 9-19　总账系统月末结账对话框

提示：

- 结账只能由有结账权的人进行。
- 结账必须按月连续进行，若上月未结账，则本月不能结账。
- 如本月还有未记账凭证(包括作废凭证)，则本月不能结账。
- 若总账与明细账对账不符，则不能结账。
- 已结账月份不能再填制凭证。
- 反结账操作只能由账套主管执行，操作步骤如下。
  - 在"企业应用平台"的"业务工作"页签中，依次点击"财务会计/总账/期末/结账"菜单项，系统打开"结账"对话框。
  - 选择要取消结账的月份"2016.04"。
  - 按下 Ctrl+Shift+F6 键，激活"取消结账"功能。
  - 单击"确认"按钮，取消结账标志。

9.3　实验报告内容

1. 请查看您本月所有采购订单(共 5 个)的执行统计表，并将其输出成 htm 文件，然后在上交作业前，将该文件与实验报告文件压缩在一起上交。

2. 请查看您本月的所有到货单(共 6 张)的列表，并将结果界面拷屏后粘贴在实验报告中。

3. 请查看您本月的所有采购发票(共 8 张)的列表，并将结果界面拷屏后粘贴在实验报告中。

4. 请查看您本月的所有采购入库单(共 5 张)的列表，并将结果界面拷屏后粘贴在实验报告中。

5. 请查看您本月的所有采购结算单(共 6 张)的列表，并将结果界面拷屏后粘贴在实验报告中。

6. 请通过采购综合统计表，查看您本月的大运公司的综合统计(共 6 条)列表，并将结果界面拷屏后粘贴在实验报告中。

7. 请通过采购执行进度表，查看采购订单 CG001 的到货明细、入库明细、发票明细和付款明细，并将 4 个结果界面逐一拷屏后粘贴在实验报告中。

8. 请查看您本月的所有销售订单(共 6 个 7 行)的列表，并将结果界面拷屏后粘贴在实验报告中。

9. 请查看您本月的所有发货单(共 9 行)的列表，并将结果界面拷屏后粘贴在实验报告中。

10. 请查看您本月的所有销售发票(共 8 个)的列表，并将结果界面拷屏后粘贴在实验报告中。

11. 请查看您本月的所有销售出库单(共 10 个)的列表，并将结果界面拷屏后粘贴在实验报告中。

12. 请查看您本月的所有其他入库单(共 4 行)的列表，并将结果界面拷屏后粘贴在实验报告中。

13. 请查看您本月的所有其他出库单(共 4 行)的列表，并将结果界面拷屏后粘贴在实验报告中。

14. 请通过销售统计表，查看您本月的销售毛利率，并将结果界面拷屏后粘贴在实验报告中。

15. 请通过库存管理的统计表，查看您本月的存货分布表，并将结果界面拷屏后粘贴在实验报告中。

16. 请在存货核算系统中，用 ABC 成本分析法分析您本月各个存货数量金额的占比，并将结果界面拷屏后粘贴在实验报告中。

17. 请查看本月的应付业务明细账，并将结果拷屏后粘贴在实验报告中。

18. 请查看本月的应收业务明细账，并将结果拷屏后粘贴在实验报告中。

19. 请在总账中进行月末试算，并将试算平衡表拷屏后粘贴在实验报告中。

20. 请通过总账的"结账"对话框，打开 4 月份的工作报告(参见图 9-19)，并将结果拷屏后粘贴在实验报告中。

第 10 章

综合实验

本章设计的综合业务，有利于读者从企业管理者的角度去理解与分析业务，并可在步骤概要的提示下，理解业务与软件操作之间的关系，用于检验读者是否理解并掌握了相关操作。

本章的操作，请按照业务描述中的系统日期(如 4 月 1 日)，以账套主管赵技巩(或读者您本人)的身份，在第 3 章完成的基础上，对案例企业 4 月份的采购、销售、库存、存货核算、应收、应付和总账业务进行综合练习。

如果需要，您可以到 360 云盘空间(云盘地址：https://yunpan.cn/crWIB4qYxNeUr，访问密码：7d82)的"实验账套数据"文件夹中，将"03 期初记账.rar"下载到实验用机上，然后引入(操作步骤详见 1.3.5 节)到 ERP-U8 系统中。

需要注意的是，因云盘中的账套备份文件均为"压缩"文件，所以在下载完成后引入之前，需要用解压缩工具进行解压(建议用 WinRAR 3.42 或以上版本)，得到相应可以引入的账套数据文件。

本章的授课时间建议讲课 2 学时(综合分析企业供应链的业务流和数据流，内容可参见教程配套的课件)，实验 4～6 学时，实验目的与要求如下：

- 综合练习采购、销售、库存和存货核算，熟练掌握并完成所有的实验任务。
- 学习并掌握应付款管理和应收款管理的基本操作。

2016 年 4 月份的购销存业务

【业务 1】 4 月 1 日，生产部向采购部请购镜片树脂 2 千克，要求本月 5 号到货。采购员张新海完成请购单，采购主管刘静审核通过该请购单。

步骤概要：填制与审核采购请购单。

【业务 2】 4 月 1 日，采购员张新海与北京塑料二厂签订采购合同(合同编号 CG011)，订购镜片树脂 2 千克，无税单价 6000 元，增值税税率为 17%，本月 5 号到货，采购主管刘静审核通过该采购订单。

步骤概要：采购订单的填制(参照采购请购单)与审核。

【业务3】4月5日，北京塑料二厂发来4月1日采购的镜片树脂(合同编码为CG011)，仓管部验收入原材料仓库；随货到达的采购专用发票(发票号CG0055)上标明镜片树脂2千克，无税单价6000元，税率为17%，财务部当日开具转账支票(支票号：ZZ001)现付全部款项14 040元。

步骤概要：

- 填制与审核采购到货单；
- 填制与审核采购入库单；
- 采购专用发票的填制、现付与采购窗口结算；
- 采购应付确认(已现结的应付发票审核和现结制单，借记：材料采购、进项税额，贷记：工行存款)；
- 采购成本确认(借记：原材料/镜片树脂，贷记：材料采购)。

【业务4】4月5日，销售部夏于请采购员张新海采购女士高端太阳镜1000副，要求本月7号到货，张新海填制采购询价计划单。主管刘静审核通过后，张新海向大运公司咨询其价格，对方报价为无税单价320元/副，增值税税率为17%，张新海填制采购询价单，刘静审核。经协商，对方同意降为300元/副，但要求支付定金20 000元。经张新海请示，采购主管刘静同意；张新海签订采购合同(合同编号CG012)，约定本月7号到货。当天，出纳向大运公司预付定金20 000元，用转账支票支付，票号为ZZ002。

步骤概要：

- 填制并审核采购询价计划单；
- 填制并审核采购询价单；
- 填制并审核采购订单；
- 填制并审核定金的付款单，以及付款单制单(借记：预付账款，贷记：工行存款)。

【业务5】4月5日，采购员张新海与大运公司签订采购合同(合同编号CG013)，订购男士普通太阳镜4000副，无税单价90元，增值税税率为17%。当日，收到这批货物和随货物发来的增值税发票(票号CG0578，价税合计421 200元)及运费发票(票号为YF001，运费1000元，税率为11%，价税合计1110元)。太阳镜已验收并入大运公司仓库，款项尚未支付。

备注：本笔业务只能通过手工结算进行运杂费的分摊。

步骤概要：

- 填制并审核采购订单；
- 填制并审核采购到货单；
- 填制并审核采购入库单；
- 填制采购专用发票和运费发票；
- 采购手工结算；
- 填制并审核应付款单；

- 应付款制单(采购发票和运费发票的凭证均为借记：材料采购、进项税额，贷记：一般应付账款)；
- 采购成本确认(即入库存货记账与制单，借记：库存商品—男士普通，贷记：材料采购)。

【业务 6】4 月 7 日，收到大运公司发来合同编号为 CG012 的女士高端太阳镜 1000 副，到货验收时，发现其中 10 副不合格，要求退回，大运公司同意退货。

步骤概要：
- 填制与审核采购到货单(1000 副)；
- 填制与审核到货拒收单(-10 副)；
- 填制与审核采购入库单(990 副)。

【业务 7】4 月 7 日，采购部收到大运公司发来的采购专用发票，票号为 CG0101，发票上标明女士高端太阳镜 990 副，单价为 300 元，税率为 17%。财务部将采购订单 CG012 的定金冲销相应的应付款，款项尚未支付。

步骤概要：
- 填制采购专用发票；
- 采购自动结算；
- 采购成本确认(借记：库存商品—女士高端，贷记：材料采购)；
- 采购应付确认(借记：材料采购、进项税额，贷记：一般应付账款)；
- 预付冲应付的转账与制单(借记：预付账款(红字)，借记：一般应付账款)。

【业务 8】4 月 7 日，采购员张新海收到大运公司发来的专用发票(票号 CG0066)，发票上载明女士高端太阳镜 500 副，无税价格为 320 元/副，增值税税率为 17%，价税合计 187 200 元。经查，发票上载明的女士高端太阳眼镜，仓管部已于上月 15 号验收入库，暂估的入库价为 300 元/副。

备注：此业务为已暂估入库的日常采购业务的票到、业务结算和成本结算。

步骤概要：
- 填制采购专用发票与采购窗口结算；
- 暂估成本处理；
- 红蓝回冲单制单(借记：库存商品—女士高端，贷记：材料采购)；
- 采购应付确认(借记：材料采购、进项税额，贷记：一般应付账款)。

【业务 9】4 月 7 日，采购部张新海与燕郊硅胶三厂签订采购合同(合同编号 CG014)，订购硅胶 4 公斤，无税单价 1600 元，增值税税率为 17%，当日到货并入库，同时收到燕郊硅胶三厂发来的采购专用发票(发票号 CG2345)。入库后发现 1 公斤的硅胶不合格，要求退货，与燕郊硅胶三厂取得联系，对方同意退货。当日的晚些时候收到了相应的红字专用采购发票(票号为 CGTH02)，然后财务部开出转账支票(支票号为 ZZ8589)，向燕郊硅胶三厂支付本笔业务的全部货款 5616 元。

步骤概要：

- 填制并审核采购订单；
- 填制并审核采购到货单；
- 填制并审核采购入库单；
- 填制采购发票并进行采购结算；
- 填制并审核采购退货单；
- 填制并审核红字采购入库单；
- 填制红字采购发票并进行采购结算；
- 采购存货的记账与合并制单(借记：原材料/硅胶，贷记：材料采购)；
- 红蓝应付单的审核与合并制单(借记：材料采购、进项税额，贷记：一般应付账款)；
- 付款单的填制、审核与制单(借记：一般应付账款，贷记：工行存款)；
- 应付核销与制单(借记：一般应付账款，贷记：一般应付账款)。

【业务 10】4 月 7 日，生产部因生产需要领出硅胶 8 公斤。

步骤概要：

- 填制并审核材料出库单；
- 领料出库成本确认(借记：直接材料，贷记：原材料/硅胶)。

【业务 11】4 月 11 日，仓管部收到生产部生产完工的眼镜 400 副，验收入库产成品仓库，核算的入库单价为 160 元，相应的直接材料为 44 000 元，直接人工为 20 000 元。

步骤概要：

- 填制并审核产成品入库；
- 产成品入库成本确认(借记：库存商品—亮康眼镜，贷记：直接材料、直接人工)。

【业务 12】4 月 11 日，由于原材料仓库进行维修，仓管部赵林申请将原材料仓库的所有存货全部调入半成品仓库，仓管部李东经核查该方案可行并批复，仓管部主管审批通过。赵林负责完成了调拨工作。

步骤概要：

- 填制、批复与审核调拨申请单；
- 填制与审核调拨单；
- 进行调拨出、入库单的记账与生成凭证。

【业务 13】4 月 11 日，仓管部对各个仓库进行盘点，发现大运公司仓库的男士普通太阳镜比账面多了 2 副，成本单价为 90 元，合计为 180 元；产成品仓库的亮康眼镜比账面少了 5 副，成本单价为 160 元，合计为 800 元。

步骤概要：

- 填制并审核盘点单；
- 审核因盘盈盘亏系统自动生成的其他入库单和其他出库单；
- 盘盈存货的记账与生成凭证(借记：库存商品—男士普通，贷记：待处理流动资产损溢)；

- 盘亏存货的记账与生成凭证(借记：待处理流动资产损溢，贷记：库存商品—亮康眼镜)。

【业务 14】 11 日，销售批发部夏于与雪亮公司签订销售合同(合同编号 XS011)，出售女士高端太阳眼镜 900 副，无税单价 360 元，增值税税率为 17%。合同约定当日发货 500 副，开具全额增值税发票(数量 900，票号为 XS3064)，价税合计 379 080 元；剩下 400 副 12 号发货。

12 日，完成剩下 400 副眼镜的发货和出库。

步骤概要：

(4 月 11 日)

- 填制并审核销售订单和发货单(500 副)；
- 审核出库单；
- 填制并复核销售发票；
- 销售应收确认(借记：应收账款，贷记：主营业务收入—女士高端、销项税额)；
- 销售成本结转(借记：主营业务成本-女士高端，贷记：库存商品—女士高端)。

(4 月 12 日)

- 填制并审核发货单(400 副)；
- 审核出库单。

【业务 15】 4 月 12 日，销售批发部夏于与光明公司签订销售合同(合同编号 XS012)，出售男士普通太阳镜 4000 副，无税单价 108 元，增值税税率为 17%。合同签订当日，光明公司用转账支票(票号为 ZZ0650)支付定金 40 000 元；我公司当日发货，用现金代垫运费 1200 元，全额增值税发票(票号为 XS3066、价税合计 505 440 元)和运费发票，随货送出。

当日，财务部将定金冲销相应的应收款，稍后收到光明眼镜公司的银行承兑汇票 CDHP030，用于支付本笔业务的价税和运费的尾款，共 466 640 元。

步骤概要：

- 填制并审核销售订单；
- 定金收款单的填制、审核与制单(借记：工行存款，贷记：预收账款)；
- 填制并审核销售订单发货单；
- 审核出库单；
- 填制并复核销售发票；
- 填制并审核代垫费用；
- 销售成本结转(借记：主营业务成本—男士普通，贷记：库存商品—男士普通)；
- 销售应收确认(借记：应收账款，贷记：主营业务收入—男士普通、销项税额)
- 预收冲应收的转账与制单(贷记：预收账款(红字)，贷记：应收账款)；
- 货款收款单的填制、审核与制单(借记：银行承兑汇票，贷记：应收账款)；
- 应收核销。

【业务 16】 4 月 12 日，雪亮公司计划订购亮康眼镜 5000 副，出价 180 元/副，批发部报价为无税单价 200 元/副，税率为 17%。雪亮公司同意按每副 200 元购买该产品，销售部夏于与雪亮眼镜公司签订销售合同(合同编号 XS013)，合同约定当日发货，商业折扣金额 4000 元，付款条件(即现金折扣)为 4/10、2/20、n/30。本公司开具增值税发票(票号为 XS3067)，价税合计 1 166 000 元。

当日，雪亮公司用转账支票(支票号为 ZZ7885)，向本公司支付 96%的价款 1 119 360.00 元（按合同的付款条件，给予对方 24%的现金折扣）。

步骤概要：
- 填制并审核销售报价单；
- 填制并审核销售订单；
- 填制并复核销售发票(扣除商业折扣)；
- 查阅发货单；
- 审核出库单；
- 销售成本结转(借记：主营业务成本—亮康眼镜，贷记：库存商品—亮康眼镜)；
- 销售应收确认(借记：应收账款，贷记：主营业务收入—亮康眼镜、销项税额)；
- 通过"选择收款"进行收款单的填制和应收核销，然后进行收款制单(借记：工行存款，贷记：应收账款)和核销制单(借记：财务费用，贷记：应收账款)。

【业务 17】4 月 12 日，光明公司向批发部订购亮康眼镜 10000 副，要求分期收款，批发部与其签订销售合同(合同编号 XS014)，以 200 元/副(无税单价)成交，税率为 17%。合同规定当日发货、分两次收款。本公司当日全部发出货物，并开具 3000 副的增值税发票(票号为 XS3068)，价税合计 702 000 元。

4 月 13 日，本公司依据 XS004 合同，开具 7000 副亮康眼镜的增值税发票(票号为 XS3070)，价税合计 1 638 000 元。

步骤概要：
(4 月 12 日)
- 填制并审核销售订单；
- 填制并审核销售发货单；
- 审核销售出库单；
- 发出商品成本结转(借记：发出商品，贷记：库存商品—亮康眼镜)；
- 填制并复核第一期的销售发票；
- 第一期的销售成本结转(借记：主营业务成本—亮康眼镜，贷记：发出商品)；
- 第一期的销售应收确认(借记：应收账款，贷记：主营业务收入—亮康眼镜、销项税额)。

(4 月 13 日)
- 填制并复核第二期的销售发票；
- 第二期的销售成本结转(借记：主营业务成本—亮康眼镜，贷记：发出商品)；
- 第二期的销售应收确认(借记：应收账款，贷记：主营业务收入—亮康眼镜、销项税额)。

【业务18】4月13日,批发部委托同方公司销售亮康眼镜4000副,订单号为WTDX11,商品从本公司产成品仓库当日发出,委托代销合同规定每月 15 号和月底各清算一次,暂估售价为 200 元/副。

步骤概要:

- 填制并审核委托代销订单;
- 填制并审核委托代销发货单;
- 审核委托代销出库单。

【业务 19】4 月 15 日,本公司根据同方公司发来的销售清单,开具销售专用发票(票号为 WT0401),发票上载明已销售亮康眼镜 1000 副,结算价 220 元/副,税率为 17%。

步骤概要:

- 填制并审核委托代销的结算单;
- 复核销售发票;
- 销售成本结转(借记:主营业务成本—亮康眼镜,贷记:库存商品—亮康眼镜);
- 销售应收确认(借记:应收账款,贷记:主营业务收入—亮康眼镜、销项税额)。

【业务 20】4 月 15 日,雪亮眼镜公司向批发部订购男士高端太阳镜 500 副,无税单价 420 元,增值税税率为 17%,批发部与其签订销售合同(合同编号 XS015),并开具专用发票(XS3072),价税合计 245 700 元。采购部向大运公司订购男士高端太阳镜 500 副,价格 350 元/副,增值税税率为 17%,合同编号为 CG015;大运公司承诺当日将货直接发给雪亮公司,并将增值税发票送达本公司,票号为 CG7891,价税合计 204 750 元。

步骤概要:

- 填制并审核直运销售订单;
- 填制并审核直运采购订单;
- 填制并复核销售发票;
- 填制采购发票;
- 销售成本确认(借记:主营业务成本—男士高端,贷记:材料采购);
- 采购成本确认;
- 销售应收确认(借记:应收账款,贷记:主营业务收入—男士高端、销项税额);
- 采购应付确认(借记:材料采购、进项税额,贷记:一般应付账款)。

【业务 21】4 月 25 日,门市部累计向零售客户销售亮康眼镜 100 副,含税单价 351 元;女士高端太阳镜 50 副,含税单价 468 元;男士普通太阳镜 80 副,含税单价 117 元。税率均为 17%,全部现金付讫。

提示:

因为当日的 3 种零售货物,在进行应收确认和成本结转的制单处理时,都涉及“主营业务收入”、“主营业务成本”等项目核算类的科目,所以在填制零售日报时需要分开填制,否则之后的凭证没有办法录入相应科目的辅助项目名称。

步骤概要:

- 填制、现结与复核零售日报单;

- 审核销售出库单;

- 销售成本结转(借记:主营业务成本—亮康眼镜、女士高端、男士普通,贷记:库存商品—亮康眼镜、女士高端、男士普通);

- 销售现结应收确认(借记:工行存款,贷记:主营业务收入—亮康眼镜、女士高端、男士普通,销项税额)。

【业务 22】4 月 25 日,光明公司要求退货,退回依据合同 XS012 购买的男士普通太阳镜 50 副,本公司同意退货和退款。当日收到退回的眼镜(入大运公司仓库)并开具相应的红字专用发票(发票号 XS6954),同时办理退款手续,按无税单价 108 元、税率 17%开出一张电汇单,票号为 DH010,价税金额 6318 元。

步骤概要:可先退货后开票,也可开票直接退货

(先退货后开票)

- 填制与审核销售退货单(数量为-50);

- 审核红字销售出库单;

- 红字专用销售发票的填制、现结(金额为-6318)与复核;

- 销售成本结转(红字的,借记:主营业务成本—男士普通,贷记:库存商品—男士普通);

- 销售现结应收确认(红字的,借记:工行存款,贷记:主营业务收入—男士普通、销项税额)。

(开票直接退货)

- 红字专用销售发票的填制、现结(金额为-6318)、复核;

- 红字销售出库单的审核;

- 销售成本结转(红字的,借记:主营业务成本—男士普通,贷记:库存商品—男士普通);

- 销售应收确认(红字的,借记:工行存款,贷记:主营业务收入—男士普通、销项税额)。

【业务 23】4 月 30 日,存货核算的期末处理(记账、仓库期末处理与生成凭证)。

【业务 24】4 月 30 日,采购、销售、库存与存货的月末结账。

【业务 25】4 月 30 日,应收、应付的月末结账。

【业务 26】4 月 30 日,总账凭证的出纳签字、主管签字审核、记账与月末结账。

步骤概要:

- 凭证的出纳签字;

- 凭证的主管签字审核(需要切换操作员);

- 记账(建议切换操作员);

- 月末对账和结账。

参考文献

1. 李继鹏、董文婧、李勉.《用友 ERP 供应链管理系统实验教程(U8 V10.1 版)》[M]. 北京：清华大学出版社，2014.03.

2. 赵建新、何晓岗、周宏.《用友 ERP 供应链管理系统实验教程(U8.72 版)》[M]. 北京：清华大学出版社，2012.04.

3. 邹辉霞.《供应链物流管理(第 2 版)》[M]. 北京：清华大学出版社，2009.04.

4. Donald J. Bowersox 等著，马士华译注.《供应链物流管理》[M]. 北京：机械工业出版社，2010.12.

5. 张莉莉、李吉梅等.《企业财务业务一体化实训教程(用友 ERP-U8.72 版)》[M]. 北京：清华大学出版社，2013.07.

6. 张莉莉.《企业财务业务一体化实训教程(用友 ERP-U10.1 版)》[M]. 北京：清华大学出版社，2014.03.

7. 王新玲.《财务业务一体化实战演练(用友 ERP-U8.72 版)》[M]. 北京：清华大学出版社，2013.07.

8. 龚中华、何平等.《用友 ERP-U8 完全使用详解》[M]. 北京：人民邮电出版社，2013.07.

9. 龚中华、何平等.《用友 ERP-U8(V8.72)模拟实战——财务、供应链和生产制造》[M]. 北京：人民邮电出版社，2012.06.

10. 何平、龚中华等.《用友培训教程——财务核算/供应链管理/物料需求计划(第 2 版)》[M]. 北京：人民邮电出版社，2010.11.

11. 李爱红.《用友 ERP-U8.72 财务业务一体化实训教程》[M]. 河南：郑州大学出版社，2013.01.